DER WEG ZUR FREIHEIT

Frei werden, frei bleiben

Vladimir Savchuk

Die Bibelstellen sind in der Regel der Schlachter 2000 entnommen: Bibeltext der Schlachter, Copyright © 2000 Genfer Bibelgesellschaft. Wiedergegeben mit freundlicher Genehmigung. Alle Rechte vorbehalten; und an den gekennzeichneten Stellen aus folgenden Übersetzungen zitiert oder ins Deutsche übersetzt:
ELB – Elberfelder Bibel 2006, © 2006 by SCM R.Brockhaus in der SCM Verlagsgruppe GmbH, Witten/Holzgerlingen.
GNB – Gute Nachricht Bibel, durchgesehene Neuausgabe, © 2018 Deutsche Bibelgesellschaft, Stuttgart.
HFA – Hoffnung für alle®, Copyright © 1983, 1996, 2002, 2009, 2015 by Biblica, Inc.®. Verwendet mit freundlicher Genehmigung des Herausgebers Fontis – Brunnen Basel.
KJV – King-James-Bibel, gemeinfrei.
LUT – Lutherbibel, revidierter Text 1984, durchgesehene Ausgabe, © 1999 Deutsche Bibelgesellschaft, Stuttgart.
NLB – Neues Leben. Die Bibel © der deutschen Ausgabe 2002/2006/2017 SCM R.Brockhaus in der SCM Verlagsgruppe GmbH, Witten/Holzgerlingen.
NTD – Das Neue Testament: Interlinearübersetzung griechisch-deutsch; griechischer Text nach der Ausgabe von Nestle-Aland (26. Auflage)/übers. von Ernst Dietzfelbinger. – 4., vom Übers. durchges. Aufl. – Neuhausen-Stuttgart: Hänssler 1990.
Die Bibelzitate wurden, wo erforderlich, den gültigen Rechtschreibregeln angepasst. Hervorhebungen einzelner Wörter oder Passagen innerhalb von Bibelstellen wurden hinzugefügt.

DER WEG ZUR FREIHEIT
Copyright © 2020, 2024 von Vladimir Savchuk Ministries
www.pastorvlad.org
Die Bibelstellen sind in der Regel der Schlachter 2000 entnommen: Bibeltext der Schlachter, Copyright © 2000 Genfer Bibelgesellschaft. Wiedergegeben mit freundlicher Genehmigung. Alle Rechte vorbehalten; und an den gekennzeichneten Stellen aus folgenden Übersetzungen zitiert oder ins Deutsche übersetzt:
ELB – Elberfelder Bibel 2006, © 2006 by SCM R.Brockhaus in der SCM Verlagsgruppe GmbH, Witten/Holzgerlingen.
GNB – Gute Nachricht Bibel, durchgesehene Neuausgabe, © 2018 Deutsche Bibelgesell-schaft, Stuttgart.
HFA – Hoffnung für alle®, Copyright © 1983, 1996, 2002, 2009, 2015 by Biblica, Inc.®. Verwendet mit freundlicher Genehmigung des Herausgebers Fontis – Brunnen Basel.
KJV – King-James-Bibel, gemeinfrei.
LUT – Lutherbibel, revidierter Text 1984, durchgesehene Ausgabe, © 1999 Deutsche Bibelgesellschaft, Stuttgart.
NLB – Neues Leben. Die Bibel © der deutschen Ausgabe 2002/2006/2017 SCM R.Brockhaus in der SCM Verlagsgruppe GmbH, Witten/Holzgerlingen.
NTD – Das Neue Testament: Interlinearübersetzung griechisch-deutsch; griechischer Text nach der Ausgabe von Nestle-Aland (26. Auflage)/übers. von Ernst Dietzfelbinger. – 4., vom Übers. durchges. Aufl. – Neuhausen-Stuttgart: Hänssler 1990.

Alle Rechte zur Vervielfältigung vorbehalten.
Alle Hervorhebungen innerhalb von Schriftzitaten sind vom Autor selbst vorgenommen worden. Kein Teil dieses Buches darf ohne schriftliche Genehmigung des Autors in irgener Form oder mit irgendwelchen Mitteln, elektronisch oder mechanisch, einschließlich Fotokopie, Aufzeichnung oder durch ein Informationsspeicher- und Abrufsystem, reproduziert oder übertragen werden. Bitte richten Sie Ihre Anfragen an hello@pastorvlad.org

ISBN: 978-1-951201-97-5 (paperback)

Wir sind zutiefst dankbar und fühlen uns geehrt, dass wir als „LifeHouse Aldingen" die
einzigartige Gelegenheit haben, das Werk von Vladimir Savchuk ins Deutsche
zu übersetzen. Ein herzliches Dankeschön geht an unsere geschätzten Mitarbeiter
Caroline Hensinger (Redakteurin) und Daniel Friesen (Übersetzer) für ihren unermüdlichen Einsatz bei diesem Projekt.
Möge der Geist Gottes die Herzen der Leser berühren, wenn sie diese Worte aufnehmen. Es ist uns eine große Ehre, an diesem bedeutungsvollen Werk teilzuhaben und dazu beizutragen, die Wahrheit und die Gnade Gottes zu verbreiten. In
dieser innigen Gemeinschaft mit dem Heiligen Geist finden wir unseren Atem und
unsere Inspiration.
— Pastor Dimitri Friesen
www.lifehouse-aldingen.de
www.kaleo-buch.de
Translators: Benjamin Mertes, Thimna Illig, Gabriele Pässler, Jan Pixberg, Daniel Friesen
Editors: Gabriele Pässler, Jan Pixberg, Caroline Hensinger

WIDMUNG

Ich widme dieses Buch jedem, der mit Nöten zu kämpfen hat, die über seine Kräfte hinausgehen.
Hilfe steht vor der Tür!

INHALT

Vorwort 1
Einleitung Löwenbezwinger 3
Kapitel 1 Der Esel Ist Nicht Schuld 11
Kapitel 2 Sechs Arten Von Dämonen 25
Kapitel 3 Offene Türen 43
Kapitel 4 Grabtücher 61
Kapitel 5 Das Brot Der Kinder 85
Kapitel 6 Umkehr, Herrschaftswechsel, Widerstand 99
Kapitel 7 Satans Köder 115
Kapitel 8 Wahre Befreiung 129
Kapitel 9 Festungen Niederbrechen 141
Kapitel 10 Die Gesinnung Erneuern 157
Kapitel 11 Das Feuer Am Brennen Halten 175
Kapitel 12 Nur Durch Wachstum 185
Kapitel 13 Saul Und Saulus: Der Unterschied 197
Kapitel 14 Privilegiert, Um Zu Befreien 209
Anhang 1 Wie Wird Man Gerettet? 223
Anhang 2 Zur Vertiefung 225
Anhang 3 Über Den Autor 241
Anhang 4 Schreibe Uns 243

STIMMEN ZUM BUCH

Jesus kam in diese Welt, um die Werke des Teufels zu zerstören (1. Johannes 3,8). Jesus selbst sagte von sich, er sei gesalbt und vom Heiligen Geist gesandt, um die Zerschlagenen und Gefangenen zu befreien (Lukas 4,18). Menschen aus dämonischer Besessenheit und Unterdrückung zu befreien war ein wichtiger Teil des Dienstes Jesu auf Erden. Er sagte darüber: „Wenn ich aber die Dämonen durch den Geist Gottes austreibe, so ist ja das Reich Gottes zu euch gekommen!" (Matthäus 12,28).

In *Der Weg zur Freiheit* hilft uns Pastor Vladimir Savchuk, die Realität der geistlichen Welt zu verstehen und zu erkennen, wie wir diese Freiheit bekommen, die nur Jesus geben kann. Seine eigenen Erlebnisse und die vielen Bibelworte können dir zeigen, wie du selbst von körperlicher und seelischer Bedrückung frei werden kannst.

Wenn du dieses Buch mit offenem Herzen liest, werden die Werke des Feindes entlarvt und du erkennst, welche Entscheidungen du treffen musst, um die wahre Freiheit in Jesus zu erlangen. Deine Augen werden geöffnet und du wirst sehen, wie du die Macht und Autorität einsetzen sollst, die der Herr jedem seiner Jünger übertragen hat.

Ich glaube, dass der Heilige Geist die Worte dieses Buches gebrauchen wird, um dich zu kräftigen und dir den Glauben zu schenken, dass Gott für dich überfließendes Leben bereithält, was Jesus denen versprochen hat, die an seinen Namen glauben. Mach dich bereit, die Worte Jesu selbst zu erleben: „Wenn euch nun der Sohn frei macht, so seid ihr wirklich frei" (Johannes 8,36 lut).

Andres Bisonni, Evangelist
Autor von *My Beloved Holy Spirit*

Pastor Vlad Savchuks Buch *Der Weg zur Freiheit* ist ein hervorragendes Werk über die Realität der geistlichen Welt und das Wirken dämonischer Mächte. Der Autor zeigt konkrete Schritte, wie man schlechte, schädliche „Gewohnheiten" loswerden und in Freiheit leben kann. Ich empfehle dieses Buch allen jungen Leuten und besonders ihren geistlichen Leitern!

George Davidiuk, Evangelist

Der Weg zur Freiheit ist sehr lebendig und anschaulich geschrieben! Es zeigt dem Leser solide, einfach und praktisch, wie man ein Leben in Freiheit führen kann. Es deckt nicht

STIMMEN ZUM BUCH

nur auf, wo das Problem liegt, sondern weist auch detailliert den Ausweg.

Vadim Pekun, Evangelist

Gewiss hat Gott Pastor Vlad geschaffen für genau so eine Zeit wie diese! Ich jedenfalls habe keinen Zweifel daran. Pastor Vlads Predigten helfen Menschen in aller Welt. Endlich hat er jetzt sein erstes Buch herausgebracht.

Er eröffnet starke Einblicke in die geistliche Welt und gibt guten Rat, wie man frei wird und dann in Freiheit und im Sieg leben kann. Das ist Gottes Wille für dich: kompromisslose, unnachgiebige Freiheit. Dafür ist Jesus gestorben. Dafür ist er auferstanden. Dafür sandte er seinen Geist.

Es wird Zeit, dass du aus den Ketten der Finsternis ausbrichst und anderen hilfst, das Gleiche zu tun. Hole dir gleich dein eigenes Exemplar – dieses Buch wird dein Leben verändern!

Evelina Smane, Missionarin

Menschen, die das Gefühl haben, festzustecken, oder die in Unfreiheit gefangen sind, wird dieses Buch sehr viel Hoffnung geben. *Der Weg zur Freiheit* zeigt praktische Schritte und erklärt, wie man in Jesus Christus Freiheit finden kann. Zugleich hilft es zu erkennen, wo man dem Feind die Tür aufhält.

Die Bibel sagt: „Ihr werdet die Wahrheit erkennen und die Wahrheit wird euch frei machen." Die vielen Bibelstellen in diesem Buch werden dir helfen, dein Denken zu erneuern. Ich möchte dir sehr ans Herz legen: Besorg dir sich ein Exemplar davon! Dieses Buch zu lesen lohnt sich.

**Roman Trachuk, Pastor der „Church of Truth"
Vancouver WA (USA)**

Das Buch von Pastor Vlad Savchuk behandelt ein sehr wichtiges Thema. Ich habe es an gerade mal zwei Abenden mit großem Interesse durchgelesen. Die wahren Geschichten aus dem Leben lassen einen nicht kalt und eröffnen die Wahrheit über die Realität der geistlichen Welt darüber – und dass Gott uns über sie Vollmacht gegeben hat. Danke, Vlad, ich danke Dir, dass Du so offen und aufrichtig von Deinen eigenen Kämpfen und Siegen schreibst. Ganz sicher wird dieses Buch vielen weiterhelfen.

**Lika Roman, Miss Ukraine 2007
Autorin von** *Amazing Life*

Der Weg zur Freiheit **ist ein Kraftwerk! In der Gemeinde Jesu wird kaum noch über Dämonen, Festungen und Befreiungsdienst gelehrt. Doch Vladimir bringt diese Themen auf den Punkt – und das ist auch nötig! Dieses Buch ist ganz sicher vom Heiligen Geist mitverfasst. Ich möchte jeden ermutigen, ob du mit einem Problem zu kämpfen hast oder ob du als Verkündiger des Evangeliums nach Einsicht suchst, wie du Leuten helfen kannst, die Befreiung brauchen: Lies dieses Buch!**

**Myles Rutherford, Pastor
Worship with Wonders Church in Marietta (USA)**

Der Weg zur Freiheit ist voll starker Offenbarung, garantiert wird es das Leben eines Gläubigen verändern. Dank Vlads nachvollziehbaren Erklärungen vieler biblischer Wahrheiten werden Denkmuster verändert und Gläubige werden frei, sodass sie auf einem Weg der Freiheit, Verständnis und Autorität weitergehen können.

Vlads Schreibstil ist kraftvoll, einprägsam und leicht verständlich, denn er gebraucht zahlreiche, lebendige Illustrationen, Geschichten und Zeugnisse. Ich kann dieses Buch wärmstens weiterempfehlen, nicht allein zum Lesen, sondern vor allem zum Durcharbeiten in einer kleinen Gruppe anhand des Leitfadens am Schluss des Buches.

Dieses Buch bietet so viel tiefe Einsicht, dass man es „gründlich kauen" sollte. Ich kann es allen empfehlen, Neubekehrten und auch solchen, die im Glauben gereift sind.

Vic Fomenko, Direktor am California Coast Bible College
Co-Pastor der City Church in Ventura

Der Weg zur Freiheit ist sehr praktisch! Es hat mir enorme Einsicht in meine eigenen Probleme und in die anderer Leute gegeben. Es hat mir selbst geholfen und nun hilft es mir, anderen zu helfen. Pastor Vladimir kann enorm gut lehren. Wie ein Künstler malt er einem mit seinen Worten Bilder in den Kopf.

Rod Brogado, Lehrer und Trainer i. R.
Leiter bei „Fellowship of Christian Athletes"

Ehrlich gesagt: Normalerweise bin ich kein Fan von Büchern über Dämonen. Diese Art Bücher richten den Blick oft mehr auf die Dämonen als auf Jesus, den Schlüssel zur Freiheit. Ganz anders *Der Weg zur Freiheit* – ich habe noch nie ein Buch gelesen, das so sehr auf Befreiung und ein Leben in Freiheit abzielt wie dieses. Ich habe es bereits mehrfach weiterempfohlen, denn ich halte es für eine grandiose Waffe für alle Gläubigen. Jede Seite ist gespickt mit wahren Berichten und Weisheitshäppchen!

Philip Renner, Philip Renner Ministries

Pastor Vladimir hat ein exzellentes Buch darüber geschrieben, wie man frei wird und frei bleibt. Dieses Buch ist voll von Geschichten von Menschen, die Befreiung erfahren und sich diese erhalten haben. Wenn du Süchte oder schlechte Angewohnheiten hast und davon frei werden möchtest, kann ich dir dieses Buch wärmstens empfehlen.

Marlando Jordan, Pastor von „Word of Faith"

Wo immer du auf Ihrem Weg mit Jesus stehst: Hier ist ein praktischer Leitfaden, wahre und anhaltende Freiheit zu erlangen, sowie deine wahre Berufung zu erkennen und anzunehmen. Wenn du dich fragst, warum sich bei dir nichts ändert, dann lies dieses Buch – die Veränderung wird kommen!

Matt Shea, Repräsentantenhaus von Washington, 4. Legislativbezirk

Frei werden, frei bleiben – das ist die Lebensbotschaft Jesu Christi, und die findet man in keiner anderen Religion oder Philosophie. In Johannes 8,36 (lut) heißt es: „Wenn euch nun der Sohn frei macht, so seid ihr wirklich frei." Jede andere „Freiheit" ist eine Fälschung!

Der Weg zur Freiheit wird dich zu wahrer und anhaltender Freiheit leiten. Es fordert dich heraus, den ganzen Sieg anzunehmen, den Jesus am Kreuz errungen hat. Besonders

beeindruckt hat mich, wie leicht und praktisch dieses Buch zu lesen ist. – Frei werden, frei bleiben!
Mario Murillo, Living Proof Ministries

Der geistliche Kampf ist real – und Pastor Vlad ist definitiv qualifiziert, ein Buch über Befreiungsdienst zu schreiben. Als Pastor der „Hungry Generation"-Gemeinde hat er schon für viele gebetet und miterlebt, wie Menschen von Süchten und dämonischer Bedrückung befreit wurden. Dieses Buch ist voller Bibelstellen, wahrer Erlebnisse und Glaubensgeschichten von Einzelpersonen. Wenn du die Regeln, nach denen du dich am geistlichen Kampf beteiligen kannst, kennenlernen willst, wenn du Taktiken lernen möchtest und wissen willst, wie man um Befreiung betet, dann ist dieses Buch für dich.

Roman Sheremeta, Ph.D., Professor an der Case Western Reserve University

Pastor Vlad ist ein Segen für diese Generation. Gott hat ihm die Gnade geschenkt, den Weg heraus aus der Sklaverei und Bedrückung zu zeigen – nicht nur aus geistlicher, sondern auch aus seelisch-mentaler Gefangenschaft. Dieses Buch ist ein Werkzeug. Mit seiner Hilfe werden viele ganz frei werden und erkennen, welches Potenzial Gott ihnen in Christus Jesus gegeben hat.
Andrey Shapoval, Flame of Fire Ministries
Autor von *Vorherbestimmt* **und** *Großer Gott*

Dieses Buch füllt einen großen Mangel unserer Zeit. Pastor Vlad erklärt nicht nur, *dass* wir Freiheit brauchen, sondern auch, *wie* man frei *bleibt*! Die Ehrlichkeit und Echtheit von

Vlad gefällt mir sehr, seine Berichte sind interessant und voller Kraft – aber am besten gefällt mir an diesem Buch, dass es jeden befähigt, in Freiheit zu leben. Ich empfehle es uneingeschränkt weiter und ich werde es noch oft lesen. Danke, Vlad, dies ist pures Gold für unsere Generation!

Meesh Fomenko, Be Moved Ministry

VORWORT

Pastor Vladimir Savchuk ist ein erstaunlicher junger Pastor, ich durfte ihn persönlich kennenlernen. In seinem dynamischen Dienst befasst er sich mutig und kühn mit Fragen des geistlichen Kampfes.

Sein Buch *Der Weg zur Freiheit* gibt nicht nur eine dringend benötigte Sicht auf den Befreiungsdienst. Es deckt eine breite Palette von Themen ab, die jeder Christ kennen und verstanden haben sollte. Besonders gut gefällt mir, dass er darauf hinweist, dass wir unsere Gesinnung erneuern sollen und dass es *uns* obliegt, die erlangte Freiheit aufrechtzuerhalten. Als Einwohner von Arizona fand ich seine Erkenntnisse über „tote" Schlangen besonders interessant.

Der Leitfaden am Schluss des Buches hilft, das Wichtigste eines jeden Kapitels schnell zu erfassen. *Der Weg zur Freiheit* wird vielen helfen, den Fesseln gewöhnlicher Religion zu entkommen. Jeder

Christ ist dazu bestimmt, ein Leben in Freiheit zu führen, frei von der unnötigen Quälerei durch den Bösen.

Pastor Savchuk ist eine erfrischend neue Stimme, er ruft die Gemeinde Jesu in der westlichen Welt zu einem außergewöhnlichen Leben in Christus auf. Ich erwarte Großes von diesem Buch und von diesem einzigartigen Gottesmann.

Dr. Bob Larson
Weltweit bekannt als Experte für Sekten, Okkultes und Übernatürliches
Autor von 37 Büchern, u. a. *Larson's Book of Spiritual Warfare*, *Larson's Book of World Religions*, *Demon Proofing Prayers*, *Curse Breaking*, *Jezebel*, *Dealing with Demons* und vier Fiction-Romanen

EINLEITUNG

LÖWENBEZWINGER

Eigentlich war es ein ganz normaler Gottesdienst an jenem Donnerstagabend. Ich bemerkte ein mir unbekanntes Gesicht, es gehörte einem großen, gutaussehenden jungen Mann, wahrscheinlich italienischer Abstammung. An jenem Abend predigte ich mit besonders großer Leidenschaft und zum Abschluss machte ich sogar einen Aufruf zur Umkehr zu Gott und dazu, sein Leben unter die Herrschaft Jesu Christi zu stellen. Da kam der neue Besucher nach vorne gerannt und schluchzend kapitulierte er vor Gott. Nach dem letzten Lied leerte sich der Saal, aber ein Dutzend junger Leute umringte den Mann und hörte ihm gespannt zu. Mit einem Ohr bekam ich mit, dass er eine wilde Vergangenheit hatte. Er berichtete von allerhand Sünden auf seiner Jagd nach Sex und Geld.

Mit Wissen und Willen war er Satanist geworden. Ihm war *Die satanische Bibel* in die Hände gefallen und daraufhin hatte er den

Teufel in sich hineingebetet. Mir war sofort klar: Ich musste ihn anleiten, in einem Gebet diesen Pakt mit dem Teufel ausdrücklich zu widerrufen. Der Mann erzählte weiter, ein Horror-Traum über die Hölle habe ihn dazu gebracht, sich vom Teufel abzuwenden und alle Satansbücher wegzuwerfen. Er wollte nur ganz normal leben und nichts mehr mit Satan und seinen Mächten zu tun haben.

Ich konnte nicht anders, ich musste ihn unterbrechen und fragen, ob er bereit sei, mir ein Gebet nachzusprechen, mit dem er sich von jeglicher Verbindung zu Satan und seinem Reich lossagen würde, etwa so: „Ich bereue, dass ich einen Pakt mit dem Teufel geschlossen habe. Es tut mir leid, dass ich mich von Gott abgewandt habe, um mit dem Teufel einen Bund zu schließen. Ich kehre davon um! Herr Jesus, befreie mich davon."

Bei den Worten „Herr Jesus" stockte er, das konnte er nicht aussprechen; und nun zeigten sich die dämonischen Mächte, die in ihm waren.

Ich hatte noch nie für jemanden gebetet, der Befreiung brauchte. Ich war erst siebzehn und Dämonenaustreibungen kannte ich nur von Videos. Unser Pastor war schon gegangen, nur wir jungen Leute waren noch da. Ich war halb begeistert, halb erschrocken. So folgte ich dem Impuls, den der Heilige Geist mir gab: Wir alle gingen ein paar Schritte zurück und ich bestand darauf, dass er „Herr Jesus" sagte. In dem Mann kämpfte es sichtlich, bis er schließlich den Namen Jesus aussprechen und ihn um Vergebung bitten konnte. Sein Gesicht wurde rot und seine Hände ballten sich zu Fäusten, als wollte er zuschlagen. Es war, als hielte ihn jemand fest, aber keiner von uns berührte ihn – wir waren ja alle ein paar Schritte zurückgegangen. Dann stürzte er und blieb reglos liegen.

Wir staunten über das, was hier geschah: Das war wirklich übernatürlich! Aber wir hatten auch ein Problem: Der Mann lag bewusstlos am Boden! Ich bekam große Angst und sah schon die Schlagzeile vor mir: „Russen-Kirche: Italiener ermordet!" Doch da fiel mir eine Geschichte aus der Bibel ein – Jesus trieb aus einem Jungen einen Dämon aus und der Junge fiel zu Boden wie tot. Aber er wurde aufgerichtet, im selben Moment kehrte das Leben in ihn zurück und alles war gut. Also fingen wir an, den Mann aufzurichten, und nach ein paar Minuten kam er wieder zu sich.

Jetzt waren wir alle gespannt: Was war da gerade mit ihm passiert? Er erzählte uns, irgendetwas sei über ihn gekommen und mächtige Stimmen hätten ihm befohlen, uns mit Fäusten zu schlagen – und dann habe es sich angefühlt, als ob jemand ihn zurückhielte, jemand Stärkeres. Wir erklärten ihm, dass wir alle von ihm Abstand genommen hatten. Also mussten das Gottes Engel gewesen sein: Sie waren um ihn herum, während er befreit wurde.

Nach diesem Abend veränderte sich das Leben dieses Mannes radikal – als wir uns am nächsten Tag trafen, bezeugte er, dass er von einer chronischen Krankheit geheilt worden war. Das war das erste Mal, dass ich für jemanden um Befreiung gebetet habe.

Vielleicht hast du so etwas schon einmal gesehen, möglicherweise in einem Video unserer Gemeinde. Solch eine Befreiung kann ganz unterschiedlich vor sich gehen: Manche Dämonen gehen ganz ruhig, der Mensch zeigt dabei keine Auffälligkeiten. Doch es kommt auch vor, dass sie sich äußern und Aufmerksamkeit erregen wollen durch Schreien oder Grimassen, Bewegungen oder andere körperliche Äußerungen. Nicht jede Befreiung muss einhergehen mit körperlich sichtbaren Zeichen. Damit der Mensch tatsächlich frei wird, braucht es aber immer und in erster Linie die Salbung und Kraft des Heiligen Geistes.

Bevor Gott David gebrauchte, um Goliath zu töten, musste David zuerst einem Löwen und einem Bären gegenübertreten.

Ich glaube, dass uns unsere Kämpfe und Siege im Verborgenen, im Privaten, für zukünftige öffentliche Triumphe vorbereiten. Als David dem Löwen begegnete, war er bestimmt nicht allzu begeistert. Wahrscheinlich fragte er sich eher: „Was habe ich bloß falsch gemacht?", und: „Warum lässt Gott das zu?!" Der Löwe riss ein Schaf aus Davids Herde – er hätte den Kopf hängen lassen und sich in Selbstmitleid baden können. Aber er beschloss, nicht sein Versagen und den Verlust zu bedauern, sondern auf den Löwen loszugehen und zurückzuholen, was der geraubt hatte. In jenem Moment wusste David noch nicht, dass ihm dieser Kampf mit dem Löwen eines Tages die nötige Zuversicht und Entschlossenheit geben würde, öffentlich gegen den Riesen Goliath anzutreten.

Bis heute glaube ich, dass Befreiungsdienst zum Christsein dazugehört. Ich glaube das nicht nur, weil ich Zeuge davon geworden bin, wie sich dadurch Menschenleben verändert haben, sondern weil Jesus uns den Auftrag gegeben hat, Dämonen auszutreiben – und weil ich selbst Befreiung erlebt habe.

Als Zwölfjähriger bekam ich pornografische Bilder in die Hände. Damals machte ich mir keine Gedanken darüber, welche Macht sie über mich gewinnen könnten und welche Folgen das haben würde. Als ich dreizehn war, wanderten wir in die USA aus und dort war mir alles fremd – das Land, die Freunde und auch die Sprache. Ich ahnte nicht, dass ich bald abhängig sein würde von etwas, wovon nur Gott mich befreien konnte.

Wir waren ein halbes Jahr in der neuen Heimat, da fragte unser Nachbar, ob ich eine Woche lang sein Haus hüten würde – er wolle verreisen und ich könnte doch den Briefkasten leeren, damit das Haus nicht leer aussah und Einbrecher anlockte. Na klar – ich war ja heiß darauf herauszufinden, wie Amerikaner leben! Eine Woche lang kehrte ich die Einfahrt, fütterte die Katzen, mähte den Rasen

… und ging auf Entdeckungsreise, ich erforschte jeden Raum und jeden Winkel. Dabei stieß ich auf Videokassetten, denen man sofort ansah, dass das keine Predigten von Kathryn Kuhlman oder Billy Graham waren, es waren auch keine Kinderfilme.

Die Sünde ist tückisch und verführerisch. Das Übelste daran ist, dass man sich selbst belügt und Ausreden erfindet, um seinen Begierden nachzugeben. Ich wollte ja nur nachschauen, ob auf den Kassetten wirklich das zu sehen war, was die Hüllen versprachen … Mir war augenblicklich klar: Das waren keine Evangelisationen und keine Heilungsgottesdienste, sondern tatsächlich Pornos – aber statt sofort den Fernseher auszuschalten, schaute ich mir das komplette Video bis zum Abspann an. Dabei trat etwas in mich hinein.

Hinterher quälten mich Scham und Schuldgefühle. Ich war von mir selbst angewidert. Sofort versprach ich Gott, so etwas nie wieder zu tun, und es war mir ernst damit. Dieses Versprechen brach ich aber, noch bevor die Woche im Nachbarhaus um war.

In den nächsten Jahren nahm Pornografie in meinem Leben überhand. Ich wusste, dass es verkehrt war, aber ich konnte einfach nicht widerstehen, ich musste Pornos anschauen. Egal, wie sehr ich versuchte aufzuhören – ich bekannte es meinem Pastor und fastete jede Woche, doch ergab sich ein schwacher Moment, sündigte ich erneut.

Ich sehnte mich verzweifelt nach Freiheit, so konnte ich nicht mehr leben! Die Stunde der Wahrheit schlug für mich, als ich begriff, dass ich an diese Sünde gefesselt war – und so würde ich Gott niemals wirklich dienen können. Zudem war es völlig ausgeschlossen, dass ich in diesem Zustand heiraten könnte: Solange ich mit dieser Sache zu kämpfen hatte, würde ich meiner zukünftigen Frau viel Schmerz zufügen.

Auf der Suche nach einem Ausweg begann ich, zu „meinem" Thema Bücher zu lesen und Predigten anzuhören. Dabei stieß ich auf Jack Hayford, einen bekannten Pastor. Er erzählte, wie einer seiner Diakone von einem Geist der Unzucht frei wurde: Erst nach vielen Jahren im Amt hatte dieser Mut gefasst, Pastor Hayford seine Probleme mit Pornografie zu beichten, woraufhin der für ihn betete. Während des Gebets zeigte der Heilige Geist dem Pastor, dass die Seele des Diakons gespickt mit Löchern war und jedes Loch stand für eine sexuelle Begegnung. Pastor Hayford forderte ihn auf, für jede davon einen Stein aufzulesen. Das tat er; und nun bekannte er sie einzeln und trennte sich von jeder dieser Beziehungen – und jedes Mal warf er einen weiteren Stein ins Wasser. Als der letzte Stein untergegangen war, war der Diakon komplett frei von seiner Sucht.

Beim Lesen begann ich innerlich zu beben – der Heilige Geist zeigte mir, wann die Pornografie erstmals bei mir angeklopft hatte: als ich mit zwölf die ersten Pornohefte ansah; und durch die Hintertür meiner Seele verschaffte sich der Teufel Zutritt, als ich mit dreizehn die Porno-Videos anschaute. Damals hatte ich die Tür zwar wieder geschlossen, aber nicht zugesperrt!

Ich betete und fastete sieben Tage lang. Voller Reue und Betrübnis trat ich vor Gott und trennte mich von allem Bösen, darunter auch von diesen beiden konkreten Fällen, die mir im Kopf herumschwirrten. Ich flehte zu Gott um Erbarmen. Danach fühlte ich mich kein bisschen anders. Aber ich war mir sicher: Es hatte sich etwas verändert.

Die Veränderung war drastisch – mir war etwas gegeben, das ich zuvor nicht gehabt hatte: Gnade, Selbstbeherrschung und die Kraft, mich auch in der Versuchung im Griff zu behalten.

Heute bin ich frei und kann anderen helfen, frei zu werden. Frei werden kann jeder. Aber das ist kein Selbstzweck, es ist nur der Anfang!

Gott macht uns frei, damit wir ihm ohne Abstriche dienen können und der Berufung gerecht werden, die er auf unser Leben gelegt hat. Sich von Gott befreien zu lassen und ihm dann nicht zu dienen – oder nur halbherzig –, das kann man vergleichen mit den Israeliten, die der Sklaverei Ägyptens entronnen waren, aber nie ins verheißene Land gelangten: Sie gebrauchten ihre neue Freiheit nicht bestimmungsgemäß.

Dieses Buch erklärt nicht einfach nur, wie man frei von Dämonen, Süchten und Ängsten wird. Es geht um mehr: Gott will dich von alledem erlösen, damit du deiner eigentlichen Berufung nachkommen kannst.

Mit diesem Buch möchte ich dir zeigen: Befreiung ist nur der erste Schritt; und die beste Möglichkeit, frei zu bleiben, ist, dass du von ihr Gebrauch machst, um im Glauben zu wachsen und dein Potenzial, das Gott für dich bereithält, voll auszuschöpfen. So wird der Name Jesu in unserer Zeit verherrlicht!

Vielleicht geht es dir wie David: Der Löwe räubert auf deinem Feld. Fasse Mut – deine Kämpfe sollen dich nicht umbringen, sondern dich auf etwas Größeres vorbereiten, was vor dir liegt: Gott beruft dich dazu, deine Zeitgenossen zu befreien, zu heilen und zu retten. Während du lernst, deine „privaten" Löwen zu bezwingen, formt Gott deinen Charakter und schenkt dir Mitgefühl für diejenigen, die du einmal erreichen sollst. Das erlebte auch Mose: Er musste aus Ägypten fliehen. Aber nicht nur um seinetwillen, sondern, um Jahrzehnte später sein ganzes Volk aus der Sklaverei zu befreien! Sogar Jesus Christus musste, bevor er aus anderen Menschen Dämonen austrieb, in der Wüste dem Angriff des Teufels auf ihn persönlich widerstehen und ihn abwehren.

Zuerst musst du deine eigenen Kämpfe gegen Löwen gewinnen, bevor du öffentlich gegen Goliath antrittst. Also machen wir uns auf, unseren gemeinsamen Feind zu erkennen, ihn zu stellen, zu bekämpfen und zu besiegen!

KAPITEL 1

DER ESEL IST NICHT SCHULD

Sonntagmorgen, 9. März 2014 in Afrika: Drei Mal im Jahr besuchten wir diese Gemeinde – wir, das waren fünfzig Leute aus ganz USA, immer wieder andere. Zu sagen, dass Gott dort am Wirken war, wäre eine Untertreibung gewesen!

Damals wurde die Welt aufmerksam auf Boko Haram, eine Gruppe islamistischer Terroristen. In den zehn Jahren zuvor hatten sie in Nigeria über zehntausend Christen ermordet. Wir wussten nichts davon, aber fünf Boko-Haram-Leute hatten geplant, während des Gottesdienstes am Ausgang eine Bombe zu zünden. Hätten wir das gewusst, hätte unsere Gruppe sich gewiss nicht auf die hinteren Reihen verteilt!

Aber noch war der Gottesdienst nicht zu Ende – in der Regel geht der Sonntagsgottesdienst dieser Gemeinde von elf Uhr vormittags bis abends um fünf – und die fünf Terroristen beschlossen, es sich gutgehen zu lassen und in einem Imbiss um die Ecke etwas zu sich zu nehmen. Dort lief eine Live-Übertragung des Gottesdienstes; und während die fünf es sich schmecken ließen, hatte der Pastor den Impuls, für alle zu beten und ausdrücklich auch für alle, die die Übertragung anschauten. Die Gegenwart und Kraft des Heiligen Geistes kam in das Lokal und vier der fünf Terroristen begriffen sofort: Gegen diese Macht hatten sie keine Chance! Sie rannten auf die Straße und suchten das Weite.

Der fünfte beschloss zu bleiben und der Gegenwart Gottes zu trotzen. Allerdings – gegen die Kraft des Heiligen Geistes kommt keiner an! Schließlich fiel der Terrorist zu Boden und der Ladenbesitzer schleifte ihn in die Kirche.

Ich saß in der ersten Reihe und hatte keine Ahnung, wer da grade hereingeschleift wurde. Der Pastor ging zu ihm und begann, für den Mann um Befreiung zu beten – und der Terrorist wurde frei. Man sah es in seinem Gesicht: Er begann zu weinen und ging auf die Knie, um Jesus in sein Leben einzuladen; und schließlich sagte er, wozu er hierhergekommen war und was er vorgehabt hatte. Ich war schockiert!

Hätte der Heilige Geist nicht eingegriffen, wären wir am Abend wahrscheinlich tote Leute gewesen. Am meisten aber traf mich die derart radikale Veränderung, die ich hier mit eigenen Augen sehen konnte: vom Terroristen zu einem freien und erretteten Christen. Bis dahin hatte ich immer gedacht, solche Menschen könnten nicht erlöst werden – zu groß schien mir die Bosheit ihres Herzens. Andererseits ist unserem Gott alles möglich, er kann auch Terroristen verändern! Gott kann alles Böse aus einem Menschen wegnehmen und dann ist die Veränderung unausweichlich, wie an diesem Mann zu sehen war.

Jesu erster Befreiungsdienst in den Evangelien

An einem Sabbat ging Jesus zum Gottesdienst in die Synagoge, dort zeigte sich in einem Mann ein böser Geist – und was tat Jesus? Er schickte den Mann nicht aus der Synagoge hinaus, sondern vertrieb den unreinen Geist aus ihm (Markus 1,21–26). Was würden wir heute mit so jemandem machen? „Der will sich nur wichtigmachen. Wir geleiten ihn höflich, aber bestimmt zur Tür hinaus." Jesus aber scheute sich nicht, ihn öffentlich zu befreien. Er hatte auch keine Bedenken, dass er damit den Teufel irgendwie großmachen oder ihm zu viel Ehre geben könnte oder dass es dem Mann vielleicht peinlich wäre. Wenn wir die Prinzipien der geistlichen Welt kennen, dann wissen wir, wie wir diese dämonischen Kräfte wegschicken, ohne die betroffene Person bloßzustellen. Den Menschen können wir als den sehen, der er in Christus ist, diese, seine *wahre* Identität halten wir hoch.

Wenn unser Verständnis der unsichtbaren Welt verzerrt oder verschwommen ist, sind wir geneigt, immer wieder die Spinnennetze abzukehren, statt die Spinne zuerst zu erschlagen. Das ist oft das Dilemma, dass man sich auf die Symptome des Problems stürzt, statt es bei der Wurzel zu packen. Die Wurzel ist geistlicher Art, aber oft sehen wir nur die Früchte, die Folgen. Die natürliche Welt wurde erschaffen durch die geistliche, übernatürliche Welt. In ihr liegt auch der Ursprung aller Probleme und Widrigkeiten.

Ein Esel sieht ins Unsichtbare

Oft sind Ungläubige an der unsichtbaren, geistlichen Welt viel interessierter als Christen. Das ist zumindest meine Beobachtung. In 4. Mose 22 lesen wir von einem Mann namens Bileam. Jemand gab ihm Geld, damit er das Volk Israel verfluchen sollte. Gott warnte ihn durch einen Traum. Aber Bileam war gierig und beschloss, es trotzdem zu tun. So sattelte er seinen Esel und machte sich auf den Weg zu seinem Kunden. Irgendwo griff der Engel des Herrn ein und stellte sich auf den Weg – und der Esel sah ihn und wich aus, bog vom Weg ab. Nun ist einem Tier die unsichtbare Welt grundsätzlich unsichtbar. Gott aber öffnete dem Esel die Augen und er sah den Engel im Weg stehen. Bileam sah davon nichts.

So ähnlich ist es mit vielen Christen: Man fragt sich besorgt, was denn die Leute denken, und will es möglichst allen recht machen – aber so werden unsere Augen blind für die Realität der geistlichen Welt. Gier und Furcht machen uns blind für das Unsichtbare.

Ganz anders ist es oft bei Menschen, die nicht an Jesus glauben: Sie sind „hungrig" nach dem Übernatürlichen, sie haben keine Angst davor. Filme, Fernsehserien, Songs und Bücher sind voll von Übernatürlichem – und stürzen Menschen tiefer in die Finsternis, statt ihnen Antworten auf ihrer Suche nach Spiritualität zu geben. Wie Gott damals den Esel gebrauchte, um zu dem Propheten zu sprechen, so will er heute die Gemeinde Jesu aufwecken, damit sie sieht, wie hungrig die Welt nach der geistlichen Welt ist – denn Gottes Autorität und sein Einfluss sind viel höher und stärker als alle Mächte des Feindes.

Als der Esel den Engel des Herrn sah, „da bog die Eselin vom Weg ab und ging aufs Feld" (4. Mose 22,23). Dann „drängte sie sich an die Wand und klemmte Bileams Fuß an die Wand" (Vers 25).

Warum dieses unnormale Verhalten? Das Tier hatte den Widerstand in der unsichtbaren Welt erkannt, das Hindernis auf dem Weg.

Manchmal führt ein Kind sich seltsam auf, sein Verhalten verändert sich, es gerät in eine Sucht, es irrt vom Weg ab. Das macht Gott keine Ehre und bricht den Eltern das Herz. Hinter solch massivem Ungehorsam stehen oft Mächte der Finsternis. Sind wir bereit, gegen diese Mächte anzugehen, oder prügeln wir den Esel?

Bileam war wütend auf sein Reittier und prügelte auf es ein, fast hätte er es umgebracht. Er begriff nicht, dass nicht der Esel das Problem war. Der Widerstand der unsichtbaren Welt hielt den Esel davon ab, geradeaus weiterzugehen.[1] Machen wir doch nicht den gleichen Fehler!

Die Bibel sagt es klar: Wir sollen dem Feind widerstehen. Wenn wir geistlich im Sieg leben wollen, müssen wir bereit für den geistlichen Kampf sein. Wir müssen uns um den Widerstand auf dem Weg kümmern, statt den Esel zu prügeln. Der Esel und dass er vom Weg wich, das steht für die sichtbaren *Symptome*. Der Engel, der den Weg versperrt, für die *Wurzel* des Problems. Wenn wir zum Beispiel in unserem Geschäft Widerstand verspüren, müssen wir die Wurzel suchen und sie in Ordnung bringen. Wenn das Geld nicht reicht, wenn der Geldbeutel löchrig ist, müssen wir an die Wurzel gehen. Und wenn unser geistliches Leben stagniert, auch dann braucht es eine Wurzelbehandlung! Nicht immer ist der Esel schuld – öffne lieber deine Augen für das Unsichtbare und werde dir bewusst: Du bist im Kampf gegen einen echten Feind und der will auf keinen Fall, dass du geistlich wächst und siegst!

---

1 Der Engel des Herrn ist zwar *unsichtbar*, jedoch keine *Macht der Finsternis*. Als Bileam ihn endlich wahrnahm, warnte der Engel ihn eindringlich und schärfte ihm ein, über Israel nur das auszusprechen, was Gott ihm auftragen würde, und keinesfalls etwas anderes. (Anm. d. Übers.)

Hinter jeder Sünde steckt Satan

Die Wirkung der unsichtbaren, der geistlichen Welt sehen wir auch in dem Bericht von der Volkszählung unter König David – damit zog er sich Gottes Zorn und Gericht zu: „Und Satan stand auf gegen Israel und reizte David, Israel zählen zu lassen" (1. Chronik 21,1). Eine Volkszählung ist im Grunde nichts Schlechtes. David begann aber, mehr auf die Schlagkraft seines Heeres zu vertrauen, als auf Gottes Kraft. Dieser Stolz öffnete dem Teufel die Tür und verführte David zur Sünde. Das brachte viel Leid über sein Volk, denn es musste die Konsequenzen mittragen. Ja, wenn Leiter schwer versagen – besonders so hochrangige –, dann haben auch ihre Untergebenen zu leiden.

Als Grund, warum David sündigte, nennt die Bibel: „Satan stand auf gegen Israel." Der Teufel hasst uns abgrundtief, deshalb will er uns – und besonders die geistlichen Leiter – zur Sünde verführen. Er weiß: Wenn er einen Leiter zur Sünde verführt, kann das unseren Glauben in einer Weise zertreten, zumindest unser Gottvertrauen zum Wanken bringen. Und offensichtlich fällt kein Gläubiger in Sünde ohne die Beihilfe des Teufels. Aber trotz alledem schob David, als ihm seine Schuld bewusst wurde, sie nicht auf den Teufel oder sonst irgendjemanden, sondern gab seinen Fehler zu und kehrte um. Reue und Umkehr zu Gott ist unsere einzige Chance, den Zugriff des Teufels auf unser Entscheidungsvermögen aufzubrechen.

Schon die allererste Sünde, die ein Mensch jemals begangen hat, geschah unter dem Einfluss des Teufels. Adam hatte kein Bedürfnis danach, etwas Böses zu tun. Auch gab es keinen kulturellen Druck – aber im Garten war eine Schlange und die überlistete Adam und überredete ihn, Gottes Verbot zu missachten. Anders als David schob Adam die Schuld auf seine Frau. Eva tat es ihm gleich und beschuldigte die Schlange und damit den Teufel. Der war zwar nicht unschuldig daran. Es hilft uns aber nicht weiter, ihn zu beschuldigen: *Wir* müssen umkehren, damit Gott uns reinwaschen kann. Solange wir unsere Schuld von uns wegweisen und diese nur anderen in die Schuhe schieben, werden wir nie wirklich umkehren und Buße tun.

Als Gott die Bühne betrat, verurteilte er nicht nur Adam und Eva, sondern er verfluchte auch die Schlange. Adam und Eva wurden nicht direkt verflucht, der Teufel aber schon. Gott sorgte dafür, dass der Teufel mit seinem Frevel nicht einfach so davonkam: Mit ihm ging er viel stärker ins Gericht als mit unseren Urelternn Adam und Eva. Viele Christen nehmen den Teufel fast in Schutz. Sie wollen von ihm und seinem Gefolge nichts wissen und schieben die Schuld lieber auf ihre Mitmenschen – und die anderen Gläubigen, die den Dämonen nicht alles durchgehen lassen, die stempeln sie ab als „verrückt" oder mit „Ach, die übertreiben es".

Auch ich wollte schon leisetreten in Sachen geistlicher Kampf. Ich wusste, dass dieses Thema im Allgemeinen unbeliebt war, also hatte ich vor, den Ball flachzuhalten und nicht mehr bei jeder Gelegenheit davon anzufangen. Doch der Heilige Geist erinnerte mich an eine Begebenheit mit König Saul: Der verschonte den Feind, obwohl Gott ihm ausdrücklich befohlen hatte, ihn zu töten. König Saul beschloss also, nett zu Agag zu sein, dem König von Amalek. Aber damit beleidigte er Gott sehr, Gott hatte ihm ja den Sieg über Agag verliehen und der Herr hatte mit den Amalekitern noch eine Rechnung offen. Nach dieser Zurechtweisung kehrte ich sofort um und fasste den festen Entschluss, „König Agag" nie mehr zu schonen! Satan ist der Feind Gottes und damit auch der meine. „Ich werde so handeln, wie Jesus tat, und kämpfen, wie Jesus es mir befohlen hat": Wenn wir das in unserem Herzen beschließen, wird Gott sich freuen, der Teufel wird aufgebracht sein – und viele werden gerettet.

An die Wurzel gehen

Jesus hatte im Umgang mit Menschen ein einzigartiges, immer gleiches Muster. Er hat die unsichtbare Welt ja erschaffen (Kolosser 1,15–18). Als er seine Jünger fragte, was sie von ihm hielten, brauchte Petrus nicht lange zu überlegen: „Du bist der Christus, der Sohn des lebendigen Gottes!" (Matthäus 16,16). Jesus applaudierte ihm aber nicht, sondern gab Gott, dem Vater, die Ehre dafür, denn der hatte es Petrus geoffenbart.

Um die geistliche Welt zu verstehen, muss einem klar sein: Alle Erkenntnis und Erleuchtung kommt einzig und allein durch Gottes Gnade und nicht, weil wir so fromm wären und alles richtig machen würden. Ohne den Heiligen Geist ist es unmöglich, heilig zu sein. Und vergessen wir es nie: Wir können Gott nicht suchen, wenn nicht zuerst er uns gesucht hätte.

Alle Ehre für alles Gute, was wir jemals tun mögen, alle Ehre dafür gebührt immer dem Herrn! Diese Wahrheit sollten wir nie vergessen. Sonst neigen wir dazu, die wichtige Lektion zu übersehen, die Petrus gleich darauf vermittelt wurde: Jesus sagte seinen Jüngern, dass er grausam leiden und sterben müsse. Da begann Petrus, ihm Ratschläge zu erteilen. Petrus hatte immer noch das Gefühl, dass die gerade verkündete Erkenntnis ihm selbst entsprungen war. Wahrscheinlich hielt er sich jetzt für die Quelle aller Weisheit (eine sehr verzerrte und gefährliche Sichtweise!) und meinte, sogar Gott belehren zu können.

Aus menschlicher Sicht versuchte Petrus lediglich, Jesus vor dem Leiden zu bewahren und ihn noch lange am Leben zu erhalten. Jesus aber betrachtete diesen Rat aus der geistlichen Perspektive und sah: Dieser Rat kam nicht von Petrus, sondern vom Teufel! Ist das nicht paradox? Gerade noch war der große Apostel Petrus vom Heiligen Geist gebraucht worden, um eine äußerst wichtige Offenbarung zu verkünden – und nur einige Momente später wird er vom Teufel dazu benutzt, Unsinn auszusprechen. Wir können deutlich sehen, dass nicht nur König David – ihn nennt die Bibel einen „Mann nach dem Herzen Gottes" –, dass also nicht nur David, sondern auch Petrus dem Stolz verfiel (und wieder davon umkehrte). Stolz ist eine sperrangelweit offene Tür für Dämonen. Auch wahre Nachfolger Christi sind davor nicht gefeit. Stolz hat aus einem vollkommenen, leitenden Engel den Teufel gemacht. Vergessen wir also nie: Jeden Segen, jeden Schritt vorwärts im geistlichen Wachstum verdanken wir Gott. Das alles kommt von ihm.

Auf praktisch allem Schlechten, was in unserem Leben passiert, findet sich der Fingerabdruck des Feindes. Wir lassen uns gern loben, wenn alles gut läuft. Wenn es schwierig ist, naja, dann ist es eine Prüfung von Gott (oder wir beschuldigen ihn ungeniert) – und Satan lassen wir einfach außen vor. Jedenfalls tun das viele. So gut wie nie bezichtigen die Massenmedien und „Jedermann" den Teufel, all das Schreckliche und Böse in dieser Welt anzurichten.

Dabei ist er der Urheber alles bösen Tuns – das sehen wir an des Petrus irrigen Rat an Jesus. Wir sehen es auch, als Petrus abstritt, Jesus zu kennen (Lukas 22,31). Wir sehen es bei Judas, als er Jesus an die Hohenpriester verriet (Lukas 22,3–6). Wir sehen es bei Ananias, als er den Heiligen Geist belog (Apostelgeschichte 5,3). Deshalb fordert der Apostel Paulus uns zum geistlichen Kampf auf. Wir leben hier auf der Erde und schon allein deshalb stehen wir, die wir Jesus nachfolgen, im geistlichen Kampf. Doch nicht alle Christen beteiligen sich daran.

Jede Entscheidung hat Konsequenzen

Jede Entscheidung zieht Konsequenzen nach sich, gute wie schlimme; und oft steckt hinter unseren schlechten Entscheidungen die unsichtbare Welt der Finsternis. Rehabeam, der Sohn von König Salomo und Enkel von König David, traf als frisch gekrönter König eine erbärmliche Entscheidung, als er den Rat der Ältesten in den Wind schlug: Sie hatten ihm geraten, der Bitte des Volkes nachzukommen und die Steuern zu senken, da der Bau von Tempel und Palast nun wirklich abgeschlossen war. Stattdessen folgte er dem Rat der Gleichaltrigen und spielte den Eiskalten und Unbeugsamen. Diese Entscheidung kostete ihn zehn Stämme – ein verheerender Verlust. Dieser Bruch konnte nie wieder gekittet werden! Ja, verkehrte Entscheidungen haben schlimme Konsequenzen.

Doch es gab noch eine andere Ebene: Rehabeams wahnwitzige Entscheidung war eine Folge des Götzendienstes, den sein Vater betrieben hatte. Es war Rehabeam nicht bewusst, aber sein Scheitern war vorherbestimmt gewesen durch eine Prophezeiung, die besagte, die zehn Stämme würden dem Königreich des Salomo entrissen werden (1. Könige 11–12,24).

Der junge König Rehabeam hätte lieber seine Wurzeln sanieren sollen, bevor er sich so forsch ans Regieren machte! Vielleicht hast auch du dich schon gefragt: „Wer lenkt meinen Willen, wenn ich etwas entscheide?", oder: „Warum gerate ich immer an den Falschen?", oder: „Wenn es ums Geld geht, mache ich es immer falsch. Was ist da nur los?" Viele Christen würden dir erklären, du seist zu spontan oder es mangele dir an Bildung oder du bräuchtest mehr Weisheit.

Aber all diese Schwierigkeiten sind „nur" die äußerlichen Symptome, die eigentlichen Wurzeln sind im geistlichen Raum zu suchen. Judas' schändliche Entscheidung, Jesus zu verraten, geschah unter dem Einfluss Satans. Es bedurfte nur *einer* Entscheidung unter dem Einfluss von Mächten der Finsternis, um sein Leben zu ruinieren – vielleicht einen halben Tag nach dem Verrat hatte er schon Selbstmord begangen. Schlechte Entscheidungen können das Ergebnis davon sein, dass wir unter dämonischem Einfluss stehen. Um gute Entscheidungen treffen zu können, brauchen wir die Leitung – den Einfluss – des Heiligen Geistes.

Geistlicher Kampf vertreibt das Böse aus dem Menschen

Im Jahr 2013 hatten wir einen starken Diener des Evangeliums in unsere Gemeinde eingeladen. Gott gebrauchte ihn, um Menschen zu heilen und zu befreien. Mel Bond erklärte uns, wie man Einblicke in die geistliche Welt bekommt. Er sieht am Körper kranker Menschen dunkle Punkte oder Schlangen – dort, wo die Krankheit sitzt oder sich auswirkt. Mitunter sieht er auch Dämonen an den Menschen kleben. Wenn er diesen Dämonen dann gebietet zu gehen, verschwinden sie und der Mensch empfängt augenblicklich Heilung. Ich habe das selbst auf jener Konferenz gesehen und miterlebt. Auf diese Weise hat Gott auch Mel Bond selbst, seine Frau und seine Kinder geheilt.

Jesus sagte: „Man kann nicht in das Haus eines starken Mannes eindringen und ihn berauben, ohne ihn zuerst zu fesseln. Erst dann kann man sein Haus ausrauben!" (Markus 3,27 nlb).

Will Jesus wirklich, dass wir kämpfen?

Ein ehemaliger Präsident der Norwegischen Akademien der Wissenschaft (DNVA) hat zusammen mit Historikern aus England, Ägypten, Deutschland und Indien interessante Zahlen zusammengetragen. So habe in den letzten 5600 Jahren (seit 3600 v. Chr.) die

Welt nur 292 Jahre Frieden gekannt. In der übrigen Zeit hätten 14 351 Kriege stattgefunden, große und kleine. Dabei seien 3,64 Mrd. Menschen ums Leben gekommen. Der Wert des in Kriegen vernichteten Vermögens würde für einen Gürtel aus Gold um die ganze Erde von 156,4 km Breite und 10 m Dicke reichen! Seit 650 v. Chr. zählten sie 1656 Fälle von Wettrüsten, davon hätten nur 16 nicht in einem Krieg geendet.[1]

Krieg in der natürlichen Welt kann einem Menschen den Tod bringen, aber das Böse im Menschen kann er nicht töten. Das Böse haust in einem Menschen, bis es im geistlichen Kampf weichen muss. Jesus rät den Gläubigen davon ab, sich in der sichtbaren Welt auf Kämpfe einzulassen – denn der geistliche Kampf ist viel wichtiger und bewirkt mehr – und zwar Gutes. Der Apostel Paulus bringt es auf den Punkt. Er sagt uns, wir sollten nicht im Fleisch kämpfen, sondern im Geist: „Denn obwohl wir im Fleisch leben, kämpfen wir doch nicht auf fleischliche Weise. Denn die Waffen unsres Kampfes sind nicht fleischlich, sondern mächtig im Dienste Gottes, Festungen zu zerstören" (2. Korinther 10,3–4 lut).

Nebenschauplätze sind Kraftverschwendung

Vielleicht haben Sie sich auch schon gefragt, warum man im Alten Testament nichts über Befreiungsdienst findet? Einer der Hauptgründe ist, dass die Menschen dort nur im Natürlichen Kriege führten. Wenn wir im geistlichen Kampf Erfolg haben wollen, müssen wir aufhören, auf der natürlichen Ebene gegen andere Menschen zu kämpfen. „Denn wir kämpfen nicht gegen Menschen aus Fleisch und Blut, sondern gegen die bösen Mächte und Gewalten der unsichtbaren Welt, gegen jene Mächte der Finsternis, die diese Welt beherrschen, und gegen die bösen Geister in der Himmelswelt" (Epheser 6,12 nlb). Solange wir gegen Fleisch und Blut kämpfen, mangelt es uns an der Kraft und Salbung, die es braucht, um gegen geistliche Mächte vorzugehen.

Das beste Beispiel dafür ist wieder David: Er musste darauf verzichten, sich gegen seine Brüder behaupten zu wollen – erst dann konnte er gegen Goliath antreten. Seine Brüder provozierten ihn, sie hinterfragten seine Motivation und unterstellten ihm Neugier und Verantwortungslosigkeit. Damit sollte er in einen Streit gezogen werden. Seine Brüder waren Soldaten Israels. Doch kämpften sie nicht gegen den wahren Feind, sondern griffen ihren eigenen Bruder an! David aber ließ sich nicht auf Nebenschauplätze ein, er ging einfach weg und sparte die ihm von Gott verliehene Kraft auf für den wahren Kampf.

Nicht jeder Kampf ist es wert, dass wir ihn ausfechten. Spare deine Salbung und Kraft für die wahren, die geistlichen Kämpfe auf! Wer sich ständig dazu hinreißen lässt, sich gegen andere Menschen zu wehren, zu streiten, zu lästern, sich zu rechtfertigen und es denen heimzuzahlen, die ihn sticheln, der hat keine Kraft, um gegen seinen Goliath vorzugehen. Er mag siegen auf dem Nebenschauplatz des Bruderkriegs. Gegen den wahren Feind aber, den Teufel, wird er nichts ausrichten können. Als Jesus vor dem Hohen Rat der Juden verhört wurde und danach von Pilatus, beantwortete er nur die geistlich wichtigen Fragen, ansonsten schwieg er konsequent.2 Natürlich können wir es mit dem Stinktier

---

2 Matthäus 26,59–66; bes. V. 62–64: „Und der Hohepriester stand auf und sprach zu ihm: Antwortest du nichts auf das, was diese gegen dich aussagen? *Jesus aber schwieg.* Und der Hohepriester begann und sprach zu ihm: Ich beschwöre dich bei dem lebendigen Gott, dass du uns *sagst, ob du der Christus bist, der Sohn Gottes!* Jesus spricht zu ihm: *Du hast es gesagt!"*
Matthäus 27,11–14: „Jesus aber stand vor dem Statthalter; und der Statthalter fragte ihn und sprach: *Bist du der König der Juden?* Jesus sprach zu ihm: *Du sagst es!* Und als er von den obersten Priestern und den Ältesten verklagt wurde, antwortete er nichts. Da sprach Pilatus zu ihm: Hörst du nicht, was sie alles gegen dich aussagen? Und *er antwortete ihm auch nicht auf ein einziges Wort*, sodass der Statthalter sich sehr verwunderte." (Anm. d. Übers.)

aufnehmen, aber müssen wir uns denn von ihm bespritzen lassen und dann selber stinken?

Gebet

Herr Jesus! Ich komme zu Dir, wie ich bin, blind für die geistliche Welt. Du hast Bartimäus die Augen aufgetan, bitte öffne mir die geistlichen Augen.
Heiliger Geist, salbe meine Augen mit Deiner Augensalbe, damit ich sehen kann.
Himmlischer Vater, hilf mir, nie zu vergessen: Derer, die mit uns sind, sind weit mehr als derer, die gegen uns sind.

KAPITEL 2

SECHS ARTEN VON DÄMONEN

Als Kacy acht Jahre alt war, weihte ihr Vater sie einem Dämonen-Gott namens Baal – die Familie gehörte zu einem okkulten Zirkel. Kacy wuchs heran und bekam die Macht der Dämonen über ihr Leben zu spüren: Sie hatte Selbstmordgedanken und fügte sich absichtlich Schnittwunden zu. Mit der Zeit wurden ihr Schizophrenie, eine bipolare Störung und andere psychischen Erkrankungen diagnostiziert. Infolge schwerer mentaler, emotionaler und körperlicher Misshandlung bzw. Missbrauchs lebte Kacy zehn Jahre lang als Lesbe. Der böse Geist fügte ihr großen psychischen Schaden zu. Kacy benötigte medizinische Hilfe und nahm viermal täglich Psychopharmaka ein, fünfzehn verschiedene.

2018 kam Kacy zu unserer jährlichen Konferenz „Raised to Deliver" (Privilegiert, um zu befreien). Der böse Geist, der sie plagte, zeigte sich und wurde vertrieben durch die Kraft des Heiligen Geistes. Nach ein paar Monaten kam sie wieder und berichtete von ihrer Befreiung: Gott hatte sie nicht nur von dem bösen Geist Baal und der Homosexualität befreit, er hatte sie auch völlig geheilt! Die Ärzte hatten eindringlich davor gewarnt, die fünfzehn Psychopharmaka abrupt abzusetzen, man müsse sich mindestens zwei Jahre lang hinausschleichen. Aber von der Befreiung an hatte Kacy kein einziges mehr eingenommen, ohne dass sie einen Schaden davongetragen hätte. Sie schloss sich einer christlichen Gemeinde an, ging jede Woche zu einer Bibel-Kleingruppe, las täglich in der Bibel und lernte Bibelverse auswendig.

Genau das ist das Ziel des Befreiungsdienstes: Der Mensch soll Gott mehr und effektiver dienen können als zuvor. Kein Dämon kann es aufnehmen mit dem Heiligen Geist und keiner hat Teil an der Autorität im Namen Jesu. Manchmal werfen Christen unbedacht mit Ausdrücken um sich wie „Geist der ..." oder „...-Dämon". Aber das Leben ist kein Spielplatz, sondern ein Schlachtfeld! Satan ist keine Witzfigur, er ist ein ernst zu nehmender Feind.

Das ist der größte Fehler vieler Christen im geistlichen Kampf: Sie unterschätzen ihren Feind und wissen nicht wirklich, gegen wen sie da antreten. Im Befreiungsdienst ist zu erkennen, dass die Dämonen sich selbst mit Namen nennen, zum Beispiel „Isebel-Geist", „Geist des Jähzorns", „Geist des Todes". Oder sie benennen sich nach Götzen, Tieren oder Menschen, die für ihre Bosheit bekannt sind – damit geben diese Dämonen ihr Wesen und ihre Wirkung preis. Aber unsere Grundlage für den geistlichen Kampf sind nicht Erfahrungen, sondern das Wort Gottes; und in Bibeltexten sehen wir, dass Dämonen tatsächlich Bezeichnungen tragen können. Das sehen wir vor allem im Dienst Jesu während seines Lebens auf Erden.

Die Legion in der Region

Ich hatte das Privileg, eine Israelreise zu machen. So war ich auch am See Genezareth, wo Jesus den Sturm auf dem Weg in ein Gebiet stillte, in dem er einen Mann von einer Legion von Dämonen befreien sollte (Markus 4,39; 5,1-15). Eine Legion, das war ein sechstausend Mann starker, römischer Heeresverband.

In diesem besonderen Fall des Befreiungsdienstes wird klar, dass es durchaus sein kann, dass in einem einzigen Menschen mehrere Dämonen stecken können, ja, Tausende. Sie können den Menschen dazu bringen, sich selbst zu schaden (Autoaggression, „Selbstmord auf Raten"), und sie können ihm außergewöhnliche Kraft verleihen.

Der Mann mit der Legion von Dämonen, von dem in Markus 5,1-15 berichtet wird, lebte in Gräbern, in Grabhöhlen. Auf Friedhöfen. In Grabstätten halten Dämonen sich besonders gern auf. Das ist bezeichnend: Der Heilige Geist macht uns zu Tempeln des lebendigen Gottes, Dämonen hingegen residieren gern in Gräbern. Was sagt uns das? Gräber sind Orte des Todes. Sie bezeugen, dass jemand einmal am Leben war. Selbstgerechte Leute hat Jesus mit Gräbern verglichen: Einst lebten sie für Gott, aber jetzt sind sie nur noch eine Stätte, wo Dämonen hinkommen und bleiben. Deshalb ist es so gefährlich, sich von „altem Manna" zu nähren – will heißen: Man zehrt davon, was Gott vor langer Zeit in einem getan hat, aber die Leidenschaft für Jesus ist erloschen, erkaltet. Im „Manna von gestern" krabbeln Maden. Wenn du also davon lebst, was Gott „gestern" getan hat, läufst du Gefahr, zu solch einem „Grab" zu werden, in dem die Dämonen sich wohlfühlen.

Dämonen können auch in Tiere hineingehen. Sie sind Geistwesen und um auf der Erde etwas anzurichten, benötigen sie einen natürlichen Körper – am liebsten den eines Menschen. Notfalls geben sie sich aber auch zufrieden mit dem Körper eines Tieres. Laut dem mosaischen Gesetz, welches Gott Israel gegeben hatte, sind Schweine unreine Tiere. So sollte es nicht überraschen, dass diese sechstausend Dämonen in eine Herde von Schweinen eindrangen. Unreine Geister bewohnen Unreines.

Raus aus dem Mann, aber weiterhin im Lande

Manche Geister beherrschen keine Einzelpersonen, sondern ganze Gebiete. Im Alten Testament sehen wir das beim Propheten Daniel – die Erhörung seines Gebets für Israel hatte sich wegen des „Fürsten von Persien", einer starken geistlichen Macht hinter dem persischen Reich (Daniel 10,12–13) verzögert. Laut dem Apostel Paulus kämpfen wir gegen Weltherrscher, Mächte, Gewalten und böse Geister (Epheser 6,12). Das kann erklären, warum in manchen Gegenden die Kriminalität erhöht ist.

Es mag schockieren, aber Jesus hat der Bitte der Dämonen, in jener Region bleiben zu dürfen, stattgegeben (Markus 5,10–14; Matthäus 8,31–32). Gott erlaubte Satan, Hiob anzugreifen (Hiob 1,12; 2,6). Satan bat Gott auch darum, Petrus wie den Weizen sieben zu dürfen (Lukas 22,31), und Gott ließ es zu. Warum Gott das alles erlaubte, das wissen wir nicht sicher. Aber das wissen wir: Es sollte uns dazu motivieren, mehr zu beten und zu fasten – wenn Gott die Anliegen Satans gewährt, wo der doch ein Rebell ist, dann unsere Bitten umso mehr! Wenn wir Gott um etwas bitten, was seinem vollkommenen Willen entspricht, dann wird er unser Gebet gewiss erhören.

Nun zurück zu der Legion in der Region: Die Dämonen flehten Jesus an, in der Region bleiben zu dürfen, die Menschen hingegen flehten Jesus an, *er* möge ihre Region *verlassen* – und Jesus gewährte beide Wünsche. Doch die Bitte des Mannes, den er von den Dämonen befreit hatte: „dass er bei ihm bleiben dürfe" (Markus 5,18), diese Bitte schlug er ihm ab. Es ist anzunehmen, dass Jesus wollte, dass der Mann in der Region blieb, die nun von den Dämonen besetzt war, um den Leuten dort eine Hilfe durch sein Zeugnis davon zu sein, dass Jesus ihn befreit hatte. Unser Berichten davon, was Jesus an uns getan hat, ist ein mächtiges Werkzeug, eine starke Waffe im geistlichen Kampf! Sie wollten Jesus nicht bei sich haben und das respektierte er. Doch ließ er einen Repräsentanten dort, damit die Leute durch dessen Glaubenszeugnis eine zweite Chance hätten, Jesus dennoch anzunehmen. Wenn Gott dich frei macht, dann tut er das, damit du anderen zur Freiheit verhilfst, die von den gleichen Mächten gebunden sind.

Dämonen können sprechen

Bedeutsam und anders an dieser Austreibung war, dass Jesus den Dämon befragte – das zeigt, dass Dämonen sprechen können. Allerdings haben wir keinerlei Anweisung, den Feind um Information zu ersuchen oder uns mit ihm zu unterhalten. Wir haben ihn auszutreiben, das ist alles. Jesus aber hat diesen Dämonen Fragen gestellt; und es gibt Momente bei einer Dämonen-Austreibung, in denen fragen wir den Dämon nach seinem Namen, wie Jesus es tat. Wir fragen: „Wie bist du in diesen Körper hineingekommen?", und: „Was hast du dieser Person angetan?" Der Feind will ja umbringen, rauben, zerstören. Oft schreien sie dann heraus, durch welche Sünde sie in den Menschen hineingekommen seien, und geben zu erkennen, wie sehr sie Gebet hassen. Müssen wir das erst von Dämonen hören, um mehr zu beten?

Werfen wir wieder einen Blick ins Alte Testament, zu Gideon (Richter 6-7): Gott hatte ihm den Sieg verheißen. Doch dann befahl er ihm, in das Lager der Feinde zu gehen und diese zu belauschen – und was hörte er dort? „Als nun Gideon kam, siehe, da erzählte einer dem anderen einen Traum und sprach: Siehe, ich habe einen Traum gehabt; und siehe, ein Laib Gerstenbrot wälzte sich zum Lager der Midianiter; und als er an die Zelte kam, schlug er sie und warf sie nieder, sodass sie umstürzten; und er kehrte sie um, das Unterste zuoberst, und die Zelte lagen da! Da antwortete der andere: Das ist nichts anderes als das Schwert Gideons, des Sohnes des Joas, des Israeliten: Gott hat die Midianiter samt dem ganzen Lager in seine Hand gegeben!" (Richter 7,13-14). Gottes Wort hätte Gideon ausgereicht. Aber Gott wollte, dass Gideon das auch von seinem Feind hörte. Wir sagen unseren Kindern und jungen Leuten: „Bleibt der Sünde fern, ehrt eure Eltern und geht eng mit Gott". Einige wollen das aber nicht hören. Doch wenn sie dann Befreiungen miterleben, sehen sie, was Dämonen mit Menschen machen, die in Sünde leben, und das bewirkt in ihnen Gottesfurcht. Dass Gebet Kraft hat, das wissen wir auch ohne den Teufel. Es ist abertrotzdem befriedigend zu hören, wie Dämonen hinausbrüllen, dass unser Gebet auf sie wie Feuer wirkt. Das gibt uns das Wissen, dass Beten und Fasten eine mächtige Waffe im geistlichen Kampf gegen das Reich der Finsternis ist.

Wenn jemand in unsere Gemeinde oder zu unseren Veranstaltungen kommt und um Gebet bittet, lassen wir uns im Gegenzug die Zustimmung geben, ihr Zeugnisvideo zu veröffentlichen, damit Gott verherrlicht wird. Dafür sind wir von Pastoren kritisiert worden. Sie sagten, das wäre bloßstellend und würde den

Teufel großmachen. Wir erleben das Gegenteil: Diese Zeugnisse stellen den Teufel bloß und machen Gott groß – und sie stärken den Glauben an die Macht Gottes.[2] Jesus fiel es überhaupt nicht ein, seinen Befreiungsdienst zu verbergen. Berichte davon finden sich in jedem der vier Evangelien und alle diese Befreiungen fanden in der Öffentlichkeit statt. Allerdings hat er keine Show daraus gemacht, sondern wurde damit Gott verherrlicht und Menschen in Not geholfen.

Dämonen sind Diener Satans

In der Bibel finden wir verschiedene Bezeichnungen für Dämonen. Die Aufschluss darüber geben, was sie im Menschen bewirken. Dämonen sind gefallene Engel, Diener Satans (Offenbarung 12,7-9). Die Bibel bezeichnet sie unter anderem als böse Geister, unreine Geister, Lügengeister und Satansengel. Der Teufel ist nur ein Geschöpf und kann nicht überall zugleich sein, deshalb lässt er den größten Teil seiner Drecksarbeit von seinen Agenten machen, den Dämonen.

Das tun sie, indem sie die Menschen verlocken und umgarnen, belästigen, quälen, versklaven, sie abhängig von Stoffen und Verhaltensweisen machen, sie schänden, betrügen und an Leib und Seele attackieren. Schauen wir uns ein paar von ihnen näher an.

Geist der Angst

Die Bibel spricht von einem Geist der Angst – der Apostel Paulus schreibt an Timotheus, Gott habe uns nicht den Geist der Angst gegeben (2. Timotheus 1,7). Diese Art von Angst ist anders als die natürliche Furcht, die Gott uns zum Schutz vor Schaden und Gefahr gegeben hat; und sie ist auch anders als die Gottesfurcht, die darin besteht, dass man Ehrfurcht vor Gott haben und ihn ehren soll. Der Geist der Angst dagegen ist dämonisch, weil er unser Potenzial blockiert und uns versklavt.[3]

Satan beherrscht sein Reich durch Angst, das Reich Gottes hingegen beruht auf Glauben und Vertrauen. Deshalb verursachen Dämonen Ängste, die einer vernünftigen Beurteilung nicht standhalten: Zukunftsangst, Angst davor, zu erkranken oder plötzlich zu sterben, vor dem Autofahren, vor anderen Menschen, Angst, wahnsinnig zu werden, Paranoia oder Phobien zu bekommen, Angst vor Ausgrenzung, vor Versagen, vor Arbeitslosigkeit, Angst, zu heiraten, Angstträume, Ängstlichkeit bis hin zu unerklärlicher Unruhe, Beklemmung und Zittern. Hinter all dem steht ein Geist der Angst.

Bald nach unserer Hochzeit wurde meine wunderbare Frau nachts im Schlaf von einem bösen Geist attackiert, jede zweite Nacht hatte sie fürchterliche Albträume und manchmal erwachte ich von ihren Schmerzensschreien. Am nächsten Tag war sie dann sehr verstimmt und darunter litt auch unsere Beziehung. Sie fühlte sich einsam und sah sich kaum in der Lage, ihrer Arbeit nachzugehen und in der Gemeinde zu dienen.

Nun lässt man sich leicht dazu verleiten zu denken, das wären einfach nur Gefühle. Zunächst hatte ich das auch gemeint. Doch mit der Zeit fanden wir heraus, dass das nicht nur Emotionen waren – die Wurzeln reichten tiefer, das Problem war dämonischer Natur. So stellten wir uns diesem Gegner und baten auch andere, für uns zu beten. Nun wurde dieser böse Geist besiegt und von da an war der Alltag meiner Frau durchdrungen von Kraft, Liebe und Besonnenheit. Der Geist der Angst wird immer versuchen,

---

[3] Furcht hat einen Gegenstand, Angst ist ein generelles, unbestimmtes Gefühl. Das Neue Testament hat dafür nur ein einziges Wort (*phobia*); der Unterschied liegt darin, ob ein Objekt genannt wird: Gottesfurcht, Furcht vor Menschen, Furcht vor einer Gefahr – oder eben nicht (wie in 2. Timotheus 1,7), dann handelt es sich um Angst. (Anm. d. Übers.)

uns in seine Gewalt zu bringen, unser Potenzial zu beschneiden und uns die Freude zu rauben. Gott aber wird uns niemals einen Geist der Angst schicken. Er ist ein sehr guter Vater und gibt uns den Geist der Liebe und Gütigkeit.

Geist der Unzucht

Der Geist der Unzucht (Hosea 5,4) ist sehr verbreitet – er ist die böse Macht hinter Pornografie, Ehebruch, Unzucht (d. h. sexuelle Aktivität Unverheirateter, je nach Bibelübersetzung auch „Hurerei" genannt), Prostitution und Homosexualität. Oft verursacht dieser Geist Sex-Träume, dabei tarnt er sich als unseren „geistlichen Ehegatten". Dieser Dämon bringt Singles dazu, unehelichen Sex zu haben, er reißt verheiratete Paare auseinander und er vereitelt, dass sie das Zusammenkommen in ihrer Ehe wirklich genießen können.

Der Geist der Unzucht ist nicht wirklich an Sex interessiert. Sein einziges Ziel ist, uns zur Sünde zu verführen. Die Befriedigung, die diese Sünde verspricht, ist sehr flüchtig und gibt keine Erfüllung. Die meisten, die diesem Geist verfallen waren, stellen rückblickend fest, sie hätten nicht ihren Körper zu befriedigen gesucht. Da sei noch etwas anderes gewesen, das sie dazu getrieben habe.

Bevor ich von dem Geist der Pornografie befreit wurde, brachte es mich fast um den Verstand, wenn dieser böse Geist über mich kam. Ich schiebe die Schuld für meine Taten nicht auf den Teufel. Aber wie sehr ich auch versuchte aufzuhören, meine Sünde bekannte und versprach, es nie wieder zu tun – immer wieder wurde ich rückfällig und ergötzte mich an Pornos. Dabei hasste ich meine Zwangslage, aber ich kam einfach nicht heraus.

Geist der Sklaverei

Den meisten ist nicht klar, dass hinter allen Abhängigkeiten, hinter jeder Sucht ein Geist der Sklaverei steckt, ein Geist der Gebundenheit, der Knechtschaft (Römer 8,15). Dieser Dämon bringt Menschen dazu, süchtig zu werden – nach Alkohol, Drogen, Zigaretten, Glücksspiel oder Videospielen. Es gibt auch leichtere Süchte, die diesem Geist zugeschrieben werden können, so die Sucht nach Essen, Fernsehen, Handy, Computer, Geld, Arbeiten, Sport, Kaufen, Sammeln, Schlaf oder das ständige Sich-Verspäten. Reha-Kliniken, Entzugstherapien oder ähnliche Maßnahmen haben auf Dauer wenig Erfolg (nicht selten verlagert sich das Suchtverhalten lediglich), denn sie lassen die geistliche Wurzel des Problems außer Acht. Süchte sind wie ein Spinnennetz – und die Spinne ist ein Dämon. Auf Dauer hilft es nicht, nur die Spinnweben zu entfernen. Die Spinne muss weg!

Einmal teilte ein Gemeindeleiter einer bestimmten Gemeinde ein beeindruckendes Zeugnis, wie er vom Rauchen frei wurde. Nachdem er Christ wurde, war es ihm nicht möglich, mit dem Rauchen aufzuhören. Eines Abends nach der Bibelstunde machte er einen Spaziergang und Gott öffnete ihm die Augen für die geistliche Welt: Auf der Stromleitung sah er zwei Dämonen sitzen und er konnte ihre Unterhaltung hören. Der eine Dämon sagte: „Guck, er kommt gerade aus der Kirche, jetzt hört er bestimmt auf zu rauchen". Der andere entgegnete: „Ich werde jetzt etwas tun und dann wird er rauchen." Es war fast so, als ob dieser Dämon daraufhin an einer Schnur zog – und augenblicklich verspürte der Gemeindeleiter das dringende Bedürfnis, eine Zigarette zu rauchen, sofort, unbedingt! Nun begriff er: Sein Drang zu rauchen wurde durch diesen Dämon ausgelöst. Ein heiliger Zorn kam über ihn und er widerstand diesem teuflischen Einfluss. Im selben Moment wurde er frei von seiner Sucht und rauchte nie wieder. Der Heilige Geist gibt uns Wünsche, die in seinem Sinne sind. Der Teufel aber versucht ebenfalls, Bedürfnisse in uns hineinzusäen, die uns dazu verleiten zu trinken, zu rauchen, Pornos anzuschauen, zu betrügen und dergleichen Böses mehr.

Geist der Schwäche

Die Heilige Schrift spricht auch vom Geist der Schwäche (oder Krankheit; Lukas 13,11). Diese Dämonen stecken oft hinter Allergien, Diabetes, Arthritis und Arthrose, Krebs, ständiger Schwäche, psychischen Störungen, Rückenschmerzen, Organversagen, Nervenerkrankungen, chronischem Ausschlag und anderen Hautkrankheiten. Das sollte nicht verwundern, denn Jesus „ist umhergezogen und hat Gutes getan und alle gesund gemacht, die in der Gewalt des Teufels waren" (Apostelgeschichte 10,38 lut). Im Allgemeinen macht Gott den Menschen nicht krank. Wenn Menschen körperlich krank werden, ist oft dämonische Belastung im Spiel.

Wären Krankheiten von Gott geschickt, dann wäre jeglicher Arztbesuch, jedes Einnehmen von Medikamenten und am Ende sogar jedes Hausmittel eine Beleidigung Gottes, oder zumindest ein Zuwiderhandeln gegen seinen Willen! Krankheit kommt vom Bösen. Sechs Tage in der Woche tun wir, als wäre das tatsächlich so. Aber dann kommt der Sonntag und warum auch immer tun wir dann so, als ob es normal wäre, krank zu sein!

Am Kreuz hat Jesus nicht nur unsere Sünden weggetragen, sondern auch alle unsere Gebrechen und Krankheiten; und solange Jesus auf der Erde lebte, hat er jeden geheilt, der zu ihm kam und ihn um Heilung bat. Unser Standard ist sein am Kreuz vollbrachtes Erlösungswerk. Du fragst jetzt vielleicht: „Und was ist mit Hiob?", oder „was ist mit dem Stachel bei Paulus?" Unser Maßstab ist Jesus, nicht Hiob oder Paulus. Jesus ist Gott. Er ist der Einzige, der uns den Vater zeigt und sein Wesen offenbart – und ich sage es nochmals: Ich kenne keinen Fall, in dem jemand Jesus um Heilung gebeten hätte und von ihm zurückgewiesen worden wäre.

Interessant ist auch, dass Jesus nie um Heilung *betete*. Er heilte einfach. Er „bedrohte" das Fieber, die Frau stand auf und machte sich an die Arbeit (Lukas 4,39). Einer anderen Frau befahl er, sich wieder aufzurichten. Er legte ihr die Hände auf und sie richtete sich auf – nach achtzehn Jahren schwerer Rückgratverkrümmung (Lukas 13,12). Im Lukasevangelium ist nachzulesen, dass er nicht gesagt hatte: „Sei geheilt von deiner Krankheit!". Ihre Probleme rührten von dämonischer Belastung, was Jesus mit den Worten bekräftigte, Satan habe sie achtzehn Jahre lang gebunden gehabt (Vers 16).

Das ist ein Grund, warum wir relativ wenige Heilungen erleben: Oft beten wir nur um Heilung, vertreiben aber nicht die Geister hinter der Krankheit. Ein Mann kam aus einem anderen Bundesstaat zu einer unserer Veranstaltungen, um Heilung zu empfangen. Er litt an einer schweren Leukämie. Leider hatte er sich verspätet und verpasste den Teil, in dem wir persönlich für Kranke beteten. Wir aber beteten während des Gottesdienstes auch von vorn allgemein um Heilung und der Heilige Geist kam in unsere Versammlung wie ein Feuer, woraufhin unreine Geister sich offenbaren mussten und ausgetrieben werden konnten. Der Mann fiel zu Boden, übergab sich und wurde im Namen Jesu befreit. Zu Hause ließ er sein Blut untersuchen – das Ergebnis: Er war vollständig geheilt! Und zwar dauerhaft: Alle sechs Monate ging er zum Bluttest und jedes Mal wurde die Heilung bestätigt. Die Herrlichkeit Gottes hatte ihn gesund gemacht! Ist der Geist der Krankheit erst einmal vertrieben, tritt die Heilung ein.

Ein junges Paar aus unserem Team brachte einmal ihre Mutter zu uns, damit wir für sie beteten. Diese Frau litt unter Schlafapnoe – Atemaussetzer –, sie musste nachts ans Atemluftgerät und war trotzdem immer extrem müde. Wir beteten und trieben diesen Geist der Schlafapnoe aus. Auf dem Heimweg ging es ihr hervorragend und sie konnte ohne die Maschine schlafen. Sie ließ sich vom Arzt untersuchen und der bestätigte ihr, die Störung sei komplett behoben. Der Geist der Schwäche kann sogar tödliche Krankheiten verursachen, aber Gottes Geist schenkt auch davon dauerhafte Heilung!

Sowohl aus der Schrift, als auch aus unserer Erfahrung sehen wir, dass Dämonen Krankheiten verursachen können. Die Bibel lehrt uns aber nicht, dass jeder, der krank ist, automatisch von einem Dämon geplagt wird.

Geist des Stolzes

Auch der Geist des Stolzes ist ein echter Dämon siehe Sprüche 16,18. Salomo lehrt uns, dass dieser Geist vor der Zerstörung kommt.[3] Das bedeutet: Bevor der Teufel Zerstörung bringen kann, schickt er einen Dämon des Stolzes voraus. Dieser Geist bringt Arroganz, Rachsucht, Auflehnung, Rebellion, Egoismus, Machthunger, Kritiksucht, Wut, Eigenmächtigkeit, Grausamkeit (auch in Worten) und Neid.

Im Prinzip ist Stolz abgöttische Selbstverherrlichung. Stolz ist die Staatsreligion der Hölle. Stolz transformierte Lucifer, den heiligen Engel, zu Satan. (Siehe Jesaja 14,12-15; Hesekiel 28,13-15). Dieser böse Geist verwüstet definitiv alles, was er betritt. Genau genommen ist die Menge an Stolz in einem Menschen gleichzusetzen mit der Anzahl an Dämonen, die er in sich trägt.

Stolz öffnet unsere Herzenstür für den Teufel – und er wird Niederlage bringen. Selbstgerechtigkeit bringt Stolz. Es zieht Dämonen an und die lassen einen scheitern. Als Jesus seinen Jüngern ankündigte, dass jeder von ihnen ihn letzten Endes im Stich lassen würde, konnte Petrus es nicht lassen und widersprach (Matthäus 26,31–35). Petrus war zu selbstsicher und zu stolz auf seine Hingabe an Jesus und das machte der Teufel sich zunutze. Er wollte gerade deshalb ausgerechnet Petrus „aussieben" (Lukas 22,31–32).

Wenn wir dem Geist des Stolzes in uns Raum geben, wird dieser uns auf jeden Fall zum Sturz bringen. Es ist immer besser, in Demut zu wandeln, denn diese Haltung zieht den Heiligen Geist und an seine Kraft.

Geist des Python

Schließlich gibt es den Geist des Python, den Geist der Wahrsagerei (Apostelgeschichte 16,16, griechisch „Geist der Python"). Dieser Geist wirkt in den Geheimen Künsten (Okkultismus) wie Freimaurerei, Scientology, Geheimgesellschaften, New Age, fernöstliche Religionen inklusive ihrer Varianten und Ableger wie Yoga, Qigong, Tai Chi, Karate, Aikido, Feng Shui, Transzendentale Meditation, Autogenes Training, Reiki, Akupunktur und dergleichen, dazu Wahrsagerei, schwarze und weiße Magie, Kettenbriefe, Glücksbriefe, Spiritismus, Gläserrücken, Teufelsbeschwörung, Wodu (Voodoo), Satanismus, Hypnose, Nummerologie, Levitation, Homöopathie, Augendiagnose, Rutengehen, Kartenlegen, Ouija-Bretter, Astrologie und Horoskope, Glücksbringer und Traumfänger.

Ein guter Freund von mir ist Pastor. Seine Tochter wurde von einem Python-Geist befreit. Dieser Geist bekam durch das Rauchen von Marihuana, das Ausprobieren okkulter Spiele und Praktiken und vor allem durch die Freimaurerei Zugang zu ihr. Aber gegen Jesus Christus, das Lamm Gottes, kann keine Schlange bestehen und so wurde auch dieses Mädchen von dem quälenden Geist befreit.

Der Python sucht immer zu verführen. Apostelgeschichte 16 berichtet von einer jungen Frau, die von einem Python-Geist besessen war. Unter dem Einfluss dieses Dämons verkündete sie auch wahre Weissagungen: „Diese Männer sind Diener des höchsten Gottes, die uns den Weg des Heils verkündigen!" (Vers 17). Hätte er nicht die Gabe der Geisterunterscheidung gehabt, hätte der Apostel Paulus womöglich versucht, sie als Mitstreiterin zu gewinnen.

Auf den ersten Seiten der Bibel ist zu lesen, dass der Teufel als Schlange auftrat. Ganz am Schluss wird er ebenfalls als „Schlange" bezeichnet.

Eine Python ist anders als die meisten Schlangenarten. Die meisten Insekten stechen, um Blut zu saugen, Schlangen aber beißen zu und sondern dabei Gift ab – doch eine Python erdrosselt ihr Opfer. Der Python-Geist will uns den geistlichen Atem rauben. Unser geistliches Leben, das wir mit dem Heiligen Geist führen, will er erwürgen. Das tut er mittels Manipulation, Einschüchterung und Beherrschen.

Ganz anders als der Heilige Geist sind Dämonen darauf aus, uns zu steuern, zu dominieren und einzuschüchtern. Wir müssen auf der Hut sein, ihrem Zauberspruch nicht zum Opfer zu fallen. Jeder, der (angeblich) im Namen Gottes spricht, dabei aber versucht, andere wie Marionetten zu kontrollieren und zu beherrschen, steht noch unter dem Einfluss dieses unreinen Geistes. Im Gegensatz dazu ist der Heilige Geist wie eine Taube: Er zwingt nicht, er macht uns nicht zu Marionetten, er manipuliert und verführt keinen und er schüchtert auch niemanden ein. Geistliche Leiter sollten sehr darauf achten, ihr Herz von dem Python-Geist reinzuhalten.

Es gibt also verschiedene Arten von Dämonen. Die Bibel gibt ihnen Bezeichnungen und jede Art zeigt ihr Wesen und ihre Arbeitsweise. Es könnte sein, dass einige von ihnen zurzeit in dir und durch dich ihr Unwesen treiben. Dann sei versichert: In Jesus gibt es wahre Freiheit auch für dich! Diese wunderbare Freiheit ist genauso real wie der Zwang, unter dem du dich zurzeit vielleicht befindest.

Gebet

Herr Jesus! Danke, dass Du den Heiligen Geist in mein Herz gesandt hast. Gib mir die Stärke, das Wesen der Taube widerzuspiegeln.

Ich tue Buße über jede Sünde der Manipulation – und auch, wo ich der Manipulation durch den Geist des Python nachgegeben habe. Vergib mir, wo ich meine Position ausgenutzt habe, um andere zu beherrschen und einzuschüchtern, und wo ich mich habe beherrschen und einschüchtern lassen.

Ich entsage jeder Art von Stolz und jedem übermäßigen Selbstvertrauen, das mich dazu gebracht hat, eher wie der Teufel zu handeln.

Ich sage mich vom Geist der Unzucht, dem ich erlaubt habe, in mir Fuß zu fassen und zu wuchern los. Vergib mir, Vater!

Im Namen Jesu Christi weise ich jeden Geist der Angst aus mir hinaus und ich empfange den Geist der Kraft, der Liebe und der Besonnenheit.

SECHS ARTEN VON DÄMONEN

Im Namen Jesu Christi vertreibe ich jeden Geist aus mir, der hinter Zwängen und Süchten steckt.
Jeder dämonischen Kraft, die mir Krankheit und Schmerzen verursacht, befehle ich im Namen Jesu Christi zu gehen!
Ich stelle mich gegen jede Art von Einschüchterung, Beherrschung und Manipulation, die gegen mich eingesetzt wird.
Heiliger Geist, ich danke Dir für Deine Hilfe.

KAPITEL 3

OFFENE TÜREN

Offene Türen kann ich nicht ausstehen, ob zu Hause oder in der Gemeinde: Wenn nicht alle Türen im Raum geschlossen sind, kann ich nicht beten; und wenn eine offen steht, bemerke ich das garantiert. Meine Frau und ich haben immer Gäste im Haus, zeitweilige Mitbewohner – und ich erinnere sie ständig daran, alle Fenster und Türen zu schließen, wenn sie das Haus verlassen und der Letzte, der das Haus verlässt, sperrt zu. Einmal hatten wir eine Veranstaltung in einem nahegelegenen Park. Unser Lobpreisteam spielte und wir alle waren den ganzen Tag dort. Als wir heimkamen, war es bereits dunkel.

Ich öffnete die Tür zum Wohnzimmer und spürte einen Windhauch. Oh, dachte ich, ist das so etwas wie in Apostelgeschichte 2? Dann hörte ich aus einem der Zimmer ein Geräusch von der Straße und wollte dem nachgehen. Unterwegs bemerkte ich, dass in der Küche die Schubladen offen standen und Zeug heraushing. Dann kam ich in das Zimmer – totales Chaos! Als wäre ein Tornado hindurchgefegt: Alles war auf den Kopf gestellt. Das Fliegengitter stand neben dem Fenster und die Wand und der Fensterrahmen waren voller – nein, nicht Fingerabdrücke, sondern Abdrücke von Handschuhen.

Da hatte unser Gast also das Fenster offen gelassen und während wir alle im Park waren, schaute ein Einbrecher sich in unserem Haus um – ein beängstigendes Gefühl! Dieser Einbruch hinterließ unschöne und unangenehme Empfindungen: Unsere Privatsphäre war verletzt worden, der Einbrecher hatte alles durchgewühlt, sogar die Kisten in der Garage. Seltsam war, dass alle Wertsachen dort lagen, wo sie immer gewesen waren: der Computer, das Tablet, der Schmuck und so weiter. Nichts von unserem Eigentum fehlte, bis auf ein Auto und das gehörte uns gar nicht. Es war nur geliehen, da wir unsere beiden Fahrzeuge weggegeben hatten. Man hatte also bei uns eingebrochen, aber nur das Fahrzeug gestohlen.

Offensichtlich hatte der Einbrecher uns schon länger beobachtet und den richtigen Zeitpunkt abgewartet. Als keiner mehr im Haus war, legte er los. Es hatte gereicht, dass eine einzige Person das Fenster nicht richtig schloss.

Nachdem wir bei der Polizeit unsere Anzeige erstattetet hatten, begab sich etwas interessantes. Ausgerechnet der Gast, der vergessen hatte, das Fenster zu verschließen, war derjenige, der unser gestohlenes Auto an einem nahegelegenen Parkplatz stehen sah, als er gerade ein Paar Leute nach Hause fuhr! Er meldete es der Polizei, welche hinfuhr und im Wagen einen Zettel fand: „Es tut mir leid, dass ich Ihr Auto gestohlen habe." Gut, dass bei dem Dieb ein Sinneswandel stattfand. Auch wir lernten an diesem Tag unsere Lektion: Wenn wir keinen Einbrecher im Haus haben wollen, müssen wir dafür sorgen, dass unsere Türen und Fenster verschlossen sind. Ein Dieb sucht nämlich immer nach einer offenen Stelle, durch die er eindringen kann. Er sucht eine offene Tür.

Satan ist ein Dieb (Johannes 10,10), und wie ein typischer Dieb agiert er am liebsten bei Nacht, also möglichst geheim; und natürlich will er unerkannt bleiben. Nach seiner teuflischen Tat fehlt immer etwas. Es ist aber ein Unterschied, ob wir etwas verlieren oder ob es uns gestohlen wird. Wenn wir abgelenkt sind, verlegen wir oft etwas. Meist finden wir es aber wieder, entweder, weil wir uns doch noch erinnern, wo wir es zuletzt gehabt haben, oder Gott lässt es uns wiederfinden. Wenn aber etwas gestohlen wurde, dann war ein Dieb am Werk.

Wenn dir Freude, Friede oder die Reinheit abhandenkommen, kannst du dir ziemlich sicher sein: Hier ist der Teufel als Dieb durch dein Leben spaziert und hat es dir gestohlen. Aber wie in der sichtbaren Welt, so auch hier: Wenn wir in der Heiligung leben, kann er uns nichts rauben. Deshalb beobachtet Satan uns ständig. Er sucht nach einem offenen Fenster in unserem Lebenshaus, durch das er eindringen kann, und dann beraubt er uns. Jener Dieb hat nicht mein Haus besetzt. Er wollte nicht hierbleiben. Er stattete uns nur einen kleinen Besuch ab, um etwas mitgehen zu lassen. Wenn Satan dich nicht besitzt, nicht bei dir einziehen kann, dann wird er versuchen, dich zu schädigen, indem er mitnimmt, was dir gehört – wenn du ein Fenster des Kompromisses offen lässt.

Sünde, das Trojanische Pferd

Satan kann nur dann etwas ausrichten, wenn wir sündigen. Wenn wir nicht glauben, wird Gott kein Wunder tun; und wo keine Sünde ist, sind wir für Satan unantastbar. Sünde ist die Tür, durch die er Zugriff auf das Leben eines Menschen bekommt. Die

Bibel warnt: „und gebt nicht Raum dem Teufel" (Epheser 4,27 lut). Dieser Vers ist eine Ermahnung an uns Christen! Sich der Sünde hinzugeben heißt dem Teufel Raum zu geben. Die Ersten waren Adam und Eva: Weil sie mit Wissen und Willen sündigten, gerieten sie unter die Herrschaft Satans. Gegen Jesus hatte „der Fürst dieser Welt" nichts in der Hand, denn Jesus war ganz ohne Sünde (Johannes 14,30; 8,46).

Wahrscheinlich hast du schon von der Kriegslist im Trojanischen Krieg gehört: Nachdem sie zehn Jahre lang Troja belagert hatten, bauten die Griechen schließlich ein riesiges hölzernes Pferd und versteckten darin einige starke Männer. Dann taten sie, als würden sie abziehen, und ließen das Pferd als Geschenk an eine Göttin mit der Warnung zurück, seine Beschädigung würde Unheil bringen. Die Leute von Troja zogen es in die Stadt und begriffen nicht, dass sie damit in die Falle gingen. So scheint Sünde oft begehrenswert zu sein, ein nettes Spielchen und ungefährlich. Dabei ist sie eine Falle des Teufels.

In 1. Mose 3 bekommen wir einen Einblick in das Wesen des Teufels – er ist hinterlistig, raffiniert und verführerisch. Sünde ist nicht nur ein Vergehen gegen Gott, sie ist ein erklärter Aufstand gegen seinen Willen. Außerdem ist Sünde eine offene Tür, durch die der Teufel den Menschen attackieren und unterdrücken kann. Manchmal geht er sogar in ihn hinein und nimmt diesen Mensch in Beschlag.

Unser Feind präsentiert uns Sünde immer als etwas Begehrenswertes, als etwas zum Verlieben Schönes. Doch hinter jeder Sünde, zu der er uns verführt, steckt eine Absicht des Fürsten der Finsternis. Diese Taktik wird in dem Bericht von Simson und Delila deutlich (Richter 16): Simson verliebte sich in Delila, eine Philisterin. Die Philister, Feinde Israels und besonders von Simson, nutzten diese Liebschaft aus und verschworen sich mit Delila gegen ihn, um ihn endlich zu überwältigen – er war ihnen nämlich haushoch überlegen. Delila tat nur so, als liebte sie Simson. In Wirklichkeit tastete sie sich an das Geheimnis seiner übernatürlichen Kraft heran und ließ sich von den Philisterfürsten dafür reichlich bezahlen. Wenn Simson bei ihr war, erlaubte sie den Kämpfern, in ihrem Haus zu warten. Sie standen in den Startlöchern, um Simson festzunehmen, sobald er seine außergewöhnliche Kraft verloren hätte.

So ist die Sünde: Im Moment bereitet sie uns Vergnügen, aber im Endeffekt gehorcht sie nur den Befehlen Satans. Unser Wohlergehen interessiert sie rein gar nicht – und noch während wir in der Sünde schwelgen, hält Satan schon seine Dämonen bereit, um uns zu attackieren, zu quälen und zu fesseln. So wie die Philister hinter dem Vorgehen Delilas steckten, mit dem sie Simson zu Fall zu bringen gedachte, so nutzt auch Satan die Taktik der „Sünde, die uns so leicht umstrickt" (Hebräer 12,1), um dich zu besiegen. Bei Simson war Delila die offene Tür, durch die die Philister den Sieg erschlichen.

Betrachten wir nun ein paar offene Türen, die der Teufel in unserer Zeit gerne benutzt, um in uns einzudringen und uns ins Verderben zu stürzen.

Die Tür des Okkultismus

Das Wort „okkult" bedeutet „verborgen, versteckt".[4] Okkult – das ist etwas Geheimes, Unbemerktes und Mysteriöses. Unter „Okkultismus" versteht man die Geheimen Künste. Dazu gehören Astrologie, Hexerei, schwarze Kunst, Wahrsagerei, schwarze Magie, weiße Magie, Ouija-Brett und Gläserrücken, Tarot-Karten, Horoskope und Kontakt zu Toten (Spiritismus, Ahnenverehrung).

All diese und vergleichbare Praktiken (siehe auch „Python-Geist" gegen Ende des vorigen Kapitels) öffnen die Türen weit für Dämonen; und die lassen sich nicht lange bitten! Als okkult zu werten sind auch Religionen, die direkt oder indirekt andere Götter oder den Teufel anbeten. Christen sollten sich niemals auf solche dämonischen Machenschaften einlassen!

Unvergesslich ist mir der Sonntagmorgen, an dem wir für einen jungen Mann beteten, der von mehreren Dämonen besessen war. Sie waren in ihn hineingekommen, als er auf einem Friedhof den Teufel in sich einlud. Dieser junge Mann hatte kurz zuvor seinen Bruder verloren und war zornig auf Gott; und das, was an jenem Tag auf dem Friedhof in ihn hineingekommen war, hatte ihn völlig verändert. Er wurde gewalttätig und platzte fast vor Wut und Rebellion. So flog er zunächst von der Schule und später landete er im Gefängnis. Die ganze Zeit über hielt er sich weiterhin für einen Christen. So kam er in unseren Gottesdienst und da zeigten sich die Dämonen, die in seinem Leben wirkten – sie konnten die Gegenwart Gottes nicht ertragen. Er wurde befreit, kehrte um von seinen Sünden und Gott machte aus ihm einen neuen Menschen.

Ich bin der festen Überzeugung, dass Christen so etwas niemals tun sollten. Denn wenn wir das Territorium des Teufels betreten, werden Dämonen kommen und uns angreifen. Manchmal weihen sogar Eltern ihr eigenes Kind den Dämonen. Auch so bekommen Dämonen Zutritt zu einem Menschen. Der heftigste Befreiungsdienst, den ich je miterlebt habe, ist mir noch gut in Erinnerung. Wir dienten dabei einer Siebzehnjährigen. Ihre Eltern hatten sich mit eigenem Blut dem Teufel verschrieben und waren so zu Hexenmeistern geworden. Ihre Tochter hatten sie dem Teufel geweiht. Das Mädchen kam mit Freunden zum Gottesdienst und während der Gebetszeit zeigten sich die Dämonen in ihr. Wir trieben sie im Namen Jesu Christi aus und an diesem Tag wurde mir klar, wie viel Kraft es hat, wenn ein Baby jemandem geweiht wird– das gilt für jede Seite, ob man es nun Gott weiht oder dem Teufel. Die geistliche Welt nimmt das sehr ernst!

Im Alten Testament lesen wir, dass Gott heidnische Völker beseitigte. Er verlieh dem Volk Israel Kraft, sie zu verjagen, denn sie hatten Wahrsagerei, Hexerei, Zauberei und Spiritismus betrieben und ihre Kinder den Götzen geopfert (5. Mose 18,9–14). All das bezeichnete Gott als „diesen Leuten nachzuhuren" und warnte sein Volk Israel ernstlich, solcherlei ja nicht auszuüben. Ansonsten würde er sich gegen sie stellen (3. Mose 20,6). Aus der Bibel wissen wir, dass das Volk Israel leider trotzdem dem Götzendienst sowie der Hexerei und Geisterbeschwörung verfiel – alles Taten, die Gott verabscheut –; und es kam ihnen teuer zu stehen: Nachdem Gott sie jahrhundertelang immer wieder zur Umkehr gerufen hatte, vertrieb er sie schließlich aus ihrem Land und zerstreute sie unter alle Völker.

Wir Christen werden alle versucht; und das Verlangen unseres Fleisches kann dazu führen, dass wir in Sünde fallen – aber sich mit Wissen und Willen in das Reich Satans zu begeben, um dort Hilfe zu suchen, oder auch einfach aus Neugier, das wird der Seele großen Schaden zufügen. Manche gehen zum „Heiler", zum Schamanen oder Hypnotiseur, wenn sie Heilung brauchen oder nicht vorankommen. Ja, Satan kann zu Heilung und Erfolg verhelfen. Aber dafür nimmt er dir deine Freiheit und so wirst du zum Gefangenen in Satans Reich. Dabei gibt es keine mildernden Umstände, etwa weil man es „aus Neugier" getan oder sich „nichts Böses dabei gedacht" habe: Es ist böse und es ist schädlich.

Als Kind wurde ich von einem Hund gebissen und die Wunde musste genäht werden. Damals lebten wir noch in der Ukraine. Der

Hund gehörte unserer Nachbarin. Sie gab mir Mathe-Nachhilfe und das tat mir richtig gut. Meist lag der Hund an der Leine, da konnte er mir nichts anhaben. Er konnte mich nur anbellen, aber nicht zubeißen.

Mit der geistlichen Welt ist es ähnlich: Solange wir uns im Reich Gottes befinden, kann Satan uns vielleicht versuchen und verführen, aber quälen kann er uns nicht.

Eines Tages jedoch bemerkte ich, dass besagter Hund nicht an seinem Platz lag – nun gut, dann liegt er eben woanders, beschloss ich. Meine Neugier war aber zu groß. So steckte ich meinen Kopf in die Hundehütte. Da war der Hund allerdings nicht, sondern hinter der Hütte. Von dort aus sprang er mich an und riss mir die Haut vom Bein. Glücklicherweise war sein Frauchen von Beruf Ärztin. Sie eilte mir zur Hilfe, rettete mich und flickte mich wieder zusammen.

Wenn du dich mit dem Okkulten einlässt, betrittst du damit Feindesland. Sei versichert, er wird zubeißen – er wird dich angreifen und dir das Leben schwermachen. Aus welchen Gründen auch immer du solche Dummheiten begehen würdest: Kehre heute um, tue Buße über deine Sünde, sage dich davon los und höre auf damit! Wenn du bereits wegen deiner okkulten Bindungen gequält wirst: Deine einzige Hoffnung auf Befreiung liegt in Jesus Christus.

Die Tür der Zaubermittel

Geistliche Kraft fließt durch unterschiedliche Medien – das können Menschen, Orte, Tiere oder Gegenstände sein. Laut der Bibel können Dämonen in Schweine hineingehen und sie missbrauchen (Matthäus 8,28–34). Gott kann jedes Mittel nutzen, um sich Ausdruck zu verleihen. Bei Mose gebrauchte er einen Gegenstand. Durch den Stab Moses zeigte er seine Macht und ließ Wunder geschehen (2. Mose 4,1–5 und viele weitere Male). Naeman heilte er durch das Untertauchen im Jordan (2. Könige 5). Er kann zur Heilung auch Öl gebrauchen (Jakobus 5,14). Einmal heilte Jesus einen Blinden durch seinen Speichel (Markus 8,22–26). Gott gebrauchte das Kleidungsstück, das Jesus trug, um eine Frau zu heilen, die an chronischen Blutungen litt (Matthäus 9,20–22). Auch bewirkte Gott Heilung und Befreiung durch die Schweißtücher und Gürtel, die der Apostel Paulus am Leib getragen hatte (Apostelgeschichte 19,12). Der Teufel hingegen kann nur nachmachen. Er kann nichts Neues schaffen, er kann nur kopieren. – Das als Erklärung, warum die meisten Hexenmeister mit Zaubermitteln arbeiten, mit Amuletten, Traumfängern und dergleichen.

Das Buch Josua im Alten Testament berichtet von einem Mann namens Achan – er nahm sich etwas von der Beute, was Gott bei der Einnahme Jerichos aber streng verbot. Damit brach Achan nicht nur den Bund mit Gott, sondern er brachte das ganze Heer Israels unter einen Fluch und deshalb fielen 36 Kämpfer. Für seinen Verstoß wurden Achan und seine ganze Familie hingerichtet (Josua 7,11–25).

Manche Gegenstände sind den Dämonen geweiht. Sie haben in unseren Häusern nichts verloren und müssen zertrümmert werden.[4] Hexen und Zauberer nutzen Amulette als Werkzeug mit Dauerwirkung. Oft werden Amulette einfach als Schmuck oder harmloses Souvenir verkauft. Aber auch dann bringen sie den, der sie besitzt, unter einen Fluch. Die Bibel warnt davor: „Nehmt auf keinen Fall einen dieser Gegenstände, die er verabscheut, in eure Häuser, damit ihr nicht wie sie vernichtet werdet. Verabscheut diese Dinge von ganzem Herzen, denn sie sind zur Vernichtung bestimmt" (5. Mose 7,26 nlb). Deshalb haben die Christen in

---

4 Metall ist einzuschmelzen (4. Mose 31,23). (Anm. d. Übers.)

Ephesus, die früher Zauberei getrieben hatten, ihre Zauberbücher verbrannt (Apostelgeschichte 19,19).[5]

Eine Frau aus unserer Gemeinde brachte ihre Schwester mit zur Konferenz, damit wir für sie beteten. Die Schwester hatte immer wieder Weinkrämpfe und konnte deshalb nicht ihrer Arbeit nachgehen. Unser Gebetsteam betete für sie, daraufhin musste sie sich stark übergeben und danach fühlte sie sich deutlich erleichtert. Am nächsten Tag fuhr sie nach Hause und als sie ihr Haus betrat, musste sie wieder heftig weinen. Schluchzend rief sie uns an und wir fuhren hin. Die Frau kniete vor der Toilette, übergab sich und weinte wieder hemmungslos. Sprechen konnte sie nicht, also gingen wir im Haus auf und ab und beteten. Ich bat Gott, mir zu zeigen, was der Auslöser für diese irrsinnigen Auswüchse im Leben dieser Frau war.

Und was sah ich? Innen über der Eingangstür hing ein kleiner Zettel mit spanischen Wörtern, ich erkannte das Wort *diablo* – „Teufel". Ich fragte sie, warum der Zettel dort hing. Die Antwort: Das sei ein Haussegen. Als ihr Ex-Freund einmal in Mexiko zu Besuch war, ging er zu einer alten Frau, welche das Okkulte mit Religion vermischte, und lies „Segenssprüche" über ihn sprechen. Diese Hexe garantierte ihm, dass wenn die Beziehung zu seiner Freundin scheitern würde, schlimme Dinge passieren würden. Daraufhin beendete er die Beziehung und sie begann sich ab diesem Zeitpunkt heftigst zu übergeben und zu weinen.

So beschlossen wir, diesen Zettel samt allem, was sie von dieser Hexe im Haus hatte, in den Müll zu werfen – und in dem Moment, in dem sie diese Gegenstände aus den Händen fallen ließ, veränderte sich ihr Gesichtsausdruck und auch das Weinen

---

5 Diese Bücher hatten viel Geld gekostet – 50 000 Silberdrachmen, das ist etwa das 150-fache Jahreseinkommen eines Tagelöhners – und waren wohl seit Generationen im Familienbesitz gewesen. (Anm. d. Übers.)

und das Sich-Übergeben hörten sofort auf. Nun kehrte ihr Leben zur Normalität zurück und sie konnte wieder in ihrem Beruf als Krankenschwester arbeiten. Schließlich kam auch ihr Ex-Freund zu uns, er bekehrte sich und wurde befreit.

Ich könnte noch viele Beispiele anführen dafür, dass Gebete von Dienern Satans, Amulette und selbst harmlos anmutende Zaubermittel Dämonen über uns bringen können.

Auch Häuser und Wohnungen können verflucht sein. Nicht ohne Grund nennt die Welt so etwas „Geisterhaus" oder spricht davon, dass es spukt. Nach einem Mord oder Suizid nehmen oft böse Geister diesen Raum, dieses Gebäude oder Grundstück für sich in Beschlag. Dort geschieht dann Unheilvolles und den Bewohnern oder Besuchern stößt Seltsames zu. Deshalb sollten wir beim Einzug in ein neues Zuhause oder in ein Hotelzimmer dieses in einem Gebet Gott weihen und so jeden bösen Plan vereiteln, den der Feind damit haben könnte.

In unserem Ort gibt es ein Haus, in dem jemand Selbstmord begangen hat. Danach wurde es vermietet – an drei Ehepaare hintereinander und alle drei ließen sich scheiden. Der nächste Mieter hörte nachts Geräusche und Möbelstücke bewegten sich. Solche paranormale Aktivitäten sind keine Einbildung, die gibt es wirklich. (Den Geist Gottes gibt es auch wirklich – und an manchen Orten ist er spürbarer als anderswo, besonders dort, wo Menschen fasten und zu ihm beten. Viele spüren, wenn sie ein Gebäude betreten, in dem Gott viel angebetet wird, die Liebe Gottes, seinen Frieden und seine Freude besonders stark.)

Dieses Prinzip gilt auch für Verkehrsmittel. Der junge Schauspieler und Rennfahrer James Dean hatte sich ein neues Auto zugelegt, einen Porsche 550 Spyder, er nannte ihn „Kleiner Bastard". Er wurde auch bekannt als „Todeswagen". Dean hatte ihn erworben, um im kalifornischen Salinas ein Rennen zu fahren. Einige seiner Freunde hatten sich über das Auto informiert und warnten ihn – innerhalb einer Woche würde er dadurch ums Leben kommen. Sie hatten recht: Eine Woche später – auf dem Weg zum Rennen kam James Dean in einem schrecklichen Autounfall ums Leben.

Der Wagen wurde in Einzelteile zerlegt und versteigert, die hohe Preise erzielten. Der Motor wurde in ein anderes Auto eingebaut, dessen Fahrer bald darauf ebenfalls einen tödlichen Unfall hatte. Der Käufer des Antriebsstrangs des „kleinen Bastards" nahm Schaden, weil das Fahrzeug sich überschlug. Es wird berichtet, dass zwei der Räder an einen jungen Mann gingen. Im Rennen platzten sie beide gleichzeitig, wodurch der Fahrer die Kontrolle verlor und im Graben landete. In der Garage, in der das Fahrzeug stand, brach ein Feuer aus und alles wurde ein Raub der Flammen – alles außer diesem Porsche 550 Spyder. Später wurde der Wagen per Lkw transportiert. Der Fahrer dieses Lkw verlor die Kontrolle, der „kleine Bastard" flog von der Ladefläche und quetschte ihn zu Tode. Es gäbe noch mehr zu berichten, doch, lange Rede, kurzer Sinn: Bete auch über dein Fahrzeug! Du kannst nicht wissen, wer damit was gemacht hat und wer es zu welchem Zweck gefahren hat. Schließlich willst du, dass es dich von A nach B bringt und nicht zu deiner Beerdigung. Und du willst auch keinen schweren Verkehrsunfall haben.

Vielleicht haben wir etwas wie Wodu-Puppen, Schlangen- oder Drachenfiguren, Pokémonkarten, Götzenfiguren, Bücher über Horoskope, Porno-Zeitschriften, Glücksbringer oder Traumfänger gekauft, geerbt oder geschenkt bekommen. So etwas müssen wir wegwerfen (Edelmetalle einschmelzen) und damit Satan jedes Anrecht entziehen, das er an unserem Haus, unseren Besitz oder unserem Leben haben mag.

Wenn eine Liebesbeziehung zu Ende gegangen ist, ist es nur weise, sich von allem zu trennen, was wir von dieser Person bekommen haben, von Geschenken und anderen Gegenständen. Denn sie können Seelenbindungen aufrechterhalten und das wäre für eine künftige Beziehung nicht gut.

Ich bin fest davon überzeugt, dass Nachfolger Jesu keinen Grund haben, Halloween zu feiern. Der Gründer der „Church of Satan" sagte: „Ich bin froh, dass christliche Eltern ihre Kinder wenigstens einen Tag im Jahr erlauben, den Teufel anzubeten." So wie uns Christen die Geburt, der Sühnetod und die Auferstehung Jesu Christi wichtig sind, so bedeutend ist Halloween im Okkultismus. Halloween bringt Angst, Finsternis und Tod, Christsein hingegen Liebe, Licht und Leben.

Betrete nicht das Revier des Teufels, auch nicht, indem du dämonisch belastete Gegenstände nach Hause bringst! Weihe jedes neue Zuhause, das du beziehst, und jedes neue Fahrzeug, das du anschaffst, dem Herrn. Und habe keinen Teil an den unfruchtbaren Werken der Finsternis – halte dich von allem fern, wo eindeutig der Teufel verehrt wird.

Die Tür des Traumas

Bob Larson hat über 30 000 Befreiungsdienste durchgeführt und gilt bei vielen als *der* Experte in Sachen Okkultismus und Befreiungsdienst. Einmal aß ich mit ihm zu Abend. Dabei fragte ich ihn: „Durch welche Tür bekommen in der westlichen Welt die meisten Dämonen Zugang zum Menschen?" Bob Larson erklärte mir, überall sonst seien es okkulte Praktiken. Doch in der westlichen Welt kämen die meisten Dämonen aufgrund von Missbrauch im weiteren Sinne in einen Menschen.

Dämonen können in Menschen nach Missbrauch, Trauma, Abgelehntwerden, sexuellem Missbrauch, Vergewaltigung und unsittlicher Belästigung hineinkommen – dies alles führt zu emotionalen Verletzungen, seelischem Schmerz und Groll. Es erscheint absolut unfair, dass manche ohne alle Schuld so Schreckliches durchmachen müssen: Schlimm genug, dass sie so übel behandelt wurden, nun müssen sie auch noch mit den geistlichen Auswirkungen fertigwerden! Als in mein Haus eingebrochen wurde, hatte nicht ich das Fenster offen gelassen, sondern jemand anderes, der bei uns im Haus wohnte. Die geistlichen Angriffe, unter denen wir leiden, sind nicht immer selbstverschuldet. Manchmal stecken die Entscheidungen anderer Leute dahinter, zum Beispiel die von Angehörigen.

Schauen wir zunächst auf den Geist der Ablehnung. Dieser Geist kann in einen Menschen hineinkommen, weil seine Eltern ihn nie haben wollten – zum Beispiel, wenn ein Kind in vorehelichem Sex oder in einem „One-Night-Stand" gezeugt wurde. Ich wuchs in einer streng traditionellen Pfingstgemeinde auf. Dort gehörte es sich, so viele Kinder wie möglich zu bekommen. Familienplanung im Sinne von Empfängnisverhütung war verpönt. Viele Kinder, die in solche großen Familien hineingeboren werden, erleben von ihren Müttern schon während der Schwangerschaft eine Art von Zurückweisung – sie kommt ja ohnehin kaum hinterher, ihre Familie zu versorgen. Es hört sich vielleicht banal an, aber dadurch bekommt der Geist der Ablehnung Zutritt zum Leben des Kindes. Die Zurückweisung äußert sich im Kind früher oder später zum Beispiel durch Rebellion oder auffälliges Verhalten (um Zuwendung zu ergattern).

Ich weiß von unzähligen Müttern, die nicht so viele Kinder haben wollten, aber von der Lehre ihrer Gemeinde dazu gedrängt wurden. Sie brachten Kinder zur Welt, die für sie eine Last waren. Das spiegelte sich im Verhalten dieser Kinder wider: Sie waren anders als die anderen Kinder in der Gemeinde und manche leiden ihr Leben lang unter dieser Ablehnung. Anderen zeigte der Heilige Geist die Ursache ihrer Not: Mit und ohne Worte hatten die Eltern das Gefühl, nicht gewollt zu sein, schon im Mutterleib in ihr Kinder hineingelegt.

Diese Mütter müssen Gott und ihre Kinder um Vergebung bitten und mit den Kindern beten, um jede Spur vom Abgelehntsein zu tilgen, denn das kann zu rebellischem Verhalten führen. Wenn du ein ungewolltes Kind warst und den Geist der Ablehnung und Rebellion in dir am Werk siehst – auch du kannst im Namen Jesu Befreiung erlangen!

Ablehnung im Mutterleib ist nicht der einzige Grund für das traumatische Gefühl der Zurückweisung. Ein weiterer starker Auslöser dafür kann sein, ohne Vater aufzuwachsen (oder man lebt zwar unter demselben Dach, aber alles andere ist ihm wichtiger als das eigene Kind). Diese Generation ist weithin vaterlos und das hat häufig schwere Folgen: Die meisten Mörder sind ohne Vater aufgewachsen. Die meisten Schulabbrecher haben keinen Vater. Obdachlose oder weggelaufene Kinder stammen oft aus einer vaterlosen Familie.

Auch Misshandlung, Vernachlässigung und, besonders schlimm: sexueller Missbrauch durch Familienangehörige sind Formen der Ablehnung. Kindesmisshandlung und Vernachlässigung sind in den letzten Jahrzenten drastisch angestiegen – Sexualmissbrauch, vor allem innerhalb der Familie (Inzest) sogar sprunghaft.

Die Abwesenheit des Vaters ist genauso schädlich wie die Ablehnung im Mutterleib. Zurückweisung bewirkt Rebellion. Wir ahnden das rebellische Verhalten, aber um die Wurzel, nämlich Ablehnung, kümmern wir uns kaum.

„Kehre dich ab von deiner Verdorbenheit und bete zum Herrn. Vielleicht vergibt er dir deine bösen Gedanken, denn ich sehe, dass du voll Bitterkeit bist und gefangen in der Ungerechtigkeit" (Apostelgeschichte 8, 22–23 nlb): Das sagte der Apostel Petrus zu Simon, dem Zauberer. Er nutzte magische Kräfte, um Menschen zu kontrollieren.

Simon war gefangen in Ungerechtigkeit – das war sein eigentliches Problem, Petrus offenbarte es durch den Heiligen Geist. Simon der Zauberer war vergiftet von Bitterkeit und die hatte ihn in seine schwere Unfreiheit geführt. Er war zwar schon errettet und getauft, aber die Wurzeln seiner Bitterkeit waren unbehandelt geblieben und das Gift dieser Bitterkeit brachte ihn in „Fesseln der Ungerechtigkeit" (slt).

Wenn du meinst, du hättest alles Recht, verbittert zu sein, dann sieht Satan sich berechtigt, dich zu fesseln. Wenn du aus diesem dämonischen Griff frei werden willst, dann musst du die Giftwurzel der Bitterkeit ausgraben und die Schaufel dafür heißt „Vergebung".

Wahrscheinlich kennst du das Gleichnis von den beiden Schuldnern. Jesus hat es erzählt: Da war ein Diener mit einer Millionenschuld und sie wurde ihm erlassen. Gleich darauf bedrohte er einen Kollegen, der ihm ein paar Tausender schuldete. Daraufhin zog der Chef den Schuldenerlass zurück und schickte ihn zu den Folterern (Matthäus 18,21–34). Die Folterer – das sind die Dämonen, sie kommen durch die offenen Türen von Groll, Bitterkeit und Beleidigtsein herein. Wenn wir Gottes Vergebung annehmen, dann aber anderen nicht vergeben wollen – das ist eine offene Tür für die Quälgeister des Teufels!

OFFENE TÜREN

Eine junge Frau, welche einen lesbischen Lebensstil führte, wurde über die sozialen Netzwerke zu unserem Gottesdienst eingeladen. Sie deutete an, dass sie als kleines Kind von einem Verwandten sexuell belästigt worden war, und gleich nach diesem Vorfall habe sie gespürt, dass etwas in sie hineingekommen sei. Wir beteten für sie und dabei tat sich ein böser Geist in ihr kund, aber durch die Kraft des Heiligen Geistes musste er weichen.

Dank der Erneuerung ihrer Gesinnung[6] und der Anleitung in der Nachfolge Christi („Jüngerschaft") gehört diese junge Dame heute zu unserem Team. Sie dient anderen Hilfesuchenden und wächst in Christus. Die Zeit ihrer Bindung unter den Geist der Homosexualität gehört nun der Vergangenheit an.

Aber nicht nur das Trauma des Missbrauch zieht einen Dämon an, sondern auch die Art, wie wir damit fertigzuwerden suchen.

Wir werden verraten, missbraucht, vernachlässigt ... und das ist böse. Wenn wir aber mit Bitterkeit reagieren, mit Groll und Rachsucht, dann ist auch das böse und eine offene Tür für Dämonen. Stattdessen müssen wir lernen, unsere Sünden einzugestehen – sie vor Gott bekennen – und denen zu vergeben, die uns verletzt haben.

Viele Helden der Bibel, auch unser Retter Jesus Christus selber, mussten viel Ablehnung und Traumata hinnehmen, gingen aber weiter ihren Weg mit Gott. Ein großes Vorbild, was Vergebung angeht, ist Joseph (1. Mose 37,39–40).

lasse dir seelsorgerlich helfen (von jemandem deines Geschlechts) und mit der Zeit werden deine Wunden heilen.

Jede offene Tür können wir durch Umkehr schließen. Buße führt zu einem Leben in Heiligkeit und Freiheit.

---

6 „Eneuerung der Gesinnung"; siehe z. B. Römer 12,2. Engl. *mind*, griech. *nous* – „Denken, Verstand, Gesinnung, Sinn, Wollen". (Anm. d. Übers.)

Gebet

Gott, Dein Wort sagt, dass Jesus die Tür für die Schafe ist. Ich wusste es nicht besser, so habe ich die Tür des Okkultismus aufgestoßen. Das bereue ich zutiefst und ich kehre davon um. Ich will alle Zaubermittel und -bücher aus meiner Wohnung, meinem Haus, meinem Auto wegschaffen, sie zerstören und entsorgen – alles, was mich zum Gefangenen des Teufels macht.

Herr Jesus, bitte reinige mich durch Dein Blut.

Heiliger Geist, bitte nimm jeden Hauch von Ablehnung aus meinem Leben durch das Feuer Deiner Liebe. Ich vergebe denen, die mir Böses angetan haben.

Ich ergreife Deine Zusage, dass Du mich rundum angenommen hast, und schließe jetzt auch all diese offenen Türen.

Herr Jesus, die Tür meines Herzens soll nur noch für Dich und Dein Wort offen sein.

KAPITEL 4

GRABTÜCHER

Eder und ich lernten uns beim Fußball kennen – wir beide spielen das liebend gern! Anschließend lud ich ihn in unseren Hauskreis ein. Mein Englisch war noch nicht wirklich gut und seines auch nicht. Aber ich gab mir alle Mühe, um ihm zu einer engeren Jesus-Beziehung zu verhelfen. Er hatte sein Leben Jesus bereits gegeben, aber am Wochenende ging er auf Partys, statt zum Gottesdienst. Nach einer Weile zog er nach New York. Dort begegnete er Tatiana, seiner großen Liebe, und heiratete sie kurz darauf. Beide, Tatiana und Eder, stammten aus zerbrochenen Familien – die meisten Ehen in der Verwandtschaft waren geschieden. Noch vor dem Umzug hatte ich ihn vor dem Familienfluch der Ehescheidung gewarnt und ihm nahegelegt, sich irgendwann damit zu befassen. Ich wies ihn auch darauf hin, dass er mit seiner „Wochenend-Beschäftigung" dem Teufel Raum gab und das würde letztlich dazu führen, dass er das Schicksal seiner Eltern erleiden werde.

Kurz nach der Hochzeit teilte mir seine Frau mit, Eder müsse wohl verrückt sein, jedenfalls wolle er sie ohne Grund verlassen, ohne dass sie sich gestritten hätten, es gebe auch keinen Dritten. Eigentlich lief sogar alles bestens. Nur war es Eder zu schnell gegangen, er fühlte sich eingeengt und seiner Träume beraubt. Das Seltsamste daran schien mir, dass er seine Frau nicht mehr haben wollte – dabei war sie doch genau so, wie er sich seine Zukünftige vorgestellt hatte! Es gab wirklich keinerlei Grund, diese junge Ehe zu scheiden.

Ich rief ihn an und erklärte ihm, diese Gefühle habe der Teufel in ihn hineingebracht, um den Familienfluch „Ehescheidung" durch ihn fortzusetzen. Ich ermutigte ihn, er könne dem Teufel widerstehen und im Gebet den Fluch brechen und ganz unter den Segen Gottes kommen. Eder ist ein demütiger Mann, das schätze ich sehr an ihm. Er hörte mir zu, dann beteten wir und er beschloss, dem Ganzen noch eine Chance zu geben. Nach einigen Monaten erfuhr ich, dass sich die Lage gebessert hatte und beide sich nun einer glücklichen Ehe erfreuten.

Eder und Tatiana zogen wieder in unsere Gegend, kurz danach kehrten sie mit allem Ernst zu Jesus um und ließen sich taufen. In den Anfangsschwierigkeiten am neuen Wohnort – die Arbeitssuche war nicht leicht – kehrten die Gedanken an Scheidung zurück und Eder bekam Heimweh nach dem Land seiner Kindheit. Wir trafen uns in einem Café und ich erklärte ihm, das sei wahrscheinlich des Teufels letzter Versuch, ihn doch noch zur Scheidung zu bewegen. Ich versicherte ihm, der Fluch sei gebrochen und er sei frei davon. Drei Tage aber, nachdem die Israeliten aus Ägypten ausgezogen waren, habe der Pharao beschlossen, sie zurückzuholen (2. Mose

14,5–29) – und jetzt attackiere der Teufel gerade zum letzten Mal ihrer beider Ehebund. Die Israeliten gaben nicht auf und kehrten nicht nach Ägypten zurück, um dann erneut befreit zu werden. Vielmehr gingen sie weiter voran und Gott ließ den Pharao und sein Heer im Schilfmeer ertrinken.

Ich spürte es prophetisch: Wenn Eder diesen Trennungsgedanken jetzt nicht nachgab, dann würden sie für immer verschwinden. Wir beteten und gingen unserer Wege. – Seitdem sind sechs Jahre vergangen, zurzeit erwarten die beiden ihr drittes Kind, und Eder hat seine große Leidenschaft fürs Fotografieren ENTDeckt. Eder und Tatiana sind sehr verliebt und ein leuchtendes Vorbild für viele andere Paare. An ihnen wird deutlich: Deine Geschichte bestimmt nicht dein Geschick!

Flüche sind real

Die meisten bibelgläubigen Christen in den USA glauben nicht, dass es Flüche gibt oder dass diese etwas ausrichten könnten. Ganz anders ist es in der Karibik, in Zentral- und Südamerika, in Afrika, Asien und im Pazifik. Seit Jahrhunderten erfreut sich die USA der Vorzüge einer vom christlichen Glauben geprägten Kultur und es gab wenig Anlass, Menschen von den Ketten des Okkultismus oder Götzendienstes zu befreien. Jetzt aber greifen in unserem Land Götzendienst und falsche Religionen um sich und der Befreiungsdienst wird zunehmend gefragt sein.

Der Sündenfall von Adam und Eva brachte ihnen Fluch ein – das Kindergebären würde schmerzhaft sein und der Ackerboden Dornen und Disteln tragen (1. Mose 3,16–18). Ihr erstes Kind brachte seinen jüngeren Bruder um, das trug ihm einen weiteren Fluch ein (1. Mose 4,11–16). Anderthalb Jahrtausende später stellte Noahs Sohn Ham seinen Vater bloß, das ahndete Noah ebenfalls mit einem Fluch (1. Mose 9,21-27). Immer wieder wird im Alten Testament von Flüchen berichtet.

Im Grunde ist es einfach: Gottes Gebote zu brechen bringt Fluch, Gott zu gehorchen hingegen Segen. Wenn du glaubst, dass es Segen wirklich gibt, dann dürfte dir auch klar sein, dass es Fluch gibt.

Gesegnet sein bedeutet, sich ausbreiten können. Gott segnete unsere ersten Eltern Adam und Eva. Er segnete auch Noah und Abraham. Jesus segnete seine Jünger, bevor er in den Himmel aufstieg. Segen verleiht Kraft.

Das beste Beispiel finden wir im Leben Jesu: Die Jünger gaben ihm ein paar Laib Brot. Die segnete er und sie vermehrten sich, Tausende wurden satt und es blieb noch übrig. Er verfluchte einen Feigenbaum und der verdorrte (Matthäus 14,19-21; 21,19). Was also gesegnet wird, vermehrt sich; und was verflucht wird, geht ein. Segen bringt uns voran, ein Fluch bremst uns aus. In 5. Mose 28 werden allerlei Segnungen und Flüche aufgezählt, die über einen kommen können. Flüche können in der Familie über Generationen hinweg chronische Krankheiten verursachen, Ängste und Phobien, schlechte Verhaltensmuster und „Pechsträhnen" – vorzeitigen Tod, konstanten Mangel und Armut, häufige Unfälle, Scheidung und Unfruchtbarkeit.

Jesus kam auf diese Erde, um am Kreuz zu sterben und uns dadurch von unseren Sünden zu erlösen – aber nicht nur das, sondern auch, um die Macht und die Konsequenzen dieser Sünden zu brechen. Deswegen haben seine Wunden die Macht, jegliche Krankheit zu heilen. Indem Jesus am Kreuz starb, nahm er dem Fluch seine Kraft. Man hätte ihn auch steinigen oder erhängen oder durch sonst eine Todesart sterben lassen können. Gott aber hatte beschlossen, den Fluch durch Jesu Kreuzigung aufzulösen:

„Christus hat uns von dem Fluch des Gesetzes losgekauft, indem er ein Fluch um unsertwillen wurde; denn es steht geschrieben: ‚Verflucht ist jeder, der am Holz hängt', damit der Segen Abrahams zu den Heiden komme in Christus Jesus" (Galater 3,13–14). Die Befreiung von Flüchen ist in der Erlösung durch das Kreuz inbegriffen. Seit wir errettet sind, gilt dieses Versprechen der Freiheit auch uns – aber wie alle Segnungen, die uns in Christus gehören, müssen wir sie tatsächlich ergreifen und in Besitz nehmen (und nicht nur behaupten, sie sei unser). Gott gab den Israeliten das ihnen verheißene Land. Darin leben konnten sie aber erst, nachdem sie das ihnen Verheißene in Besitz genommen hatten. Das Gleiche gilt für unser „gelobtes Land", den Sieg über Sünde, Fluch und Dämonen.

Lebendig, aber noch gebunden

An der Auferweckung des Lazarus (Johannes 11,1–45) lässt sich schön zeigen, wie diese Befreiung von Flüchen vor sich geht. Lazarus war ein guter Freund Jesu. Er erkrankte und starb. Übrigens ist auch das eine Wirkung der Sünde – sie macht uns nicht zu einem *schlechten* Menschen, sondern, viel schlimmer: zu einem *toten*. Nun kam Jesus ins Spiel und sprach über Lazarus etwas aus; und dieses Wort holte Lazarus zurück vom Tod zum Leben. Genauso die Errettung durch Jesus: Sie bringt uns vom Tod zum Leben. Auf den Ruf Jesu „Lazarus, komm heraus!" kam Lazarus aus der Grabhöhle, aber er war noch von Kopf bis Fuß in die Grabtücher eingewickelt. Darauf sagte Jesus: „Löst die Binden und lasst ihn gehen" (Johannes 11,44 nlb). Lazarus war also bereits wieder lebendig, steckte aber noch in den Grabtüchern, war also noch gebunden.

Wenn wir geistlich tot sind, dann wickelt der Teufel uns stramm ein. Eine Leiche zu fesseln ist nicht allzu schwierig, aber bei einem lebendigen Menschen ist das dem Teufel fast unmöglich – es sei denn, der Mensch würde brav stillhalten.

Lazarus war „an Händen und Füßen mit Grabtüchern umwickelt und sein Angesicht mit einem Schweißtuch umhüllt" (Johannes 11,44). Er konnte also nicht gehen (Füße), nichts tun (Hände) und nicht sehen oder schmecken (Gesicht), auch seine Ohren waren eingewickelt. Der Teufel fesselt unsere Füße, damit wir nicht zu Gott rennen können. Er will unsere Hände anketten, damit wir sie nicht im Gebet und Lobpreis zu unserem Retter erheben; und er verhüllt unser Gesicht, damit wir Gott nicht sehen und hören noch seine wunderbare Gegenwart schmecken können.

Wenn jemand gefesselt ist, ist er deshalb nicht unbedingt schon tot, aber er ist stark eingeschränkt. Manchmal zeige ich das eindrücklich an einem Freiwilligen und wickle ihn langsam mit Klebeband ein – seine Ohren, Augen, Hände und Füße. Dann bitte ich ihn, aufzustehen und umherzugehen. Das erregt große Heiterkeit, denn der Gute kann ja nicht sehen, wo er hingeht. Gehen kann er auch nicht, er muss sich aufs Hüpfen verlegen; und überhaupt steht er in großer Gefahr, hinzufallen oder sich anderweitig zu verletzen. Bedarf es einer weiteren Erklärung? So ist ein gebundener Christ: zwar lebendig, aber gebunden. Dieser Art von Christen mangelt es an Beständigkeit. Man könnte sich fragen, ob sie wirklich von Neuem geboren sind ... O ja, das sind sie!

Lazarus war wirklich lebendig, aber er war gebunden. Vielleicht bist du wie Lazarus: Du bist wiedergeboren worden, trägst aber weiterhin deine Grabtücher des erlittenen Traumas oder die chronische Erkrankung mit dir herum, das Geld reicht nie, du hast ständig schwere Unfälle oder da ist so eine schwarze Wolke, wo immer du bist, und scheint den Segen Gottes von dir fernzuhalten. Nachdem Jesus Lazarus auferweckt hatte, befahl er seinen Nachfolgern: „Bindet ihn los und lasst ihn gehen!" (Johannes 11,44). Gut, dass sie das taten!

Dieses Buch ist auch solch ein Auftrag des Herrn. Es soll dir helfen, im Namen Jesu Christi frei zu werden. Doch zuvor möchte ich noch einen Blick auf die drei Arten von Grabtüchern werfen, durch die der Teufel die Menschen zurückhält und dein Potenzial einschränkt: Familienflüche, Verfluchungen und erworbene Flüche.

Familienflüche

Familienflüche werden von einer Generation zur nächsten weitergegeben. Wenn sie nicht gebrochen werden, hat jede Generation aufs Neue mit den Problemen und Schwierigkeiten zu kämpfen, mit denen schon die Eltern und Großeltern fertigwerden mussten. Die Bibel nennt das „Schuld der Väter" (4. Mose 14,18). Ein Beispiel: Abrahams Vater Terach hatte anderen Göttern gedient (Josua 24,2). Abraham verließ das Haus seines Vaters und die Bibel sagt nicht, dass er Götzendienst betrieben hätte, aber er hatte so seine Probleme, zum Beispiel mit Furcht und Lüge: Er verleugnete seine Frau – zweimal gab er sie als seine Schwester aus; und auch sein Sohn Isaak tat das dem Philisterkönig gegenüber. Abrahams Enkel Jakob erschlich sich den Segen seines Vaters mit einer Lüge und die Urenkel vertuschten mit einer Lüge ihren Verrat an Joseph. Doch das war nicht das einzige Familienproblem, das von einer Generation an die nächste überging: Sara, Rebekka und Rahel (auch sie Nachkommen von Terach) litten unter Unfruchtbarkeit.

Unsere Gene sorgen dafür, dass wir vieles mit unseren Eltern gemein haben – am augenfälligsten ist die Farbe von Haut, Haaren und Augen. Auch Begabungen und Charakterzüge erben wir von unseren Eltern; und Statistiken zeigen, dass die Wahrscheinlichkeit der Alkoholabhängigkeit zehnmal so hoch ist, wenn die Eltern Alkoholiker sind.

Die schlechten Eigenarten unserer Eltern bleiben zunächst verborgen. Sie werden durch unsere Entscheidungen und unser Umfeld aktiviert – und das gilt auch für die andere Seite, für den Segen, der auf einer Familie liegt. Vielleicht haben wir durch die Gene von unseren Eltern einige ungute Eigenheiten und verwerfliche Neigungen mitbekommen. Aber das heißt noch lange nicht, dass sie auch alle aktiviert würden. Das geschieht durch schlimme Erlebnisse, schlechte Gesellschaft und verkehrte Entscheidungen. Umgeben wir uns aber mit Christen, füllen unser Denken mit dem Wort Gottes und treffen Entscheidungen, die Gott ehren, dann wird das Schlechte, das wir von unseren Eltern geerbt haben, nicht wirksam.

Die gottlosen Entscheidungen unserer Vorfahren kleben an uns, bis wir sie vor Gott ans Licht bringen und bewusst davon umkehren – so kann der Fluch gebrochen werden.

Familie Edwards und Familie Jukes: Ein Kontrastprogramm

Albert Edward Winship (1845–1933), langjähriger Herausgeber des vielbeachteten „Journal of Education", führte eine Studie durch über zwei Sippen: die Nachkommen von Jonathan Edwards und die von Max Jukes. Bei seinen Besuchen in Gefängnissen fand er viele Kriminelle, die von Max Jukes abstammten. Max Jukes (geboren zwischen 1720 und 1740) hatte ein gottloses Leben geführt, auch seine Frau lebte ohne Gott. Von den Nachkommen dieser beiden heißt es, 310 seien in Armut gestorben, 150 seien Kriminelle gewesen, 7 Mörder, 100 Alkoholiker und über die Hälfte aller Frauen hätten sich prostituiert, ihre Ehe sei zerbrochen oder sie hätten in außerehelichen Beziehungen gelebt. Seine 540 Nachkommen kosteten den Staat 1 250 000 US-Dollar.

Etwas später wurde A. E. Winship gebeten, etwas über Jonathan Edwards (1703–1758), einen puritanischen Prediger – Mann *einer* Frau, Vater von 3 Söhnen und 8 Töchtern zu verfassen. Unter deren Nachkommen enTDeckte Winship viele äußerst erfolgreiche Persönlichkeiten: einer wurde Vizepräsident der USA, 3 waren Senatoren, 3 Direktoren, 3 Bürgermeister, 13 College-Präsidenten, 30 Richter, 65 Professoren, 80 versahen ein öffentliches Amt, 100 waren Anwälte und 100 im geistlichen Dienst: Missionare, Pastoren, Theologen. – Der Kontrast zwischen diesen beiden Familien ist unübersehbar.[5]

Der Kennedy-Fluch

Die Reihe tragischer Ereignisse in der US-amerikanischen Familie Kennedy wird als „Kennedy-Fluch" bezeichnet. Kritiker sagen, so etwas widerfahre vielen Familien und es sei nichts Ungewöhnliches daran. Doch Senator Edward „Ted" Kennedy fragte sich, ob seine Familie Opfer eines furchtbaren Fluches sei – als gäbe es das wirklich.[6] Was meinst du dazu?

1941: Rosemary Kennedy (23), das dritte Kind der Familie, hat sich in der Schule schwergetan, vor allem mit dem Lesen. Seit einiger Zeit hat sie starke Gefühlsausbrüche. Ihr Vater fürchtet um den Ruf der Familie und lässt ohne das Wissen der Mutter eine Lobotomie vornehmen. Infolge dieser Gehirnoperation – der Eingriff ist umstritten – kann Rosemary nicht mehr sprechen und gehen. Sie wird in eine Einrichtung abgeschoben, in der sie 2005 verstirbt.

1944: Am 12. August stirbt Joseph P. Kennedy Jr. während des zweiten Weltkrieges durch eine Flugzeugexplosion in England.

1948: Am 13. Mai stirbt Kathleen Kennedy-Cavendish, Marquise von Hartington, über Frankreich durch einen Flugunfall.

1963: Am 9. August stirbt Patrick Bouvier Kennedy an einer Atemwegserkrankung, zwei Tage nach der vorzeitigen Geburt.

1963: Am 22. November wird dessen Vater, der US-Präsident John F. Kennedy, in Texas ermordet.

1964: Am 19. Juni gerät US-Senator Ted Kennedy in einen Flugzeugabsturz. Zwei Personen kommen ums Leben, darunter der Pilot. Ted Kennedy wird von einem anderen Senator aus dem Flugzeug gezogen und kommt mit komplizierten Knochenbrüchen, inneren Blutungen und einer durchstochenen Lunge ins Krankenhaus.

1968: Am 5. Juni wird US-Senator Robert F. Kennedy, frischgekürter Präsidentschaftskandidat, in Los Angeles erschossen.

1969: Am 18. Juli verliert Ted Kennedy auf Chappaquiddick die Kontrolle über seinen Wagen und stürzt von der Brücke in einen Kanal. Er kann sich aus dem Auto befreien, seine Beifahrerin, die Sekretärin Mary Jo Kopechne, nicht – und er lässt sie im Stich. Das macht ihm später zu schaffen. Kurz darauf sagt Ted im Fernsehen, in jener Nacht habe er sich gefragt, ob auf den ganzen Kennedys ein Fluch liege.

1973: Am 13. August baut Joseph P. Kennedy II in seinem Jeep einen Unfall. Dabei erleidet die Freundin seines Bruders eine Querschnittslähmung.

1984: Am 25. April stirbt David A. Kennedy, Sohn von Robert Kennedy, in einem Hotelzimmer in Florida an einer Überdosis Kokain und Pethidin.

1991: Am 1. April steht William Kennedy Smith wegen Vergewaltigung einer jungen Frau auf dem Anwesen der Kennedys in Florida vor Gericht. Ein großer Medienrummel führt zum Freispruch.

1997: Am 31. Dezember stirbt Michael LeMoyne Kennedy, Sohn von Robert Kennedy, bei einem Skiunfall in Colorado. Kurz davor kam er in die Schlagzeilen wegen einer Affäre mit der minderjährigen Babysitterin seiner Kinder.

1999: Am 16. Juli stirbt John F. Kennedy Jr. bei dem Absturz seines eigenen Flugzeugs, welches er selbst steuerte. Auch seine Frau und deren Schwester kommen ums Leben.

2011: Am 16. September stirbt Kara Kennedy mit 51 Jahren im Fitness-Studio am Herzinfarkt. Neun Jahre zuvor musste aufgrund von Lungenkrebs ein Teil ihrer rechten Lunge entfernt werden.

2012: Am 16. Mai begeht Mary Richardson Kennedy, Ex-Frau von Robert F. Kennedy jr., in ihrem Zuhause Suizid.[7]

All diese schweren Unfälle und vorzeitigen Todesfälle – das ist nicht normal. Die Bibel zeigt uns, dass so etwas auf einen Familienfluch zurückzuführen ist – und weder Geld noch Ruhm setzen ihm Grenzen. Nur Jesus hat die Macht, solche Flüche zu brechen!

Papas Feinde – meine Feinde!

Vor einigen Jahren erwarb ich ein heruntergekommenes Haus mit Grundstück, um es zu vermieten. Die Vorbesitzer hatten sich nicht darum gekümmert. Das Haus musste renoviert werden und auch auf dem Grundstück gab es viel zu tun, statt Rasen wuchs nur Unkraut. Ich hatte es nicht gesät! Aber es hätte nichts genützt, meinen Vorgänger zu beschuldigen. Wenn ich es anders haben wollte, musste ich mich ans Werk machen. Also brachte ich Unkrautvernichter aus und Dünger – der Rasen dankte es mir. Als ich dann eines Tages die Immobilie wieder verkaufte, konnte ich dem neuen Besitzer einen wunderschönen Rasen übergeben.

Vielleicht haben deine Eltern ihre Probleme nicht bearbeitet, sondern einfach an dich weitergegeben. Die Bibel sagt, wir sollten nicht andere Leute anklagen, sondern dem Teufel widerstehen und den Problemen an die Wurzel gehen.

Als Salomo nach dem Tod seines Vaters David den Königsthron bestieg, erbte er auch dessen Feinde, soweit sein Vater sie nicht besiegt hatte. Es ist gut, dass David seinen Sohn Salomo vor ihnen warnte. Das war aber nicht genug – Salomo musste sich selber mit ihnen befassen. König David starb, aber seine Feinde waren weiterhin da und bedrohten nun den Thronfolger.

Dämonen und Flüche sterben nicht mit, wenn ein Mensch stirbt. Sie halten sich schadlos an den Nachkommen. Salomo wusste: Bevor er über sein Reich herrschen konnte, musste er dafür sorgen, dass „Daddys Dämonen" verschwanden! Leider haben wir nicht alle das Vorrecht, dass unsere Eltern sich mit ihren schlechten Seiten befasst haben. So mancher weiß nicht einmal, dass es solche gab. Aber Jammern hilft nicht – wenn diese „Erbfeinde" uns zu schaffen machen, müssen eben *wir* uns ihnen stellen. Salomo wird als der weiseste Mensch der Welt bezeichnet. Er machte es sich zur Priorität, sich mit den Gegnern seines Vaters zu befassen, erst danach machte er sich an den Tempelbau (der war ebenfalls ein Auftrag seines Vaters). Manche Feinde ließ er gleich hinrichten, einen anderen belegte er mit Stadtarrest bei Todesstrafe; und „die Königsherrschaft wurde gefestigt in der Hand Salomos" (1. Könige 2,46).

Wenn du die Familienflüche ausräumst, wirst du im Segen Gottes gefestigt sein.

Verfluchungen

Familienflüche hat man geerbt, Verfluchungen werden über einen ausgesprochen. Unsere Zunge hat Macht über Leben und Tod (Sprüche 18,21) und dabei haben Worte die entscheidende Rolle, Fluch und Segen zu vermitteln.

Wer kann Flüche aussprechen? Zunächst einmal Gott: Er hat einen Fluch über die Schlange und den Ackerboden ausgesprochen (1. Mose 3,14; 3,17–18; 5,29); und er versprach, die zu verfluchen, die über Abraham verächtlich reden würden (1. Mose 12,3). In diesem Buch haben wir zudem gelernt, dass Okkultismus der Hauptgrund ist, warum Gott über jemanden einen Fluch ausspricht.

Allerdings kann nicht nur Gott selbst einen Fluch aussprechen, sondern auch seine Leute: Josua verfluchte den, der jemals Jericho wiederaufbauen würde, König David die Berge von Gilboa, der Prophet Elisa seinen Diener Gehasi und Jesus den Feigenbaum (Josua 6,26; 2. Samuel 1,21; 2. Könige 5,26-27; Matthäus 21,19).

Auf Gottes Volk ruht eine enorme Verantwortung – wir sollen andere Menschen segnen und nicht verfluchen. Es mag verlockend sein, Elisa und Josua vorzuschützen und es ihnen gleichzutun. Das ist aber verkehrt. Als das Samariterdorf Jesus und seine Jünger nicht übernachten lassen wollte, fragten die: „Herr, willst du, dass wir sprechen, dass Feuer vom Himmel herabfallen und sie verzehren soll, wie es auch Elia getan hat?" Hört sich nicht schlecht an, oder? Aber Jesus „wandte sich um und ermahnte sie ernstlich und sprach:

Wisst ihr nicht, welches Geistes ihr seid?" (Lukas 9,54–55). Der Geist Christi ist immer darauf aus, Menschen zu segnen.

Einmal habe ich für eine Frau gebetet, deren Pastor gesagt hatte, würde irgendjemand seine Gemeinde verlassen, dann würden dessen Kinder Gott den Rücken kehren. Die Frau hatte diese Gemeinde verlassen – und tatsächlich wollten alle ihre Kinder von Gott nichts mehr wissen! Sie kam zu uns, um gegen diese Worte zu beten, die ihrer Überzeugung nach ihrer Familie geschadet hatten. Als Diener Gottes haben wir alle Krankheiten, Dämonen und bösen Machenschaften der Finsternis zu verfluchen, niemals aber die Menschen.

Nicht nur die Leute Gottes haben Macht, einen Fluch auszusprechen, sondern Autoritätspersonen generell: Eltern haben diese Macht über ihre Kinder, Ehemänner über ihre Frauen. Väter haben in der geistlichen Welt riesige Macht. Sie können sie ausüben, um ihre Kinder zu segnen oder aber um sie zu fluchen. Noah verfluchte seinen Sohn Ham, weil der einen Fehler begangen hatte. Dieser Fluch wirkte sich auch auf spätere Generationen aus.

Keiner ist vollkommen. Wenn wir aber über jemanden Segen aussprechen, hilft ihm das, sich der Vollkommenheit anzunähern. Wenn Menschen Fehler machen, sündigen, unser Vertrauen brechen oder uns tief verletzen, dann müssen wir uns entscheiden: Entweder wir hetzen mit unseren Worten böse Mächte auf sie oder aber wir segnen sie auf ihrem Weg. Es sagt sich so schnell und es klingt so banal: „Du bist nichts wert", „Du bist dumm", „Du wirst es niemals zu etwas bringen", „Warum kannst du nicht sein wie Soundso?", „Du bist fett", „Du bist hässlich", „Wenn du nur tot wärst!" – und der Teufel sucht und ergreift alles, was er kriegen kann, um jemandem zu schaden.

Einmal predigte ich auf einem Zeltlager, anschließend kam ein junger Mann und wollte, dass ich für ihn bete. Er hatte Probleme mit den Schulnoten und seine Mutter sagte immer zu ihm: „Du bist zu langsam", oder: „Oh, bist du dumm!" Er weinte und sagte, diese Worte seien zu einer Fessel geworden und behinderten seinen Lernerfolg. Wir beteten gemeinsam, wiesen diese Worte zurück und setzten gute Aussprüche an ihre Stelle. Ich sprach das Gegenteil über ihn aus und segnete ihn, als wäre ich sein Vater.

Eine andere Quelle von Verfluchungen sind die Diener des Teufels – Hexen, Zauberdoktoren, Geistheiler. Wenn Hexer jemandem schaden wollen, belegen sie ihn mit einem Fluch. Balak beauftragte den Propheten Bileam damit, Israel zu verfluchen, damit er sie besiegen könnte. Aber wenn wir auf Gottes Wegen gehen und wenn unsere geistlichen Türen für das Reich der Finsternis verschlossen sind, brauchen wir uns nicht vor irgendwelchen Zaubersprüchen und Flüchen zu fürchten, die ein Diener Satans auf uns legen könnte.

Ich habe schon so viele Geständnisse und Glaubenszeugnisse von Leuten gehört, die aufgrund von Neid und Eifersucht eine Hexe oder einen Hexer bezahlt haben, um ihre Feinde mit einem Zauber zu belegen, damit ihnen Böses widerfahren sollte. Das größte Problem daran: Meist kommt der Fluch, den sie auf ihre Feinde legen, auf sie selber zurück.

Als Christen sollten wir uns vor dem Teufel und seinen Flüchen nicht fürchten: „Wie ein Sperling davonflattert und eine Schwalbe wegfliegt, so ist ein unverdienter Fluch: Er trifft nicht ein" (Sprüche 26,2).

Matthew Henry (1662–1714) schreibt dazu: „Der, der grundlos verflucht wird, egal ob durch eine wütende Verwünschung oder einen feierlichen Kirchenbann – der Fluch soll ihm keinen größeren

Schaden zufügen als der Vogel, der über seinem Kopf fliegt, oder der Fluch Goliaths gegen David. Der Fluch wird wegfliegen wie der Spatz oder die Wildtaube, von denen niemand weiß, wohin sie gehen, bis sie zurückkehren an ihren Ort. So kehrt der Fluch schließlich zurück auf den Kopf dessen, der ihn ausgesprochen hat."[8]

Wenn wir Gott dienen, dann wird er uns beschützen – und oft werden wir von dem Fluch gar nichts bemerken.

Wenn man sich selbst verflucht

Die letzte Quelle einer Verfluchung sind wir selbst – man kann sich nämlich auch selber einen Fluch auferlegen. Was wir über und zu uns selber sagen, das kann zu unserem Gefängnis werden.

Gott schützte die Nachkommen Abrahams vor den Flüchen anderer, aber nicht vor ihren eigenen. Ein überdeutliches Beispiel für einen selbst auferlegten Fluch finden wir in Matthäus 27,24–25 („Sein Blut komme über uns und über unsere Kinder!").

Es gibt viele Gründe, auf die eigenen Worte zu achten, besonders in misslichen Situationen. Ein wichtiger Grund dafür ist, dass viele Schimpfereien eine Verfluchung sind: Man verflucht einen Gegenstand oder Sachverhalt, den Nächsten, sich selber oder gar Gott. Oder man ruft Finsternismächte herbei. Das macht nichts besser, im Gegenteil. Davon müssen wir umkehren! Stattdessen sollten wir Gottes Wort und seine Gedanken über uns aussprechen (oder über das Problem, den Nebenmenschen …). Wenn wir beispielsweise krank sind, richten wir uns an Gottes Wort aus und verkünden: „Ich werde nicht sterben, sondern leben und die Taten des Herrn verkünden" (Psalm 118,17). Wenn wir schwach sind, sollten wir ausrufen: „Ich bin stark", und: „Aber trotz all dem tragen wir einen überwältigenden Sieg davon durch Christus, der uns geliebt hat" (Joel 4,10; Römer 8,37 nlb).

Damit sage ich nicht, wir sollten so tun, als wären unsere Probleme reine Einbildung, aber wir dürfen ihnen nicht so viel Raum geben, dass sie uns herunterziehen und die Hoffnung rauben. Wenn ich mich zum Beispiel krank fühle, dann sage ich gerne: „Ich bin nicht ein kranker Mensch, der versucht, gesünder zu werden. Ich bin ein gesunder Mensch und ich muss mich gegen Krankheit wehren." Wenn du mit sündhaften Neigungen zu tun hast, sage: „Ich bin kein Sünder, der versucht, heilig zu werden. In Christus bin ich ein gerechter Mensch und ich habe mit Sünde zu kämpfen."

Gott möchte, dass wir von allen schlechten Worten umkehren, die wir über uns ausgesprochen haben, und stattdessen die Verheißungen und Wahrheiten der Heiligen Schrift über uns aussprechen. Drei Mal hatte Petrus Jesus verleugnet; und Jesus hat ihm nicht nur vergeben, sondern auch die Macht dieser Worte gebrochen und sie umgekehrt, indem er Petrus drei Mal das Gegenteil davon aussprechen ließ (Johannes 21,15–17).

Erworbene Flüche

Familienflüche werden von einer Generation zur nächsten „vererbt", Verfluchungen werden von anderen oder uns selber ausgesprochen – und dann gibt es noch die Flüche, die wir nach dem Gesetz von Saat und Ernte „erwerben", uns „einhandeln" oder „verdienen". Ein gutes Beispiel dafür ist der Fluch von Jotam (Richter 9): Sein Bruder Abimelech hatte seine 70 Brüder ohne Grund ermordet und die Stadt Sichem erwählte diesen Mörder zu ihrem Anführer. Deshalb verfluchte Jotam Abimelech und ganz Sichem. Drei Jahre lang ging es der Stadt und ihrem neuen König gut, dann aber „sandte Gott einen bösen Geist zwischen Abimelech und die Bürger von Sichem; und die Männer von Sichem fielen von Abimelech ab" (Richter 9,23).

Solch ein „böser Geist" kommt immer dorthin, wo ein Fluch vorliegt. Diese Geister sorgen für Unfrieden und Probleme und das Ende davon ist Verderben. Nicht lange danach erlitt Abimelech einen schmählichen Tod – er erntete, was er gesät hatte. Und nicht nur er: „Ebenso vergalt Gott alle Bosheit der Männer von Sichem auf ihren Kopf; und der Fluch Jotams, des Sohnes Jerub-Baals, kam über sie" (Richter 9,57).

Wir sehen, dass hinter all dem Elend, das über Abimelech und Sichem gekommen war, geistliche Mächte standen. Finsternismächte und Flüche sind einander beste Partner.

Sechs Ursachen für erworbene Flüche

1. **Götzenanbetung** (5. Mose 27,15): Wie bereits dargelegt, sind Götzendienst, Okkultismus und Hexerei offene Türen für Flüche.

2. **Respektlosigkeit gegenüber den Eltern** (5. Mose 27,16): Von den Zehn Geboten beinhaltet nur das Gebot, den Vater und die Mutter zu ehren, einen Segen. Wenn ein Segen daran gebunden ist, dass man die Eltern ehrt, dann sei versichert: Respektlosigkeit gegenüber den Eltern bringt Fluch. Unseren Teenagern rate ich: „Wenn du ein langes Leben haben und gesund alt werden willst, dann ehre deinen Vater und deine Mutter." Dieses Gebot ist wichtiger als Ausbildung und Beziehungen!

3. **Ungerechtigkeit gegenüber Schwachen und Hilflosen** (5. Mose 27,18–19): Wenn wir andere ungerecht behandeln, dann bringt uns das unter einen Fluch. Kain stand unter einem Fluch, nachdem er seinen Bruder ermordet hatte (1. Mose 4,11–12). Abtreibung ist Mord und zieht Fluch nach

sich. Ich habe schon mehrfach für Leute gebetet, die infolge einer Abtreibung von einem Dämon besessen waren. Wenn wir jemandem das Leben nehmen oder großes Leid antun, vor allem, wenn derjenige benachteiligt ist oder hilflos (ein Ungeborenes kann nicht einmal schreien!), dann öffnen wir damit die Tür für eine Menge großer Schwierigkeiten.

4. **Unerlaubte sexuelle Praktiken, unnatürlicher Sex und Inzest** (5. Mose 27,20–23): Sex ist nicht nur eine körperliche Handlung, sondern auch eine geistliche Angelegenheit: Im Geschlechtsverkehr werden zwei Personen miteinander eins (1. Korinther 6,16). Kondome können zwar vor sexuell übertragbaren Krankheiten schützen, nicht aber vor der sexuellen Übertragung von Dämonen. Durch sexuelle Handlungen können Dämonen von einer Person auf die andere überspringen. Ich habe viele Berichte von Menschen gehört, die dem Reich der Finsternis gedient hatten und die der Teufel beauftragt hatte, mit so vielen Personen wie möglich Sex zu haben und sie dadurch für ihn zu rekrutieren. Es hat viele Vorteile, einen reinen und heiligen Lebensstil zu führen und mit Sex bis zur Ehe zu warten. Einer davon ist der Schutz vor dämonischen Übergriffen auf unser Leben.

5. **Antisemitismus, Judenhass** (1. Mose 12,3): Mächtige Weltreiche mussten teuer dafür bezahlen, sobald sie gegen die Juden vorgingen und vor allem, wenn sie diese ausrotten wollten. Gott hat versprochen: Wer „Abraham" und damit Isaak, Jakob und dessen Nachkommen – wer Abraham also angreift, der soll selber verflucht sein. Ein prominentes Beispiel ist Adolf Hitler, der „Führer" von Nazi-Deutschland 1933–1945. Er war versessen darauf, die Juden auszurotten – und fand samt seinem Regime ein schreckliches Ende.

Heutzutage führen viele arabische und muslimische Länder diese boshaften Machenschaften weiter. Die arabische Welt hat zwar jede Menge Öl und Geld, aber man kann trotzdem nicht behaupten, sie wäre gesegnet. Bret Stephens vom „Wall Street Journal" schreibt: „Heue gibt es in den arabischen Ländern keine großen Universitäten, keine ernsthaft einheimische wissenschaftliche Grundlage, die literarische Kultur ist kümmerlich. Im Jahr 2005 berichtete das US-Patentamt von 3804 Patenten aus Israel im Gegensatz zu 364 aus Saudi-Arabien, 56 aus den Vereinigten Arabischen Emiraten und 30 aus Ägypten."[9]

Vergessen wir nicht: Jeder Schreiber der Bibel war ein Israelit oder Jude, auch unser Erlöser stammt von den Juden. Er kommt bald wieder und wird sich als König auf den Thron Davids setzen. Wenn wir für den Frieden Jerusalems beten, wird unser Leben unter den Segen Gottes kommen.

6. **Diebstahl und Meineid**: „Ich habe ihn [d. h. den Fluch] ausgehen lassen, spricht der Herr der Heerscharen, damit er eindringe in das Haus des Diebes und in das Haus dessen, der fälschlich bei meinem Namen schwört, und damit er in seinem Haus bleibe und es samt seinem Holzwerk und seinen Steinen verzehre!" (Sacharja 5,4). Stehlen ist Sünde, damit bricht man eines von Gottes Geboten und es öffnet die Tür für Flüche über unser Haus. Judas war ein Jünger Jesu, aber er war ein Dieb. Sein fortgesetzter Diebstahl führte zur Besessenheit und schließlich zu einem schlimmen Ende.

Wenn wir Menschen für uns arbeiten lassen und sie nicht gerecht bezahlen, aber von ihrer Arbeit reich werden, dann kommt unser Haus unter einen Fluch und der wird unser ganzes Leben verderben. Raub und Einbruch, Identitätsdiebstahl, Büromaterial "mitgehen lassen", Raub geistigen Eigentums, illegal Inhalte herunterladen und Ladendiebstahl – all das ist die Saat, aus welcher viele Flüche geerntet werden.

Die Diebe in der Bibel, zum Beispiel Achan, Gehasi, Judas und die Verbrecher, die mit Jesus gekreuzigt wurden, erlitten alle den Fluch ihrer Taten. Aber Jesus möchte Dieben, Ehebrechern, Judenhassern, Mördern und Sexualstraftätern vergeben und die Macht des Fluchs über ihnen brechen. Jesus wurde zwischen zwei Verbrechern gekreuzigt. Der eine bereute seine Sünde und bat Jesus um Erbarmen. Über ihm wurde der Fluch gebrochen und er erlangte die Erlösung. Der andere starb, ohne den Fluch über seinem Leben zu brechen. Als Zachäus zum Glauben fand, versprach er, alle zu entschädigen, denen er zu viel abgenommen hatte; und Jesus hielt ihn nicht davon ab, sondern resümierte: "Heute ist diesem Haus Heil widerfahren" (Lukas 19,9).

Um die Flüche der Geldnot und Beraubung zu brechen, die wir uns durch Diebstahl zugezogen haben, müssen wir die Leute, die wir geschädigt haben, um Verzeihung bitten und den Schaden wiedergutmachen. Wir haben Leute im Team, die Ladendiebstahl begangen oder andere Menschen bestohlen und daraufhin ständig Finanzprobleme hatten. Während einer Zeit des Betens und Fastens überführte der Heilige Geist sie. So baten sie die Bestohlenen um Verzeihung und leisteten Schadensersatz. Das war sehr peinlich für sie, aber danach änderte sich etwas: Nun standen ihre Finanzen unter Gottes Segen und ihre Situation verbesserte sich.

Stehlen – das ist nicht nur, wenn man fremdes Eigentum an sich bringt, sondern auch, wenn wir unseren Zehnten zurückhalten. Gott hat gesagt: "Darf ein Mensch Gott betrügen? Ihr habt mich betrogen! Und dann fragt ihr noch: ,Womit sollen wir dich betrogen haben?' Mit dem Zehnten und den Abgaben. Ihr seid verflucht, denn das ganze Volk hat mich betrogen. Bringt den kompletten zehnten Teil eurer Ernte ins Vorratshaus, damit es in meinem Tempel genügend Nahrung gibt. Stellt mich doch damit auf die Probe […], ob ich nicht die Fenster des Himmels für euch öffnen und euch mit unzähligen Segnungen überschütten werde!" (Maleachi 3,8-10 nlb). Wenn wir unseren Zehnten zurückhalten, öffnen wir unsere Finanzen für einen Fluch. Wir berauben Gott und geben ihm nicht die Möglichkeit, uns mit Segen zu überschütten.

Gebet

Vater, ich komme zu Dir und mein Herz ist voller Dank – Du hast Jesus, Deinen Sohn gesandt, um am Kreuz für meine Sünden zu sterben. Damit sind alle Flüche entmachtet, die gegen mich gerichtet waren.

Ich tue Buße für die Sünden meiner Vorfahren, sofern sie nicht Dir gedient haben, sondern dem Teufel. Ich kehre von allem um, was ich wiederholt über mich selbst ausgesprochen habe und nicht Deinem Wort entspricht. Vergib mir, wo ich meine Eltern betrübt habe, und nimm alle Rebellion aus meinem Herzen heraus.

Vergib mir, wo ich Notleidenden hätte helfen können und es nicht getan habe. Ich bereue jeden Diebstahl und verspreche, nie wieder zu stehlen.

Jeder Fluch, der dadurch in mein Leben kam – bitte, brich ihn heute durch die Macht des Blutes Jesu. Im Namen Jesu breche ich alles Böse, das von meinen Vorfahren in meiner DNS steckt. Ich breche jedes Wort des Todes und des Kleinhaltens, das Autoritätspersonen über mich ausgesprochen

GRABTÜCHER

haben. Im Namen Jesu Christi erkläre ich jeden Zauber von Hexenmeistern für unwirksam: Keine Waffe, die gegen mich gerichtet ist, wird Erfolg haben!

Heiliger Geist, bitte hilf mir, im Segen Gottes zu wandeln und ihn an meine Nachkommen weiterzugeben.

KAPITEL 5

DAS BROT DER KINDER

Es ist schon länger her, da wanderte ein Diener Gottes nach Amerika aus. Die Überfahrt dauerte 21 Tage und um sie zu bezahlen, hatte er alles verkauft, was er hatte. Für teures Essen auf dem Schiff reichte es nicht mehr, also deckte er sich ein mit Knäckebrot und Käse. Wenn alle anderen zum Essen gingen, setzte er sich mit seinem Knäckebrot und dem Käse in die Sonne und aß allein. Wenn der Essensduft und der fröhliche Lärm zu ihm drangen, tröstete er sich damit, dass er zwar kein solch feines Essen hatte, aber wenigstens war er auf dem Weg nach Amerika, und das war die Hauptsache! Am letzten Tag der Überfahrt fragte ihn jemand, warum er sich nicht zu ihnen gesellt habe, und verschämt gestand der Diener Gottes seine Armut. Doch was antwortete sein neuer Freund? „Das Essen von allen Buffets und Restaurants war im Fahrpreis inbegriffen."

Wir, die wir an Jesus glauben, sind alle auf dem Weg in den Himmel. Durch den Tod am Kreuz hat Jesus uns die Fahrkarte erworben. Aber die Erlösung enthält noch mehr Segnungen. Unsere Erlösung ist mehr als nur die Fahrkarte zum Himmel, sie ist eine Tür zu den grünen Weiden des Lebens im Reich Gottes.

Errettung war, ist und kommt

Unser Geist wurde erlöst, als wir uns zu Jesus bekehrt haben. Unsere Seele wird durch die fortwährende Heiligung errettet und unser Körper wird in der zukünftigen Auferstehung erlöst. So sind wir Gläubigen erlöst worden, wir werden in diesem Moment errettet und wir werden dereinst erlöst werden.

Erstens: Ein Christ ist erlöst worden, als er das Reich der Finsternis verließ und in das Reich Christi hineinging – er ist vom Tod ins Leben hinübergegangen. „Denn aus Gnade seid ihr errettet durch den Glauben" (Epheser 2,8).

Zweitens: Nun befinden wir uns im Prozess der Rettung. Paulus schrieb an die Korinther: „... unter denen, die gerettet werden" (2. Korinther 2,15). Dies steht im Partizip Präsens Passiv: „unter den gerettet Werdenden" (NTD), es ist also ein ständiger Vorgang. Die Philipper ermahnte er: „... verwirklicht eure Rettung mit Furcht und Zittern; denn Gott ist es, der in euch [...] wirkt ..." (Philipper 2,12–13). Diese Errettung geschieht in unserer Seele – der Heilige Geist erneuert unsere Gesinnung, heilt unsere Emotionen und befreit unseren Willen. Unsere Seele ist der Teil, der gerettet wird, während wir hier auf der Erde sind.

Drittens: Ein Teil unserer Erlösung steht noch aus, davon schreibt Paulus in zwei Briefen: „Deshalb kann es jetzt, nachdem wir aufgrund seines Blutes für gerecht erklärt worden sind, keine Frage mehr sein, dass wir durch ihn *vor dem kommenden Zorn Gottes* gerettet werden" (Römer 5,9 NGÜ); „... und nicht nur sie, sondern auch wir selbst, die wir die Erstlingsgabe des Geistes haben, auch wir *erwarten seufzend* die Sohnesstellung, die Erlösung unseres Leibes" (Römer 8,23); „... versiegelt worden mit dem Heiligen Geist der Verheißung, der das Unterpfand unseres Erbes ist *bis zur Erlösung* des Eigentums, zum Lob seiner Herrlichkeit" (Epheser 1,14); „Und betrübt nicht den Heiligen Geist Gottes, mit dem ihr versiegelt worden seid *für den Tag der Erlösung*!" (Epheser 4,30). Diese Stellen sprechen weder von dem, was bereits geschehen ist, noch von einem aktuellen Vorgang, sondern von etwas, das noch in der Zukunft liegt. Noch einmal Paulus: „... jetzt ist unsere Errettung näher, als da wir gläubig wurden" (Römer 13,11). Auch hier spricht er davon, dass wir in der Auferstehung einen neuen Körper bekommen.

Du siehst: Erlösung, Errettung ist nicht ein einmaliges Ereignis, es ist ein Prozess. Unsere Errettung heute, hier und jetzt geschieht durch die Erneuerung der Gesinnung, die Heilung der Seele, die Kreuzigung unseres Fleisches mit seinen Lüsten und Begierden und durch Befreiung.

Kann ein Christ Dämonen haben?

Wenn ein Christ von einem Dämon oder Fluch befreit wird, bedeutet das nicht, dass diese Geister in seinem *Geist* gehaust hätten. Der Geist des Gläubigen ist vom Heiligen Geist in Besitz genommen. Seine Seele aber kann von Dämonen belastet, gequält und unterdrückt sein. Der Gläubige ist „besessen" vom Heiligen Geist, diesem gehört er und nicht Satan und seinen Handlangern. Dämonische Geister suchen den Christen zu bedrücken, indem sie einen Teil von ihm beherrschen. Von einem Dämon belästigt zu werden bedeutet aber nicht zwangsläufig, dass man nicht errettet wäre, und es bedeutet auch nicht, dass diese Geister von einem Besitz ergriffen hätten.

Vieles in meinem Befreiungsdienst verdanke ich Derek Prince. In einem Vortrag sagte er, die Schreiber des Neuen Testaments hätten das Wort „dämonisiert" gebraucht, nicht „besessen"; und „dämonisiert sein" bezeichne kein Eigentums- oder Besitzverhältnis, sondern eine teilweise Kontrolle. Das bedeutet: Dämonen versuchen, einen Teil des Lebens eines Christen zu kontrollieren. Seinen Geist können sie jedoch nicht besetzen noch besitzen, sie können ihn sich nicht zum Eigentum machen.

Wie kannst du wissen, ob, und wenn ja, wo Dämonen in dir ihr Unwesen treiben? In der Regel tun sie das dort, wo du keine Kontrolle mehr hast – dann beherrscht ein Dämon diesen Teil deiner Seele. Wenn du befreit wirst, bekommst du die Herrschaft zurück. Während der Befreiung wird dieser Teil deiner Seele gerettet.

Man könnte meinen, Finsternis und Licht könnten nicht nebeneinander bestehen. Das steht aber nicht in der Bibel. Manche meinen, der Heilige Geist und andere böse Geister könnten nicht im selben Gefäß wohnen. Wirklich? Wer sagt das? Sie stützen sich auf diesen Bibelvers: „Zieht nicht in einem fremden Joch mit Ungläubigen! Denn was haben Gerechtigkeit und Gesetzlosigkeit miteinander zu schaffen? Und was hat das Licht für Gemeinschaft mit der Finsternis?" (2. Korinther 6,14). Dieser Vers besagt nicht, dass Licht und Finsternis nicht koexistieren *könnten*, sondern, dass das nicht sein *sollte*. Paulus skizziert hier einen Zustand, der nicht erstrebenswert ist. Er sagt aber nicht, das dies ein Ding der Unmöglichkeit sei.

Wenn du meinst, Christen könnten unmöglich dämonisiert sein, dann kann ich dir ein paar Geschichten von Menschen erzählen, in denen Licht und Finsternis zugleich am Werk waren: Da ist der Pastor, der sonntags Heiligung predigte und unter der Woche Prostituierte aufsuchte. Der kürzlich bekehrte Junkie, der weiterhin Drogen nahm und autoaggressiv Selbstmord auf Raten beging. Ein geistlicher Leiter, der viele für den Glauben gewonnen hat, aber im Gefängnis wegen Betrugs und Unterschlagung landete. Solcher Beispiele gibt es noch viele.

Zurück zu 2. Korinther 6,14: „Zieht nicht in einem fremden Joch mit Ungläubigen!" – denn Finsternis und Licht sollten keine Gemeinschaft haben. Wenn Finsternis und Licht nicht nebeneinander existieren könnten, dann könnten Christen sich auch nicht mit Nichtchristen treffen, um vielleicht die nächste Liebschaft anzubahnen. Aber wir alle wissen, dass das ständig passiert. Das sollte nicht sein, aber so ist es nun mal. Und genauso verhält es sich mit dämonisierten Christen: Sie *sollten* nicht unter diesem dämonischen Einfluss stehen, aber nirgends in der Bibel steht, das es *nicht möglich* wäre.

Sozo

Wir sind dreieinige Wesen und unsere Sünden wirken sich auf unsere ganze Person aus: Sünde tötet nicht nur unseren Geist, sondern bringt auch Krankheit, Armut und Bedrückung. Im Umkehrschluss wäre anzunehmen, dass sich auch Erlösung und Errettung auf unsere ganze Person auswirkt.

Das griechische Wort für „retten" ist *sozo*, es bedeutet „sichern, befreien, beschützen, bewahren, aus Gefahr retten". *Sozo* wird in Matthäus 1,21 gebraucht: „denn er wird sein Volk von ihren Sünden erretten", in Matthäus 9,22 für die Heilung einer Frau: „Dein Glaube hat dich gerettet! Und die Frau war geheilt von jener Stunde an", in Lukas 8,36 für die Befreiung eines Mannes: „wie der Besessene gerettet worden war".

Sozo steht also für Sündenvergebung, Heilung von Krankheit und Befreiung von Dämonen. Demnach ist Erlösung bzw. Errettung mehr als nur eine Eintrittskarte in den Himmel, sie gilt für Geist, Seele und Leib.

Befreiungsdienst für Christen

Im Markusevangelium (7,24–30) lesen wir von der kanaanäischen Frau, einer Syro-Phönizierin, die sich vor Jesus niederwarf und ihn bat, ihre Tochter zu heilen. Ihr Kind war schwer von Dämonen besessen. Ein Anzeichen dafür war, dass Dämonen sich durch dieses Mädchen manifestierten. Woher wusste die Mutter, welcher Art die Probleme des Kindes waren? Jedenfalls hat Jesus, der Gott ist und alles weiß, ihre Einschätzung nicht bestritten.

Wie reagierte Jesus auf ihr Flehen? Gar nicht! Und seine Jünger wollten sie wegschicken. Diese Frau war keine Jüdin, sondern eine Heidin – und ganz schön hartnäckig! Schließlich antwortete Jesus ihr doch: „Es ist nicht recht, dass man das Brot der Kinder nimmt und es den Hunden vorwirft" (Matthäus 15,26).

Für die Juden damals waren alle Nichtjuden wie „Hunde" und die wurden verabscheut. Doch die Frau gab nicht auf – auf diese Zurückweisung erwiderte sie: „Ja, Herr; aber doch essen die Hunde von den Brosamen, die vom Tisch ihrer Herren fallen!" (Matthäus 15,27). So sehr die Juden Hunde auch verachteten, offensichtlich wischten sie nach der Mahlzeit die Krümel vom Tisch, damit die Hunde sie fressen konnten. Genau das wollte diese Frau: Sie war bereit, die geistlichen Krümel zu essen, wenn nur ihre Tochter befreit würde. Ihr Glaube bewegte Jesus, er sprach Befreiung über der Tochter aus und das Kind wurde frei – aus der Ferne!

Die kanaanäische Frau bekam die Krümel, aber Gottes Kinder bekommen das Brot – nicht die Krümel, sondern das komplette

Menü des Evangeliums samt Befreiung und Heilung! Für Jesus ist Befreiung für die Gläubigen wie das Brot für die Kinder. Zu sagen, wir bräuchten keine Befreiung (oder Heilung oder Sieg), ist, als würde man behaupten, wir bräuchten kein Brot. Immerhin lehrte Jesus seine Jünger, so zu beten: „Unser Vater im Himmel, […] erlöse uns von dem Bösen" (Matthäus 6,9.13 LUT). Ja, wir sind Gottes Kinder. Jesus fordert uns aber auf, um Befreiung zu bitten.

Die Grundlage für Befreiung

Grundlage unserer Freiheit ist das Kreuz Jesu Christi, genauer gesagt: das von ihm am Kreuz vollbrachte Erlösungswerk. Das Wort vom Kreuz ist Gottes Kraft und Gottes Weisheit (1. Korinther 1,18.24). Auf Golgatha wurde Jesus für unsere Sünden bestraft, deshalb kann uns vergeben werden. Er wurde gerichtet, damit wir gerechtfertigt würden. Jesus wurde zur Sünde, damit wir gerecht würden. Er starb, damit wir leben könnten. So steht das Kreuz für einen wunderbaren Austausch.

Am Kreuz … Jesus trug die Strafe, durch sein Blut wird uns Vergebung zuteil (Jesaja 53,5; Matthäus 26,28; Epheser 1,7). Für uns ist diese Vergebung gratis. Aber Gott, den Vater, kostete es seinen Sohn, damit wir Sündenvergebung haben könnten.

Am Kreuz … Jesus wurde verurteilt, so werden wir ständig gerechtfertigt (Römer 3,24). Sünde bringt Verdammnis (Gericht), die Erlösung befreit uns von Schuld. Jesus nahm unsere Schuld auf sich und wir wurden zu Gerechten erklärt, als hätten wir nie gesündigt. Vergebung erlässt die Sündenstrafe, Rechtfertigung aber macht dich zum Unschuldigen, so, als hättest du diese Sünde niemals begangen.

Am Kreuz ... Jesus wurde an unserer Stelle zur Sünde gemacht, damit wir gerecht würden (2. Korinther 5,21). Jesus hat deine Sünde getragen, um dir seine vollkommene Gerechtigkeit zu geben.

Am Kreuz ... Jesus starb, damit wir Leben haben (Johannes 10,10; Römer 6,23): Jesus kam, um uns sein Leben zu geben und unseren (geistlichen) Tod auf sich zu nehmen. Was für ein Leben ist das? Das griechische Wort für „Leben" in Johannes 10,10 ist *zoë* – das Leben Gottes.

Am Kreuz ... Jesus wurde verwundet und dadurch sind wir geheilt worden (Jesaja 53,5; 1. Petrus 2,24). Jesus wurde zugunsten unserer Heilung körperlich übel zugerichtet. Jede Krankheit wurde auf seinen Körper gelegt.

Am Kreuz ... Jesus wurde zum Fluch, damit der Segen auf uns komme (Galater 3,13–14). Jesus nahm alle Arten von Fluch auf sich: Familienflüche, gegen uns ausgesprochene Verfluchungen und die erworbenen, verdienten Flüche, denn „Verflucht ist jeder, der am Holz hängt". Jesus nahm unseren Fluch auf sich, damit wir unter Gottes Segen leben können.

Am Kreuz ... Jesus wurde arm, damit wir durch seine Armut reich seien (2. Korinther 8,9). Am Kreuz war Jesus arm: nackt, hungrig, durstig und erbärmlich elend. So können wir jetzt die Fülle haben – mehr als genug, um unsere Familien zu versorgen und zur Ausbreitung des Reiches Gottes beizutragen.

Am Kreuz ... Jesus wurde von Gott verlassen, also abgelehnt, dafür hat Gott uns als seine Kinder angenommen (Matthäus 27,46; 1. Johannes 3,1). Jesus wurde von Gott verlassen und von Menschen verworfen, verleugnet und im Stich gelassen – er weiß also, wie es sich anfühlt, abgelehnt zu werden! Gott hat Jesus am Kreuz zurückgewiesen, deshalb nimmt er uns nun an.

Am Kreuz ... Jesus erduldete Schmach und achtet die Schande für nichts – nackt hing er da! –, damit wir Ehre haben könnten (Matthäus 27,35; Hebräer 12,2; Römer 2,10). Jesus hat unsere Beschämung getragen, so können wir das Haupt erheben.

Am Kreuz ... Jesus hat Satan entwaffnet und ihm die Macht genommen, ihn seiner Autorität entkleidet (Kolosser 2,14-15). Als Jesus am Kreuz für unsere Sünden starb, wurde Satan entwaffnet und besiegt. Satans Niederlage wurde schon im Garten Eden prophezeit: Jesus würde der Schlange den Kopf zertreten (1. Mose 3,15).

Für dämonische Bedrückung gibt es viele Gründe; aber um davon befreit zu werden, bedarf es nur einer Voraussetzung: des am Kreuz von Golgatha vollbrachten Erlösungswerks Christi. Viele Sünden können dem Teufel die Tür öffnen, aber nur das kostbare Blut Christi treibt ihn hinaus. Nur das Blut Jesu kann den Teufel überwinden (Offenbarung 12,11).

Vom Sieg her kämpfen

Durch das Kreuz Jesu Christi und sein Blut ist Satan schon vollständig besiegt. Unser Sieg ist bereits bezahlt! Dieser Sieg über Dämonen und Flüche ist allen Gläubigen verheißen.

Aber warum leben dann so viele Gläubige in der Niederlage? Gott hatte dem ganzen Volk Israel das Land Kanaan versprochen, aber nur wenige nahmen es in Besitz. Die Kinder Abrahams besaßen nur das, worum sie gekämpft hatten, und nicht alles, was ihnen von Gott verheißen war! Du bekommst nicht das, was dir verheißen ist, sondern nur das, worum du kämpfst.

„Diese Botschaft vertraue ich dir an, mein Sohn Timotheus, nach den Weissagungen, die früher über dich ergangen sind, damit du in ihrer Kraft einen guten Kampf kämpfst" (1. Timotheus 1,18 LUT).

Viele erhalten ein prophetisches Wort für ihr Leben (oder sogar mehrere Worte), aber die Erfüllung bleibt aus, denn sie versäumen es, das als Ausgangsbasis zu nehmen und sich in den Kampf zu begeben. Ob es eine Verheißung ist, ein prophetisches Wort oder was Jesus auf Golgatha für uns bezahlt hat – wir müssen es im Glauben ergreifen!

Es reicht nicht, lediglich zu proklamieren, was Jesus am Kreuz für uns getan hat. Jesu Sieg am Kreuz enthebt uns nicht des Kämpfens, sondern er macht uns stark zum Kampf. „Aber von den Tagen Johannes des Täufers an bis jetzt leidet das Reich der Himmel Gewalt, und die, welche Gewalt anwenden, reißen es an sich" (Matthäus 11,12). Sitze nicht länger am Spielfeldrand – höre auf, das Opfer zu spielen! Das Kreuz hat dich siegreich gemacht. Stehe auf und nehme in Besitz, was dir schon längst gehört. Vertreibe alle Mächte des Teufels!

Mehr als Überwinder

Normalerweise ist man Sieger, wenn man den Kampf für sich entschieden hat. Wir aber haben den Sieg schon vor dem Kampf, deshalb „überwinden wir weit". Wir sind mehr als Überwinder (Römer 8,37). Als du Christ wurdest, hat Jesus dir die Autorität, die Vollmacht des Heiligen Geistes verliehen. In der geistlichen Welt bist du wie ein Polizist. Ein Polizist trägt eine Uniform, welche ihm Autorität verleiht (Macht; das Recht, etwas Bestimmtes zu tun), und er trägt eine Waffe, um seiner Autorität Nachdruck zu verleihen (Kraft). Verbrecher fürchten die Polizei wegen der Macht und der Kraft, die diese Leute haben. Der Teufel gerät in Panik, wenn du begreifst, dass dir nicht nur die Befugnis über ihn gegeben ist, sondern auch die nötige Kraft. Der Feind ist der

Verbrecher, du bist der Polizist. Hinter dir steht die Macht und Kraft des Himmels!

Wir kämpfen nicht um den Sieg, wir kämpfen aus der Siegerposition heraus. In dem Abschnitt über geistlichen Kampf in Epheser 6 sagt Paulus, wir sollten die Waffenrüstung Gottes anlegen, um im Kampf zu bestehen (Epheser 6,11.13-18). Die geistliche Waffenrüstung ist nicht dazu gedacht, dass wir den Sieg erringen, sondern dass wir in dem Sieg „feststehen", der für uns bereits errungen ist.

Auch tote Schlangen können gefährlich sein

Die Bibel vergleicht den Teufel mit fünf Tieren:

- Vogel – Vögel fressen das Wort Gottes weg (Matthäus 13,4).
- Wolf – der Wolf „raubt und zerstreut die Schafe" (Johannes 10,12).
- Löwe – allerdings *ist* er keiner, denn es gibt nur *einen* wahren Löwen, den Löwen aus dem Stamm Juda. Der Teufel kann nur nachahmen, also *tut* er wie ein Löwe, er „geht umher wie ein brüllender Löwe und sucht, wen er verschlingen kann" (1. Petrus 5,8).
- Drache – er verführt die ganze Welt (Offenbarung 12,9).
- Schlange – das erste Mal, dass Satan in der Bibel vorkommt, erscheint er in Gestalt der Schlange. Die meisten Schlangen beißen zu und jagen damit dem Opfer tödliches Gift ein (1. Mose 3,1).

Eine Klinik in Phoenix (Arizona) hat herausgefunden, dass vermeintlich tote Klapperschlangen immer noch zuschlagen, beißen und töten können: Wenn sie erschossen oder geköpft werden, bleiben die Reflexe noch bestehen. Laut der Studie können Schlangenköpfe bis zu 60 Minuten nach der Enthauptung weiterhin schlagähnliche Bewegungen machen.[10] Auch tote Schlangen sind gefährlich!

Dass Satan ein besiegter Feind ist, gibt dir die Aussicht auf Sieg, macht dich aber nicht automatisch zum Sieger – sonst wären alle Gläubigen immer siegreich. Nicht umsonst sind wir zum geistlichen Kampf gegen den Teufel aufgerufen, wir sollen ihm widerstehen.

Viele Gläubige proklamieren: „Der Teufel ist besiegt, er kann nichts mehr tun". Aber sie leben in der Niederlage. Ja, Jesus hat gesagt: „Siehe, ich gebe euch die Vollmacht, auf Schlangen und Skorpione zu treten" (Lukas 10,19), und die Schreiber des Neuen Testaments wussten von dem Sieg über den Teufel. Aber sie ermahnten auch: „… und gebt nicht Raum dem Teufel" (Epheser 4,27 LUT), „Widersteht dem Teufel" (Jakobus 4,7), „Seid nüchtern und wacht! Denn euer Widersacher, der Teufel, geht umher wie ein brüllender Löwe und sucht, wen er verschlingen kann; dem widersteht, fest im Glauben" (1. Petrus 5,8-9).

All das zeigt, dass wir auch dem besiegten Feind gegenüber wachsam und besonnen sein müssen. Sonst werden wir lediglich den Sieg bekennen, aber niemals Sieg haben. Das Leben ist kein Spielplatz, es ist ein Schlachtfeld.

Wenn der Gefangene zur Belustigung dient

Der Fall Simson soll uns eine Lehre sein: Endlich hatten die Philister ihn überwältigt – ihn bezwungen, geblendet und gefesselt. Nun war er ihr Gefangener: Grund zum Feiern! Zur allgemeinen Belustigung ließen sie ihn auf ihrer Siegesparty antreten. Schließlich war er besiegt, was konnte er da noch anrichten? Aber Simson war immer noch ihr Feind und weiterhin gefährlich. Seine Niederlage wurde zu ihrem Untergang: Sie waren nicht wachsam, so konnte er sich rächen. Für sie war das Leben eine Party und der Feind ein drolliges Haustier. Um nicht das gleiche Geschick zu erleiden wie unser Feind, müssen wir anerkennen, dass er auf Golgatha zwar entmachtet wurde und besiegt ist, er aber weiterhin ein ernst zu nehmender Gegner ist, was wir nicht auf die leichte Schulter nehmen sollten.

Deswegen schrieb Petrus, wir sollten nüchtern sein, und Paulus, wir sollten die ganze Waffenrüstung Gottes anlegen, damit wir uns gegen den besiegten Feind behaupten könnten. Wenn du diesen Feint nicht ernst nimmst, dann wundere dich bitte nicht, dass du mehr Niederlage hast als Sieg.

Goliath ist gefallen – auf in den Kampf!

Als David den Riesen Goliath getötet hatte, floh der Feind. Der Krieg war damit aber nicht vorbei, er hatte erst begonnen. Die Israeliten, die sich bis dahin verkrochen hatten, fanden Kraft durch Davids herrlichen Sieg. Dieser Sieg machte ihnen Mut, er wurde zur Quelle ihrer Stärke. Davids Sieg brachte sie zum Kämpfen und nicht dazu, herumzusitzen und es sich gutgehen zu lassen (1. Samuel 17,50–53).

Das ist ein Bild für den Sieg Jesu Christi: Er hat „Goliath" besiegt, den Herrscher der Finsternis. Goliath ist gefallen – also auf in den Kampf! Hole dir deine Reinheit zurück! Holen dir deine Freiheit zurück! Der Feind hat bereits Panik und ist auf der Flucht. Lasse ihn mit nichts davonkommen! Du trägst die Uniform, die dir Autorität verleiht, und du hast die Kraft des Heiligen Geistes. So kann der Sieg von Golgatha auch in deinem Leben Wirklichkeit werden.

Gebet

Ich preise dich, Gott, mein Vater, denn Du hast mich gesegnet mit jedem geistlichen Segen durch Jesus Christus in der Himmelswelt.

Jesus, mein Retter! Danke für Dein Geschenk der Erlösung und des neuen Lebens.

Heiliger Geist, Du bist mir willkommen. Bitte, zeige mir den Reichtum meines Erbes in Jesus.

Ich will das mir verheißene Land nicht nur im Mund führen, sondern es im Namen Jesu in Besitz nehmen.

KAPITEL 6

UMKEHR, HERRSCHAFTSWECHSEL, WIDERSTAND

Johns Ärzte hatten unkontrollierbare Zwangsgedanken festgestellt, dazu das Tourette-Syndrom („Ticks"), Panikattacken, Schlafstörungen und Suizidgefahr. Seit drei Jahren war das schon so. Die Zwangsgedanken wurden so schrecklich, dass es sich für ihn anfühlte, als würde jemand anderes in ihm leben und für ihn denken. Unkontrollierbar musste er immer wieder denken, er solle Gott verfluchen und dazu noch seine Angehörigen, damit sie stürben. Seine Not wurde so übermächtig, dass er nicht mehr zur Schule ging – früher war er ein Einser-Schüler gewesen. Doch dann konnte er sich nicht mehr entscheiden, welche Antwort wohl die richtige wäre. Um damit fertigzuwerden, hatte er schließlich „Ticks" entwickelt. Um die Zwangsgedanken auszuschalten, hatte er auch begonnen, sich selbst zu schlagen.

Ich weiß noch, wie John zum ersten Mal bei uns im Gottesdienst war. Sein Körper war verdreht und er schlug sich mit der Hand an den Kopf. Sich zu entspannen und einzuschlafen fiel ihm sehr schwer. Das Einzige, was ihm half, die Zwangsgedanken zu übertönen, waren Spielfilme oder Unterhaltungssendungen. Wegen seiner vielen Selbstmordversuche landete er in der Psychiatrie, wo er Medikamente bekam, um die Symptome zu betäuben. Nun begann seine Familie, woanders Hilfe zu suchen. Sie versuchten es mit alternativer Medizin, mit Vitaminen und sie gingen mit ihm zu christlichen Gemeinden, damit man dort für ihn beten sollte. Alles vergebens.

Schließlich brachten seine Eltern ihn zu unserem monatlichen Befreiungsdienst. Als ich für ihn betete, begann der Heilige Geist, all das Böse, das ihn plagte, wegzunehmen. John manifestierte Dämonen und musste sich übergeben, es war wirklich ekelhaft.

Nach der Befreiung ging er nach Hause und setzte sofort sein Schlafmittel ab. Er hatte es normalerweise alle zwei Stunden genommen. Auch die zwanghaften Selbstmordgedanken waren aus seinem Kopf verschwunden. Er konnte wieder klar denken und Entscheidungen fällen. Nun konnte John wie früher Prüfungen schreiben und er erlangte die Hochschulreife. Gott stellte ihn rundum wieder auf festen Grund!

Als er so weit gekommen war, gab er Zeugnis zur Ehre Gottes. Inzwischen ist er Gemeindepastor und führt junge Leute zu Jesus. Alle Ehre gehört unserem Gott!

Den Feind erkennen

Der erste Schritt zur Freiheit ist zu erkennen, dass man Befreiung *braucht*. Wenn du deinen Feind erkannt hast, hast du schon den halben Sieg! Das hört sich vielleicht an wie eine Banalität, aber Gebundenheit ist sehr tückisch. Viele, die gebunden sind, halten sich für freie Leute. Jesus sagte zu den Juden, die an ihn glaubten, wenn sie sein Wort befolgten, seien sie seine wahren Jünger und die Wahrheit werde sie frei machen – und was war ihre Antwort? „Wir brauchen keine Befreiung, wir sind Abrahams Nachkommen!" Das behaupten viele Christen bis heute: „Ich brauche keinen Befreiungsdienst, bei mir ist alles in Ordnung." Die vielen, die Jesus nachfolgten, erwiderten, sie seien „nie jemandes Knechte gewesen" (Johannes 8,31–36). Das war eine kühne Aussage. Aber waren sie tatsächlich niemals in Knechtschaft gewesen? Das Alte Testament zeigt, wie oft die Israeliten unfrei waren: in Ägypten, unter den Midianitern und Philistern, den Assyrern und Babyloniern und zur Zeit Jesu unter den Römern. Wie konnten sie da sagen, sie wären nie unfrei gewesen?

Ohne Frage: Gebundenheit ist sehr irreführend; und um frei zu werden, muss man erst erkennen, dass man unfrei ist. Man muss begreifen, dass man Befreiung braucht, und sie unbedingt wollen, egal, was es kosten mag. Derek Prince pflegte zu sagen: „Der Heilige Geist ist für die Durstigen, Befreiung für die Verzweifelten."

Jesus erklärte seinen Jüngern auch, *warum* sie an seinem Wort bleiben sollten: um frei zu werden und frei zu bleiben. „Jesus antwortete ihnen: Wahrlich, wahrlich, ich sage euch: Jeder, der die Sünde tut, ist ein Knecht der Sünde. Der Knecht aber bleibt nicht ewig im Haus; der Sohn bleibt ewig" (Johannes 8,34–35).

Man kann ein Jünger Jesu sein und trotzdem immer wieder die gleiche Sünde begehen – und wenn das zur Gewohnheit wird, führt das zur Gefangenschaft. Man ist dann Sklave dieser Sünde. Das habe ich mir nicht ausgedacht, Jesus selber hat es gesagt! Jesus sagte das zu Leuten, die an ihn glaubten. Das zeigt: Ständiges Sündigen, ein Sklave der Sünde zu sein, das hat einen Preis – man wird nicht ewig im Hause bleiben, also weder eine beständige Gottesbeziehung haben, noch in der Gemeinde von großem Nutzen sein.

Warum kommen manche nur selten oder gar nicht mehr zur Gemeinde? Ein wichtiger Grund ist, dass sie nicht frei sind. Die Unfreiheit, die sie mit sich herumschleppen, lässt es nicht zu, dass sie für immer im Haus bleiben. Nun, das Gegenteil von Sklaverei ist Sohnschaft. Sohnschaft bedeutet mehr, als nur Kind Gottes zu sein. Sohnschaft ist, wenn man vom Griff der Sünde befreit ist und sich vom Geist Gottes leiten lässt. Wenn du bemerkst, dass du immer wieder der gleichen Sünde verfällst, oder wenn dir immer wieder das gleiche Unglück passiert, dann zeigt das, dass du Befreiung brauchst. Jesus ist die Wahrheit und er ist die Quelle dieser Freiheit.

Sünde bekennen

Wenn wir erkennen, dass wir Befreiung brauchen, müssen wir von unseren Sünden und von den Sünden unserer Vorfahren umkehren. Das Sündenbekenntnis stößt die Tür zu Gottes Freiheit auf. Wenn wir von unseren Sünden umkehren, schließt das außerdem Dämonen die Tür. Deshalb müssen wir uns dem Heiligen Geist unterordnen, damit er uns zur Buße führen kann. Du brauchst nicht in deiner Vergangenheit zu wühlen in dem Versuch, auch noch die letzte Sünde zu finden, die du jemals begangen hast. Lass dich lieber vom Geist Gottes an das erinnern, wovon du Buße tun solltest, und so werden diese Türen geschlossen. Manche Sünden sind offensichtlich und davon müssen wir uns entschieden abwenden. Oft wissen wir aber nicht, welche Sünde nun tatsächlich dem Feind die Tür geöffnet hat.

Drei Jahre am Stück herrschte Hungersnot. David fragte Gott nach dem Grund und Gott offenbarte ihm: Die Ursache war, dass Saul den Bund mit den Gibeonitern gebrochen hatte (2. Samuel 21,1). Also ergriff David Maßnahmen, um Sauls Verbrechen zu sühnen und damit zu entkräften, und die Hungersnot kam zum Ende. In diesem besonderen Fall hatte nicht seine eigene Sünde die Hungersnot ausgelöst, sondern die Sünde seines Vorgängers im Königtum.

Manchmal müssen wir von den Sünden unserer Vorfahren umkehren: „Und die Übriggebliebenen von euch, die sollen wegen ihrer Schuld dahinschwinden in den Ländern eurer Feinde; und auch wegen der Schuld ihrer Väter sollen sie mit ihnen dahinschwinden. Dann werden sie ihre Schuld und die Schuld ihrer Väter bekennen samt ihrer Untreue, die sie gegen mich begangen haben, und dass sie sich mir widersetzten" (3. Mose 26,39–40). Wir bekennen die Sünden unserer Eltern nicht, damit ihnen vergeben würde, sondern damit dem Feind jeglicher Zugang zu uns verwehrt wird, alle Türen geschlossen sind und der Teufel keinen Zugriff mehr auf uns hat.

Zu unserer eigenen Umkehr müssen wir verstehen, dass umkehren mehr ist, als nur unsere Taten zu bedauern. Ein schlechtes Gewissen allein ist noch keine Umkehr. Judas hatte ein schlechtes Gewissen, nachdem er Jesus verraten hatte, aber er kehrte nicht um. Judas brachte den Pharisäern sogar das Geld zurück, aber das war noch keine Umkehr zu Gott.

Umkehr bedeutet, vor Gott zuzugeben, dass man etwas Verkehrtes getan hat – auch wenn niemand es gesehen hat und auch wenn keiner verletzt wurde. Wir sagen Gott, dass es uns leidtut, und beschließen freiwillig, eine andere Richtung einzuschlagen. Stell dir vor, du würdest Auto fahren und es dämmerte dir, dass du dich in die falsche Richtung bewegst – Du würdest wenden! Das ist Umkehr – mehr als bloßes Bedauern, mehr als das Gefühl der Reue. Man gibt sich nicht mit etwas Entlastung zufrieden, um dann, sobald es einem wieder einigermaßen gut geht, zum alten sündigen Lebensstil zurückzukehren. So viele Menschen suchen die Lösung ihrer Probleme, aber wirklich umkehren wollen sie nicht.

Unsere Sünden bekennen wir Gott. Es hat aber große Kraft, das auch vor einem vertrauenswürdigen Mentor oder Pastor zu tun. Der Apostel Jakobus schrieb, dass Sündenbekenntnis Heilung bringt (Jakobus 5,16). Schon das ist befreiend, wenn man seine Sünden ans Licht bringt, sie offenlegt, denn Sünde wächst im Dunkeln. Solange wir unsere Sünde rechtfertigen, andere beschuldigen und uns verstecken, geben wir dem Teufel das Recht, uns weiterhin zu knechten. Umkehr nimmt ihm dieses Recht!

Sich der Herrschaft Jesu unterwerfen

Der Evangelist Reinhard Bonnke erzählte von einem kleinen Jungen mit einem großen Haus – er hatte ein Haus mit zwei Stockwerken und zehn Zimmern. Eines Tages klopfte Jesus an die Haustür: „Darf ich hereinkommen?" Der Junge fühlte sich geehrt, dass Jesus bei ihm wohnen wollte, und bot ihm das beste und größte Schlafzimmer an.

Am nächsten Tag klopfte es wieder an der Tür. Der Junge öffnete und draußen stand der Teufel! Der Teufel lehnte sich gegen die Tür und wollte Einlass erzwingen. Lange rangen sie miteinander und schließlich gelang es dem Jungen, ihn hinauszuwerfen und die Tür zu schließen. Erschöpft legte sich der Junge aufs Sofa, da kam Jesus aus seinem Prachtzimmer und der Junge fragte ihn enttäuscht: „Warum hast du mir nicht geholfen?" Jesus antwortete: „Ich bin Gast, der Hausherr bist du." – „Ah", dachte der Junge, „natürlich, ich muss ihm mehr Zimmer geben", und gab ihm das ganze Obergeschoss, alle fünf Zimmer. Die anderen fünf im Erdgeschoss behielt er für sich. „Dieses Problem dürfte gelöst sein", dachte der Junge und legte sich schlafen.

Am nächsten Morgen klopfte es erneut an der Tür. Der Junge öffnete zögerlich und nur einen Spalt breit – er wollte erst sehen, wer da gekommen war. Es war wieder der Teufel, und er stellte gleich den Fuß in die Tür. Endlich schaffte der Junge es auch dieses Mal, den Teufel hinauszudrängen und die Tür wieder zu schließen. Er war wirklich erschöpft, aber er lief zu Jesus und wieder beschwerte er sich: „Warum hilfst du mir nicht? Ich habe dir fünf Zimmer gegeben. Warum muss ich allein mit dem Teufel kämpfen?" Jesus antwortete: „Ich bin dankbar, dass ich als Gast fünf Zimmer haben darf. Der Hausherr aber bist du und es steht bei dir, die Tür zu öffnen."

Jetzt ging dem Jungen ein Licht auf! Er hatte endlich verstanden, übergab Jesus die ganzen Schlüssel und sagte zu ihm: „Jetzt bist du der Hausherr und ich bin Gast. Wo darf ich hin?" Jesus gab ihm das große Schlafzimmer, das der Junge ihm zuerst angeboten hatte.

Auch am nächsten Tag klopfte es an der Tür. Der Junge wollte öffnen, aber Jesus schickte ihn wieder ins Bett und erklärte ihm, er sei nur der Gast und habe nicht die Tür zu öffnen. Das tat Jesus selbst – und der Junge beobachtete aus sicherer Entfernung, was wohl passieren würde. Jesus öffnete die Tür und wieder war es der Teufel! Doch als er Jesus sah, fiel er auf die Knie: „Entschuldigen Sie bitte, mein Herr, ich habe mich geirrt, das ist das falsche Haus."

Nun, das ist nur ein Gleichnis, aber die Aussage ist stark und sie stimmt mit der Heiligen Schrift überein.

„So unterwerft euch nun Gott! Widersteht dem Teufel, so flieht er von euch" (Jakobus 4,11). Um den Teufel zurückzuweisen, müssen wir uns zuerst Gott unterwerfen. Unterordnung unter Gott ist allerdings mehr, als einfach ein Lebensübergabegebet zu beten. Viele haben Jesus als ihren Retter angenommen, sich ihm aber nicht als ihrem Herrn unterworfen. Sie haben weiterhin die Kontrolle über ihr Haus und behalten den Schlüssel dafür in der Hand. Jesus übernimmt volle Verantwortung für alle, die unter seiner *Herrschaft* stehen. Wenn Jesus dir zum Retter *und Herrn* wird, dann kannst du dem Teufel wirksam widerstehen, deine Worte werden nicht leer und kraftlos sein.

Es ist interessant, dass Judas, obwohl er als einer der Zwölf ein Gefährte Jesu war, trotzdem von Dämonen besessen sein konnte. In den Evangelien nennt er Jesus „Lehrer", aber niemals seinen Herrn. Jesus war für ihn ein guter Lehrer und Freund, aber nicht sein Gott. Man kann mit Gott sehr vertraut sein und ihn sogar seinen Freund nennen, aber den Teufel interessiert das nicht, er reagiert nur auf Autorität, auf Herrschaft. Wenn du dich nicht unter der Herrschaft Christi befindest, kannst du auch nicht in seiner Autorität wandeln. Damit sage ich überhaupt nichts dagegen, ein Freund Gottes zu sein, das ist gut und wichtig, aber unsere Freundschaft zu ihm sollte kein Ersatz sein dafür, dass wir uns ihm als dem Herrn ganz unterwerfen.

„Der Herr aber ist der Geist; und wo der Geist des Herrn ist, da ist Freiheit" (2. Korinther 3,17). Wahre Freiheit ist dort zu finden, wo der Geist des Herrn anwesend ist. Der Heilige Geist ist der Geist des Herrn, er ist nicht nur dein Freund oder Lehrer. Wenn Jesus nicht dein Herr ist, dann ist die Kraft des Heiligen Geistes in deinem Leben eingeschränkt. Seine Kraft entfesselt und bringt uns erst dann Freiheit, wenn Jesus wirklich unser Herr ist. Ich habe mal jemanden erklären hören, man könne diesen Vers auch so lesen: „Wo der Geist Herr ist, da ist Freiheit."

Unser Leben der Herrschaft Jesu hinzugeben verändert, wie wir denken, reden, leben, unser Geld ausgeben und wie wir andere Menschen behandeln. Es verändert aber auch, wie der Teufel uns sieht.

Nach dem Angriff Japans auf Pearl Harbor 1941 erklärten die Vereinigten Staaten von Amerika Japan den Krieg; 1945 unterzeichnete Japan die vollständige und bedingungslose Kapitulation vor den Alliierten – und nun, nachdem die USA jahrelang zurückgeschlagen hatten, begannen sie, Japans Wirtschaft wieder auf die Beine zu helfen. Japan erholte sich von der Zerstörung Hiroshimas und Nagasakis und ist nun eines der produktivsten und friedlichsten Länder der Welt. Japan hat kein Militär. Seine Absicherung haben die USA übernommen. Amerika übernahm die volle Verantwortung für den Wiederaufbau und den Schutz des Landes, das sich ergeben hatte. Wenn wir wollen, dass Gott für uns eintritt und uns umfassend beschützt, müssen wir uns ihm völlig hingeben.

Manche wollen Jesus nicht zum König haben, sie wollen ihn nur als guten Lehrer. In diesem Leben gibt es aber keinen Mittelweg: Entweder wir sind Diener Gottes oder Sklaven des Teufels. Ja, wir sind Kinder Gottes. In unserem Herzen dürfen wir uns aber niemals von der Stellung der Unterwerfung entfernen, also niemals leben, wie es *uns* gefällt.

Wenn Jesus wirklich unser Herr ist, wird er uns leiten und uns in seinem Reich gebrauchen. Sind wir aber unser eigener Herr, werden wir Jesus für unsere eigenen, selbstsüchtigen Zwecke benutzen.

Den Feind stellen

Viele Leute werden frei, wenn jemand für sie betet. Das kann jemand sein, der die Salbung dafür hat. Es gibt aber auch christliche Werke, die Befreiungsdienst anbieten. Jedenfalls ist es ratsam, dafür einen Pastor aufzusuchen oder jemanden, der damit Erfahrung hat.

Gott hat verschiedene Gaben ausgeteilt und auch die Stärke der Salbung ist unterschiedlich. Wir aber, die wir Befreiung suchen, haben ebenfalls das Unsere beizutragen. In uns lebt der Geist Gottes und dieser will uns Freiheit geben. Und egal, wer für uns betet oder ob dies keiner tut: Die Veränderung wird von Jesus und der Kraft des Heiligen Geistes bewirkt.

Schauen wir wieder David an: Er hatte mit Löwen und Bären gekämpft und beide überwältigt, doch vor König Saul bezeugte er: „wenn nun ein Löwe oder ein Bär kam und ein Schaf von der Herde hinwegtrug, dann lief ich ihm nach und schlug ihn und entriss es seinem Rachen. Und wenn er sich gegen mich erhob, ergriff ich ihn bei seinem Bart und schlug ihn und tötete ihn. Sowohl den Löwen als auch den Bären hat dein Knecht erschlagen" (1. Samuel 17,34–36).

David lief vor Löwen und Bären nicht weg, sondern rannte ihnen nach und kämpfte mit ihnen. Weiter sagte David: „Der HERR, der mich von dem Löwen und Bären errettet hat, Er wird mich auch von diesem Philister erretten!" (1. Samuel 17,37). Gott befreite David von dem Löwen und dem Bären – wann? Als er vor ihnen weglief und sich verkroch? Nein, als er ihnen nachrannte! Könnte es sein, dass Gott denen Befreiung schenkt, die nicht das Opfer spielen? Ja, diese Art von Gläubigen wartet nicht darauf, dass jemand anderes für sie betet. Sie begeben sich unter die Herrschaft Jesu, dann stellen sie den Feind und sichern sich den Sieg! Verkrieche dich nicht, kämpfe! Im Jakobusbrief heißt es, wir sollten uns Gott unterwerfen und dem Teufel widerstehen. Das ist unsere Rolle bei der Befreiung von Finsternismächten: Wir müssen uns Gott unterwerfen und dem Feind widerstehen.

Den Feind zu stellen beginnt damit, alles ausdrücklich zu widerrufen, einzeln und hörbar, womit man dem Satan die Tür geöffnet hat : Schwüre (auch „innere Schwüre": „Ich werde nie ...") und Eide, Rituale, Blutsverschreibungen, Zaubereien und Hexereien, Wahrsagerei, falsche Religionen, Lehren von Dämonen, Anbetung von Menschen und falschen Göttern und Flüche aller Art. Damit werden die Ketten zerbrochen, die uns daran binden: „Wir halten uns fern von allen Heimlichkeiten, für die wir uns schämen müssten, wir täuschen niemanden und verdrehen auch nicht Gottes Botschaft. Im Gegenteil, wir sind Gott verantwortlich und verkünden frei und unverfälscht seine Wahrheit" (2. Korinther 4,2 HFA).

Nur wenn wir der Sünde absagen und uns mit hörbaren Worten und entschlossen von den Heimlichkeiten abwenden, die wir verschämt versteckt haben (und die der Finsternis Rechte geben), können wir durch die Wahrheit frei werden, aufhören, das Wort Gottes zu verdrehen, und aufrichtig leben.

Dem Feind widerstehen

Wie entrinnt man der Sklaverei Ägyptens? Zuerst erkennt man, dass man Befreiung braucht, man kehrt von Sünde um und bricht (widerruft) jegliche Verbindung zum Teufel – doch dann muss Ägypten aus *uns* heraus! Wie geht das? Wir widerstehen dem Teufel, ändern unseren Lebensstil und erneuern unsere Gesinnung.

Gott befreite Israel aus Ägypten auf übernatürliche Weise durch das Blut des Lammes – eine Vorhersage auf das am Kreuz geschehene Erlösungswerk Jesu Christi – und sie zogen aus „mit Freuden, mit Jubel" (Psalm 105,43). Freude ist eine natürliche

Reaktion, wenn man die lang ersehnte Freiheit erlangt. Aber dieser Rettungsjubel verstummte nach wenigen Tagen, als die Streitwagen der Ägypter nahten, um die Israeliten zurückzuholen und erneut zu versklaven. Ägypten hatte seine Zwangsarbeiter verloren und damit waren alle Großbaustellen zum Stillstand gekommen. Deshalb jagten der Pharao und sein Heer den Israeliten nach, sie wollten die nun freien Menschen überwältigen und wieder in ihr altes Leben zwingen. Und die gerade Befreiten reagierten mit Panik, Furcht und Murren.

Wenn Gott uns wirklich frei gemacht hat, warum jagt der Pharao uns dann nach? Sind wir wirklich frei, auch wenn die Ägypter uns nicht in Ruhe lassen? – Es ist ziemlich normal, wenn wir auch nach der Befreiung die gleichen Attacken des Feindes erleben. Er will damit bezwecken, dass wir unsere Befreiung hinterfragen, und uns durch Verwirrung und Zweifel in den alten Zustand zurückbringen – zuerst greift er nach unseren Gedanken und dann nimmt er alles. Wenn wir befreit worden sind und unsere alten Dämonen in ihren Streitwagen anrücken, dann heißt das noch lange nicht, dass wir uns wieder in der Sklaverei befinden! Vielleicht will Gott dich endgültig befreien, indem er diesen „Pharao" im Meer ertränkt (2. Mose 14)?!

Jesus hat bestätigt, dass ein Dämon, wenn er eine Person verlassen muss, versuchen wird, zurückzukommen (Matthäus 12,43–45). Das sollte uns nicht erschrecken. Der Pharao „kam mit Streitwagen zurück", aber Israel wurde nicht wieder versklavt, denn sie gingen in Glauben und Gehorsam vorwärts. Der Teufel wird versuchen, sich durch Lüge und Zweifel erneut bei dir einzunisten, aber gebe ihm nicht nach, sondern halte deine Position der Freiheit und glaube von seinen Lügen kein Wort!

Wir müssen ihm „fest im Glauben" (1. Petrus 5,9) Widerstand leisten. Nachdem wir Buße getan und jede dämonische Fessel gebrochen haben, müssen wir im Glauben an unserer Befreiung festhalten. Dieser Angriff ist kein Zeichen dafür, dass du nicht frei geworden bist. Er ist vielmehr des Teufels letzter Versuch, dich in seine Gewalt zurückzubringen. Wir müssen lernen, im Glauben vorwärtszugehen. Gott wird den Pharao ertränken und wir werden wahrhaftig frei sein. Sicher und dauerhaft. Wenn wir im Glauben vorwärtsgehen, schafft es der Teufel nicht, uns erneut zu fesseln. Sollten wir aber tatsächlich wieder dieser Sünde verfallen, von der wir doch befreit worden sind – nun, dann tun wir Buße, empfangen Gottes Vergebung, wir entlassen uns aus der Selbstanklage, stehen auf und marschieren weiter, als wäre nichts gewesen.

Befreit worden zu sein bedeutet nicht, dass wir nie wieder einen Angriff hätten – wenn wir errettet sind, heißt das ja auch nicht, dass wir nie wieder eine Sünde täten. Der Gerechte fällt sieben Mal und steht immer wieder auf (Sprüche 24,16). Mit anderen Worten: Wenn wir gefallen sind, hören wir deshalb nicht auf, gerecht zu sein. Diese Gerechtigkeit verlieren wir nur dann, wenn wir beschließen, liegenzubleiben. Will heißen: in dieser Sünde weiterzuleben. Wir sind gerechte und freie Menschen. Wir sollten die Sünde hassen. Ganz besonders dann, wenn wir gestolpert und gefallen sind, denn das zeigt, dass sie nicht mehr zu uns gehört. Wenn ein Schaf in den Dreck fällt, dann blökt es und steht wieder auf. Fällt ein Schwein in den Dreck, dann suhlt es sich darin. Wir sind keine Schweine, wir sind Schafe des Guten Hirten.

Ein Mann aus unserer Gemeinde hatte auf einer Konferenz in Nigeria Befreiung von einem Geist der Pornografie erfahren. Die Befreiung war ein Kraftakt gewesen. Er war sich sicher, dass er nun frei war, und die nächsten beiden Monate hatte er auch kein Verlangen mehr danach. Doch dann verfiel er dieser Sünde erneut. Er bat mich um einen Gesprächstermin und ich dachte es mir schon, dass etwas schiefging. Nun, er bekannte mir, was passiert war, und dann erklärte er, er sei jetzt sehr verunsichert und habe das Gefühl, die Befreiung sei in nichts zerronnen – ob er Geld ansparen und noch einmal nach Nigeria fliegen solle, um wieder befreit zu werden? Ich sagte zu ihm: „Ob du nun glaubst, dass du frei bist, oder ob du glaubst, dass du es nicht bist – du hast auf jeden Fall recht." Ich riet ihm, zu glauben, dass er immer noch frei sei. Auf diese Wahrheit müsse er sich stellen und in dieser Freiheit müsse er leben. So, als wäre der Fehltritt niemals passiert (er hatte ja Buße getan und seine Sünde bekannt). Nach diesem Zwischenfall fand er zu dauerhafter Freiheit. Heute ist er verheiratet und eine Säule in der Gemeinde.

Wenn unsere Freiheit zum Lebensstil werden soll, müssen wir im Glauben vorwärtsgehen. Wir dürfen nicht zulassen, dass der Teufel uns durch Angst, Zweifel oder Verunsicherung zurückzieht. – In den folgenden Kapiteln will ich darüber sprechen, wie man das Denken verändert und die Gesinnung erneuert. Das nächste Kapitel befasst sich mit einem der wichtigsten Schlüssel zur Freiheit.

Gebet

Im Namen Jesu Christi widerstehe ich dir, du Teufel hinter meiner Sucht, und du Dämon, der mich immer wieder in Sünde und Versagen hineinzieht. Ich komme gegen dich nicht in meinem eigenen Namen, sondern im Namen meines Herrn und Retters Jesus Christus.

UMKEHR, HERRSCHAFTSWECHSEL, WIDERSTAND

Ich befehle dir nun: Verlasse mich! Ich breche deinen Griff auf meine Gedanken, Emotionen und meinen Willen. Im Namen Jesu – jede Fessel, die Satan benutzt haben könnte, um sich an mich anzuschließen, sei jetzt gebrochen! Alles, was nicht mein himmlischer Vater in mich hineingepflanzt hat, soll nun im Namen Jesu Christi ausgerissen werden!

Ich stehe unter der Herrschaft Jesu und in seiner Autorität und in der Kraft des Heiligen Geistes widerstehe ich dem Teufel und all seinen Zweifel-, Angst- und Verdammnis-Gedanken. Gegen alle feurigen Lügenpfeile erhebe ich den Schild des Glaubens. Sie prallen an ihm ab, fallen zu Boden und erlöschen.

KAPITEL 7

SATANS KÖDER

In der Sendung von Sid Roth „It's Supernatural" hörte ich das Glaubenszeugnis von Frank. Er hatte ein sehr schweres Leben: Als Kind wurde er sexuell belästigt, das Trauma äußerte sich später durch Dauerschmerzen und Rebellion. Frank begann eine Ausbildung an der Offiziersschule der US-Marine, musste sie aber wegen Drogenmissbrauchs und Drogenhandels abbrechen. Nun begann er, Stimmen zu hören, und die brachten ihm Erfolg – diese Stimmen sagten ihm nämlich, wo er die Drogen verstecken sollte, damit sie nicht ENTDeckt würden! Dieses Leben sagte ihm zu: Jetzt konnte er von seinen Drogen leben und selber nach Herzenslust konsumieren und solange er auf diese Stimmen hören würde, wäre alles gut. Dachte er jedenfalls. Eine dieser Stimmen brachte ihn dazu, ein Pentagramm zu malen, ein dämonisches Symbol. Daraufhin drang ein Geist in Frank ein.

Nun wurden die Helfer zu Quälgeistern. Im Drogenrausch hatte er Horrortrips, diese Dämonen erschufen in seinem Kopf eine neue Realität: Die Welt sei überfallen worden und er sei der letzte Überlebende. Er müsse unbedingt am Leben bleiben und dürfe auf keinen Fall den Außerirdischen in die Hände fallen! Eine Stimme sagte ihm, dass jeder, den er sehe, ihn zu fangen und zu infizieren hätte, deshalb müsse er ihn umbringen. Das ließ Frank sich nicht zweimal sagen! Er nahm einen Hammer und ging auf die Leute los, insgesamt acht Menschen prügelte er krankenhausreif. Einer erlitt permanente Hirnschäden und zwei starben an ihren Verletzungen – und das alles, weil diese Stimmen ihm eintrichterten, die Welt würde von irgendwelchen Außerirdischen übernommen.

Laut Polizei widersetzte er sich der Verhaftung mit einer sieben bis achtfachen Kraft eines normalen Menschen. In der Psychiatrie dachte Frank, die Aliens hätten ihn jetzt geschnappt, und daraufhin wollte er sich umbringen. Also nahm er einen Krug und zerschlug ihn am eigenen Körper in der Hoffnung, daran zu verbluten. Die Blutung konnte gestillt werden und Frank bekam eine langjährige Freiheitsstrafe, er hatte ja keinen vorsätzlichen Mord begangen. Im Gefängnis kam er von den Drogen los und die Stimmen blieben fort. Jetzt endlich begriff er, dass der Teufel ihn verführt hatte. Das ging so:

Er bekam Besuch von der Witwe eines seiner Opfer. Was wollte sie von ihm? Frank rätselte: Wollte sie sich rächen? Nein, sie kam und bot ihm Vergebung dafür an, dass er ihren Mann umgebracht hatte! Sie glaubte, dass Gott alles zum Guten wenden kann; und das einzige Gute, das aus dieser Tragödie entstehen konnte, wäre natürlich, dass Frank Jesus in sein Leben einließe – dann wäre der Tod ihres Mannes nicht vergeblich gewesen. Die Witwe überreichte dem Gewalttäter die Bibel ihres Mannes mit der Bitte, er möge sie lesen; und Frank wollte ihr diesen Wunsch erfüllen, einfach aus Respekt.

So kam es, dass Frank nun in der Bibel las. Er las und las und irgendwann nahm er Jesus in sein Leben auf und wurde von dem bösen Geist befreit. Gott schenkte ihm sogar eine Ehefrau – eine von den Frauen, die ins Gefängnis kamen, um den Leuten dort zu dienen. Er war ein neuer Mensch geworden, geheilt, wiederhergestellt. Nach 13 Jahren wurde er aus der Haft entlassen und ging in die Gemeinde jener Witwe, um dort sein Glaubenszeugnis weiterzugeben: wie Vergebung einen Mörder zum Evangelisten machte und wie gefährlich es ist, mit dem Teufel herumzuspielen.

Inzwischen hat sein Dienst schon viele abgebrühte Mörder und Vergewaltiger, Gefangene und seelisch kranke Menschen in eine wachsende Beziehung zu Jesus geführt. Vergebung macht frei.

Skandalon

Im Neuen Testament findet man das Wort *skandalon* – „Anstoß, Ärgernis, Kränkung" in unterschiedlichen Szenen und Gedankengängen. In Matthäus 18,7 bedeutet es „Anstoß zur Sünde". *Skandalon* erinnert an eine Falle, genauer gesagt, an das Teil, auf dem man den Köder platziert. Wird nun das *skandalon* berührt – zum Beispiel von einem Tier, das den Köder fressen will –, dann schnappt die Falle zu und das Tier ist gefangen.[11] Ein *skandalon*, ein Ärgernis, ein Anstoß zur Sünde, das ist eine Verlockung, durch die jemand bewusst zu etwas animiert werden soll, was ihn ins Verderben stürzt.

Einmal hatten wir eine Maus im Keller. Ich kann diese kleinen Kreaturen nicht ausstehen. Bei dem Gedanken, dass sie nachts herumrennen, während ich schlafe, läuft es mir kalt den Rücken hinunter! Ich wusste, dass ich sie nicht mit der Hand fangen und auch nicht mit einem Stock erschlagen konnte, dafür bin ich wirklich nicht schnell genug. Also tat ich, was jeder verantwortungsbewusste Hausbesitzer tun würde: Ich setzte mich ins Auto, fuhr zum nächsten Einkaufszentrum und kaufte ein paar Mausefallen. Die versah ich mit Speck und Erdnussbutter und ließ die Falle tun, wozu sie da war. Ich wäre diese Maus nie losgeworden, hätte sie dem Drang nach Speck und Erdnussbutter widerstanden! Jedenfalls habe nicht ich sie gezwungen, sich dem Köder anzunähern. Als die Falle zuschnappte und dem Leben der Maus ein Ende setzte, war ich nicht einmal im Haus! Genau so macht es der Teufel.

Du siehst, er kann nicht direkt an uns heran, denn wir stehen unter dem Blut Jesu, wir dienen Gott und sind vom Heiligen Geist erfüllt. Aber wir gehen dem Satan gewaltig auf die Nerven, denn wir hindern ihn daran, auf dieser Erde sein Reich, seine Herrschaft auszubreiten. Also hat der Teufel eine passive Strategie gewählt, um an uns heranzukommen. Seine beste Methode seit Erschaffung der Welt ist das Ärgernis, der Anstoß, die Kränkung.

Ohne Anlass zum Ärgernis kommt man nicht durchs Leben, das hat Jesus deutlich gesagt (Lukas 17,1). Solange es Menschen auf der Welt gibt, so lange gibt es Schmerzen und Wunden. Auch wenn du unsträflich und heilig vor Gottes Angesicht lebst, du wirst verletzt werden — wie Abel, Joseph, David und Jesus, so auch du.

Das einzige, was wir tun können ist, anderen nicht zum Anstoß zu sein (1. Korinther 8,13), aber wir können es nicht verhindern, dass *uns* Schlimmes widerfährt. Wenn wir verletzt werden, will der Teufel Zorn, Groll, Bitterkeit und Hass benutzen, um uns das Gefühl zu geben, wir hätten trotzdem alles im Griff: Wir verschanzen uns hinter unserer Mauer, damit uns keiner mehr zu nahe treten kann! Das ist eine Falle, das ist des Teufels Köder!

Nicht versorgte Wunden können eitern

Wunden tun weh, Narben zeugen von Heilung. Eine Wunde sagt: „Schau nur her, was mir angetan wurde!". Eine Narbe hingegen sagt: „Schau mal, wie Gott mich geheilt hat!" Wunden tun weh, Narben nicht. Wunden können sich entzünden und eitern, Narben bringen Glaubenszeugnisse hervor. Unser Retter wurde wegen unserer Vergehen verwundet (Jesaja 53,5). Stundenlang hing er am Kreuz, aber kein einziges Mal drohte er den Pharisäern oder verfluchte sie in seiner Todesqual. Er vergab ihnen. Sie verdienten es nicht, sie hatten nicht einmal darum gebeten – ja, sie dachten nicht einmal, sie könnten etwas verkehrt gemacht haben! Jesus vergab ihnen nicht, damit *sie* Sündenvergebung hätten, sondern damit *sein* Herz nicht bitter würde.

Ich habe es schon einmal gesagt: Verrat tun andere einem an, Bitterkeit tut man sich selber an. Verrat kommt von außen, Bitterkeit von innen. Nur eines kann Verrat zum Segen werden lassen: Wenn wir vergeben.

Jesus ist nicht für immer am Kreuz geblieben. Menschen können dich kreuzigen, aber nur Groll und Nachtragen kann dich dort festhalten. Deine Feinde können dich in die Grube werfen und das tut weh, aber darin bleiben musst du nur, wenn du dir nicht vergibst. Uns sollte klar sein: Wenn man uns kränkt und beleidigt, dann wird das uns angetan, wir sind das Opfer dieser Tat. Wenn wir das aber in Gedanken wieder durchleben, tun wir das als Freiwillige – unentgeltlich und aus freien Stücken. Ja, wir machen uns freiwillig zum Opfer, weil wir an der Kränkung festhalten und nicht vergeben wollen.

Dass Jesus sofort vergab, als er am Kreuz hing, das bewahrte sein Herz – ein Vorbild für uns: Dies sollten auch wir tun, wann immer das Leben uns Schmerzen zufügt. Nach der Auferstehung kam Jesus zu seinen Jüngern und hatte keine Wunden mehr, sondern nur noch Narben; und er forderte sie auf, diese zu berühren. Wenn du über die schmerzhaften Erinnerungen deines Lebens nicht sprechen kannst, ohne dass sie wehtun, dann sind das noch offene Wunden. Die Narben Jesu gaben seinen Jüngern Hoffnung und brachten ihrem Glauben Heilung.

Wenn du es zulässt, dass Gott deine Wunden vernarben lässt, dann macht er deine Narben zu Glaubenszeugnissen: Er macht Gutes aus dem, was der Teufel in böser Absicht anrichtete. Wenn du keine Narben hast, dann heißt das noch nicht, dass du nie verletzt wurdest. Wahrscheinlicher ist, dass deine Verletzungen noch nicht verheilt sind. Immerhin hat sogar Jesus Narben gehabt.

Raus aus der Folterkammer!

Nicht zu vergeben gibt dem Teufel ein Anrecht auf dein Herz. Matthäus hat uns ein Gleichnis aufgezeichnet, in welchem Jesus aufzeigt, wie Groll und Nachtragen uns in die Hände der Folterknechte befördert (Matthäus 18,34). Folterknechte? Hier spricht Jesus von den Dämonen, die einen quälen, wenn man anderen nicht vergeben will. Diese Dämonen verschwinden nicht, und wenn du ihnen noch so oft gebietest, dich zu verlassen. Sie verlassen dich erst, wenn du vergibst.

Wir müssen vergeben, sozusagen um Gottes willen: Wenn wir nicht vergeben, dann wird Gott uns auch nicht vergeben (Matthäus 6,14–15).

Wir müssen aber auch verzeihen, weil *wir* das brauchen – zwar ändert Vergebung nichts an dem, was geschehen ist, aber sie verbessert unsere Zukunft. Wenn du vergibst, lässt du den Gefangenen frei – und dann findest du heraus, dass du selbst der Gefangene warst. Warte aber nicht darauf, dass der Missetäter dich um Vergebung bittet, denn das passiert vielleicht nie. Vergib ihm dir selbst zuliebe, nicht ihm zuliebe! Vergebung ist eine Entscheidung, dafür brauchst du nur deinen eigenen Willen. Du lässt diese Person entkommen und beschließt, dass sie dir nichts mehr schuldig ist. Du sprichst einen Segen über diese Person aus und verzichtest damit auf dein (vermeintliches) Recht, der anderen Person zur Vergeltung das Gleiche anzutun wie sie dir.

Damit sind deine Rachegedanken und -gefühle aber selten ein für alle Mal ausgelöscht, sie werden immer wieder zurückkehren. Halte trotzdem fest an der Entscheidung, dass du vergeben hast! Lasse dir von diesen Gefühlen nicht einreden, du hättest nicht wirklich vergeben. Stattdessen sprich jedes Mal über diese Person und dich selbst einen Segen aus, dann werden diese Gefühle und Zweifel ganz bestimmt verblassen!

Ich hörte die Geschichte von Frida, eine Überlebende des Völkermord in Ruanda. Sie musste mitansehen, wie die Hutu-Männer mit Macheten ihre Angehörigen massakrierten. Dann wurde sie gefragt, wie sie nun sterben wolle. Aber sie hatte kein Geld für den angebotenen Schuss. So verpassten sie ihr einen Schlag in den Nacken und warfen sie zu den anderen Ermordeten. Vierzehn Stunden später kamen Verwandte, um die Verstorbenen angemessen zu bestatten, und fanden das kleine Mädchen lebendig und bei Bewusstsein. Dieses Trauma bereitete Frida Kopfschmerzen, Rückenprobleme und ständige Albträume – bis sie etwas über die Macht der Vergebung hörte! In dem Moment, in dem sie vergab, hat Gott sie geheilt und von ihren Albträumen befreit.

Heute hält Frida Vorträge. Weiterhin schrieb sie ein Buch mit dem Titel – *Frida: Chosen to Die, Destined to Live* – welches eine starke Botschaft über die Macht der Vergebung und der Feindesliebe vermittelt.[12]

Wenn wir vergeben, werden wir nicht nur frei, sondern geben Gott die Möglichkeit, unseren Schmerz gegen das auszutauschen, wozu er uns auf diese Welt gegen unsere Bestimmung gebracht hat.

Wem zu vergeben am schwersten ist

Es ist nicht immer unser *Feind*, dem zu vergeben uns am schwersten fällt, sondern – uns selbst! Viele leiden sehr unter ihren Verletzungen, obwohl Gott ihnen vergeben hat. Sie versäumen es, sich selbst zu vergeben und sich aus der Anklage zu entlassen. John Stott, Verwalter der größten psychiatrischen Klinik in London, hat gesagt: „Wenn die Leute hier nur wüssten, was Vergebung ist, dann könnte man auf einen Schlag die Hälfte von ihnen entlassen." Wenn du frei werden willst, dann nimm Gottes Geschenk der Vergebung für dich an und gewähre es sich selbst! Das ist nicht immer leicht. Statt uns selbst zu vergeben, so wie Christus uns vergeben hat, bestrafen wir uns in der Hoffnung, wir könnten Gott damit zeigen, dass wir begriffen haben, was wir für unsere Taten verdient haben. Was auch immer der Grund sein mag, dass wir uns selbst bestrafen: Letzten Endes zeigt es, dass wir dem Evangelium nicht trauen.

Judas erhängte sich, weil die Schuld und Scham des Verrats übermächtig geworden waren – dabei wurde gar nicht weit von ihm Jesus ans Kreuz geschlagen, um für die Sünde jedes Einzelnen zu sterben, auch die des Judas! Du brauchst dich nicht selbst zu bestrafen. Deine Sünde wurde bereits bestraft, sie ist abgegolten! Das wichtigste und ergreifendste der letzten Worte Jesu Christi am Kreuz war: „Es ist vollbracht". Man findet es nur im Johannesevangelium (19,30). Das griechische Wort dafür ist *tetelestai*, ein Begriff aus der Buchhaltung – „in voller Höhe bezahlt". Als Jesus das aussprach, verkündete er: Die Schuld bei Gott dem

Vater war nun völlig und endgültig aus der Welt geschafft. Jesus hatte allerdings nicht für seine eigene Schuld gebüßt, sondern für die der Menschheit: die Schuld der Sünde. Seine Zahlung war ausreichend, ihr ist nichts hinzuzufügen. Du brauchst nicht zu leiden, um Gottes Vergebung zu aktivieren oder aufzubessern.

Wenn du deine Sünde bekennst, dann ist Gott treu und gerecht und vergibt sie dir (1. Johannes 1,9). Wenn der heilige Gott dir, einem Sünder, vergeben kann, dann kannst du, ein Sünder, einem Sünder wie dir selbst ebenfalls vergeben. Wenn du dir selbst aber nicht vergibst, dann sagst du Gott damit, dein Standard wäre höher als seiner. Genau genommen sagst du zu Gott, dass du mit deiner eigenen Sünde strenger ins Gericht gehst als er. Es braucht Demut, um Gottes Vergebung anzunehmen und sie sich selbst zu gewähren. Um sich selbst nicht mehr anzuklagen, muss man Gottes Vergebung empfangen und angenommen haben.

Gott um Vergebung zu bitten ist wichtig und gut, aber der Befreiungsschlag ist, diese Vergebung zu empfangen und anzunehmen. Ich bin schon vielen Menschen begegnet, die Gott wieder und wieder darum baten, ihnen eine bestimmte Sünde zu vergeben. Er vergab ihnen schon, als sie ihn das erste Mal darum baten! Sie haben es nur versäumt, seine Vergebung im Glauben anzunehmen.

Auf den Philippinen lebte ein Priester, der in seiner Collegezeit eine schreckliche Sünde begangen hatte, und das konnte er sich nicht verzeihen. Immer wieder bat er Gott dafür um Vergebung. Inzwischen war er Gemeindepfarrer, konnte sich aber nicht aus der Anklage entlassen und das war für seinen Wandel mit Gott eine schwere Belastung. Eines Tages kam eine Dame zu ihm zur Beichte. Statt ihre Sünden zu bekennen, erzählte sie dem Pfarrer aber, Jesus habe sie besucht. Der Priester wies sie zurecht, sie solle ihm keine Märchen erzählen, aber in jeder Beichte fing sie wieder davon an, dass Jesus zu ihr gekommen sei. Schließlich wagte der Pfarrer, sie zu testen: Sie möge Jesus fragen, was er, der Pfarrer, in seiner Collegezeit getan habe. Wenn sie ihm das sagen konnte, so seine Rechnung, dann war das mit den Jesus-Erscheinungen wahrscheinlich doch echt. Da ihm diese Sünde ständig im Kopf herumging, musste Jesus sich ihrer ebenso bewusst sein.

Die Dame kam schon am nächsten Tag wieder, und sie war so freudig erregt, dass der Priester wirklich nervös wurde: „Hochwürden, Jesus ist gleich gestern gekommen." – „Und, was hat er über die Sache in meiner Zeit am College gesagt?" Die Frau antwortete: „Jesus hat gesagt, er habe Ihnen vergeben und es vergessen und das sollten Sie auch tun." Das war für den Pfarrer eine gewaltige Lektion: Er sollte sich vergeben, denn Gott hatte ihm vergeben.

„So fern, wie der Osten vom Westen liegt, so weit wirft Gott unsere Schuld von uns fort" (Psalm 102,12 HFA): Gott hat deine Sünde von dir weggenommen, sie in den Ozean des Vergessens versenkt (Micha 7,19) und ein Schild angebracht: „Fischen verboten!" Nun gut, das mit dem Schild ist eine Veranschaulichung. In der Bibel sagt Gott: „Ich bin dir zu nichts verpflichtet. Und trotzdem vergebe ich deine Schuld und denke nicht mehr an deine Verfehlungen – weil ich es so will!" (Jesaja 43,25 GNB). Gott radiert unsere Sünden also wirklich aus und beschließt, sich nie mehr daran zu erinnern. Wenn *er* das tut, nachdem wir uns *an ihm* versündigt haben, dann sollten wir das auch uns gegenüber tun: Vergeben und vergessen!

Mit „vergessen" meine ich, dass wir beschließen, nicht weiterhin darauf herumzureiten und uns selbst zu zerfleischen. In Christus hat Gott dir vergeben, also nimm das im Glauben an! Vergib dir selbst. Das wird dich aus dem Zwang, diese Sünde immer wieder zu tun, befreien.

Schuldgefühle und Scham gaukeln uns vor, sie würden unsere Umkehr verstärken. Würden wir uns nur gehörig schämen, dann würde uns das nicht wieder passieren – aber das sind leere Versprechen.

Nur Gnade macht frei von Sünde; und Gnade findet man in Vergebung.

Gott ist nicht schuld

Vergebung annehmen und Vergebung weiterreichen, das ist der Schlüssel zur Freiheit. Manche müssen auch Gott „vergeben" – aber nicht, dass Gott sich an ihnen versündigt hätte. Sie *meinen* nur, Gott hätte etwas an ihnen versäumt, er wäre ihnen etwas schuldig geblieben. Satan will uns dazu bringen, an Gott Anstoß zu nehmen, damit wir ihm den Rücken zukehren. Zumindest will er einen Keil zwischen Gott und uns treiben. Bei Gelegenheit wird der Teufel dir einen Köder vorlegen, der dich an Gott zweifeln lässt: Warum hat Gott zugelassen, dass mein Kind sterben musste? Warum hat er meine Mutter nicht geheilt, wobei so viele für sie gebetet haben? Warum hat Gott diesen Unfall nicht verhindert? Warum hat er uns nicht vor einem gebrochenem Herzen bewahrt?

In der Bibel steht nicht geschrieben, dass, solange Gott mit uns ist, uns nichts Böses widerfahren würde. Gottes Gegenwart bedeutet nicht, dass alles nach Wunsch gehen müsste. Gott war mit Joseph, aber Joseph wurde gehasst, verraten, verkauft, unschuldig angeklagt, eingesperrt und vergessen. Gott war mit den jungen Hebräern Sadrach, Mesach und Abednego, aber dennoch wurden sie angezeigt und ins Feuer geworfen, wo sie verbrennen sollten. Gott war mit Jesus, aber auch er wurde zurückgewiesen, missverstanden, im Stich gelassen, verspottet, grausam misshandelt und gekreuzigt.

In all unseren Sorgen und Nöten dürfen wir niemals Gott beschuldigen und auf keinen Fall zulassen, dass der Teufel unser Herz dem Herrn gegenüber verhärtet. Das ist eine Falle. Als in Hiobs Leben die Hölle los war, trauerte er und betete Gott an: „Bei alldem sündigte Hiob nicht und legte Gott nichts Anstößiges zur Last" (Hiob 1,22 ELB). Wenn du das Gefühl hast, Gott hätte dich im Stich gelassen und wäre nicht für dich da gewesen, dann beschuldigst du ihn zu Unrecht. Du musst umkehren und diese Gefühle loslassen! Gott die Schuld an dem Bösen in dieser Welt zu geben, das ist, als wäre der Verkehrsminister schuld an allen Verkehrsunfällen. Das Leben ist nicht fair. Wir leben in einer gefallenen Welt und Menschen entscheiden sich für die Finsternis – und die Entscheidung eines jeden wirkt sich auf sein Umfeld aus. Mitten in all diesem Chaos hat Gott beschlossen, bei uns zu sein und uns aus diesem Kummer herauszuführen, weil er etwas Besseres mit uns vor hat.

Ich sage den jungen Leuten oft: „Wenn Gott eure Erwartungen nicht erfüllt, dann traut ihm zu, dass er sie übertreffen wird!" Wenn du nicht zulässt, dass in deinem Herzen ein Ärgernis gegen Gott entsteht, dann lässt er dich seine Herrlichkeit sehen.

Jesus hatte Freunde – Maria und Martha und ihr Bruder Lazarus. Dieser wurde krank und starb und Jesus kam nicht rechtzeitig, um Lazarus gesund zu machen. Maria und Martha waren enttäuscht und an ihrer Stelle wären wir das auch gewesen. Es sah aus, als hätte Jesus Zeit für jeden, außer für seine Freunde! Nachdem Lazarus schon längst tot war, kam Jesus endlich doch. Sie hatten um eine Wunderheilung gebeten, aber Jesus plante eine Totenauferweckung.

Manchmal werden deine Erwartungen nicht erfüllt, damit Gott etwas noch viel Größeres tun kann, etwas, womit du niemals gerechnet hättest. Bleibe nicht in deiner Enttäuschung stecken. Wenn alles schlimmer wird, dann bewahre dein Herz, dass es nicht bitter gegen Gott wird.

Wenn es immer schlimmer wird

Jesus macht unser Leben besser und er macht uns fit fürs Leben. Das ist grundsätzlich wahr: Jesus ist gekommen, um uns Leben zu geben, überfließendes Leben (Johannes 10,10). Doch auf dem Weg dorthin werden wir wahrscheinlich einige Verzögerungen hinnehmen müssen, so manche Enttäuschung und Entmutigung.

Als die Tochter des Synagogenvorstehers krank wurde, wusste der, wo er Hilfe holen konnte: Er ging zu Jesus und dieser war bereit zu helfen. Auf dem Weg zum Haus jedoch verschlechterte sich der Zustand der Tochter und sie starb. Die Boten, die dem Vater diese Nachricht überbrachten, sagten ihm, er möge Jesus nun in Ruhe lassen.

Manchmal wird alles noch schlimmer, während wir mit Jesus gehen. Was tun wir dann? Geben wir Jesus die Schuld? Laufen wir von ihm weg? Oder gehen wir weiter mit ihm? Jesus sagte zu dem Mann, der grade die schlimmste Botschaft überhaupt erhalten hatte: „Fürchte dich nicht, glaube nur!" (Markus 5,36). Im Haus angekommen, ließ Jesus das Mädchen vom Tod auferstehen.

Die Lektion: Wenn es schlimmer wird, dann höre nicht auf, das zu tun, was du bisher mit Gott getan hast. Laufe nicht von Gott weg, gehe weiter mit ihm. Anstoß nehmen – „Früher, als ich noch dem Teufel gedient habe, war ich besser dran" – das sollte für dich keine Option sein.

Lieber will ich auf meinem Weg zum Himmel durch die Hölle gehen als durch den Himmel in die Hölle!

Wenn sich deine Umstände verschlimmern, dann bete Gott an und Gott macht Wunder daraus.

Gebet

Herr, Du hast mir so viel vergeben, danke für dieses unfassbare Geschenk! Nun will auch ich allen vergeben, die mich verletzt haben. Hilf mir, _____ (Name der Person, die dich verletzt hat) loszulassen und Dir zu übergeben. Ich segne diesen Menschen. Hilf ihm, in Gerechtigkeit, Frieden und Freude zu leben.

Herr Jesus, bitte vergib mir auch allen Selbsthass und wo ich mich selbst nicht ausstehen konnte. Ich will mich nicht selbst zerfleischen. Du hast mir alles vergeben und deshalb entlasse ich mich aus der Anklage.

Jetzt lasse ich auch alle Beschuldigungen Dir gegenüber los. Ich hatte verkehrte Erwartungen an Dich, bitte vergib mir. Ich höre auf, Dir, Gott, die Schuld zuzuschieben. Stattdessen entscheide ich mich, dich zu preisen und Deiner unermüdliche Liebe zu vertrauen.

Heiliger Geist, hilf mir dabei.

KAPITEL 8

WAHRE BEFREIUNG

Brian musste erleben, dass seine Welt zusammenbrach – seine Eltern ließen sich scheiden, als er gerade mal sechs Jahre alt war. Jedes Wochenende ging es auf den Campingplatz und dort bestimmte Alkohol den Tag. Von klein auf war es für Brian normal, dass die Erwachsenen sich betranken, und mit vierzehn fing auch er damit an. Dabei blieb es allerdings nicht lange. Bald nahm er Schmerztabletten und wurde abhängig von Opiaten. Gegen Ende der Schulzeit fing er an, Haschisch zu rauchen.

Nach dem Schulabschluss stieg er von Opiaten um auf Heroin. Nun durfte er nicht mehr im Elternhaus wohnen, er verlor seine Arbeit und lebte mit anderen Leuten auf der Straße. Sie alle hatten nur ein Ziel: Möglichst schnell wieder high sein! Einmal fuhr er seine Freundin spazieren, da gerieten sie in eine Verkehrskontrolle – die Freundin wurde verhaftet, das Auto wurde beschlagnahmt und er musste zu Fuß weiter. Auf dem Weg zum Haus seiner Mutter wurde der Rausch zu stark und Brian fiel bewusstlos zu Boden. So fand sie ihn.

Die Sucht hatte sein Leben völlig im Griff. Schließlich gab er sich mehrmals eine Überdosis. Eines Tages, es war in der Wohnung eines Freundes, hörte er auf zu atmen. Sie verpassten ihm eine kalte Dusche, damit er wieder zu Bewusstsein kam. In den nächsten anderthalb Monaten nahm er vier weitere Überdosen. Einmal war er dabei schon für tot erklärt worden. Wundersamerweise konnten die Notfallsanitäter ihn jedoch wiederbeleben. Doch das alles reichte nicht, um in ihm den Wunsch nach Freiheit zu wecken.

Kurz darauf hatte seine Freundin Neuigkeiten für ihn: Sie war schwanger und er sollte bald Vater werden. Diese Neuigkeit schockierte ihn so sehr, dass er beschloss, sich zu ändern. Er brauchte professionelle Hilfe und wies sich selbst ein! Nach dem Entzug stellte sich heraus, dass er nicht der Vater des Kindes war. Die Motivation für die Drogen-Reha beruhte also auf einer Lüge. Dennoch zog er seine Therapie durch und erfüllte die Bewährungsauflagen: Er erschien zu allen Therapieterminen der Anonymen Alkoholiker und der Narcotics Anonymous und ließ sich in ein „Oxford House" aufnehmen, ein selbsttragendes, selbstverwaltetes betreutes Wohnen für Menschen mit Suchtproblemen.

In dieser Zeit lud meine Schwester ihn über Facebook zu unserem Gottesdienst ein. In den Oxfordhäusern wurde zwar über Gott gesprochen, aber Brian hatte sich nicht darauf eingelassen. Er war nicht-religiös aufgewachsen und das Thema „Gott" war ihm fremd. Nur aus Höflichkeit nahm er die Einladung meiner Schwester an, so kam er zu unserer Gemeinde. Später berichtete er in seinem Glaubenszeugnis, wie unwohl er sich bei uns gefühlt habe: Das ganze Konzept von Gott war ihm suspekt. Dazu die Leute, die laut beteten und in Zungen redeten und die ganze Stimmung ... Aber er kam wieder. Mein Cousin Nazar holte ihn jede Woche zum Gottesdienst ab und auch zu sich zum Hauskreis. Hätte Nazar sich nicht ständig bei ihm gemeldet, ihn angerufen oder sich mit ihm getroffen, wäre er nicht immer wieder gekommen, sagt Brian.

Nach einigen Monaten gab Brian sein Leben Jesus und ließ sich taufen. Er fing an, sich in der Kirche einzubringen, erschien zu unseren Frühgebeten um fünf Uhr früh und schloss sich dem Hauskreis von Nazar an. Er absolvierte auch unsere Sommerbibelschule und Nazar segnete ihn mit einem sehr schönen Auto. Brians Leben drehte sich komplett in Gottes Richtung! Bei der Gerichtsverhandlung – ich war dabei – erzählte er mutig, wie Jesus Christus und die Kraft Gottes sein Leben zum Guten verändert hatten, und alle Anklagen wurden fallengelassen. Brians Mutter war auch gekommen, obwohl sie in einem anderen Bundesstaat lebte. Für Brian war das eine echte Überraschung. Am Abend kam sie zu uns in den Gottesdienst und übergab ihr Leben Jesus Christus. Nun gehören sie beide zu unserer Gemeinde, Brian wurde irgendwann Leiter einer Männergruppe.

Heute leitet er das Begrüßungs- und Ordnungsteam und arbeitet auf seinen Bachelor-Abschluss in Betriebswirtschaft hin. – Jesus will uns befreien und unserem Leben einen Sinn geben. Freiheit ist nicht, dass wir tun können, was *wir* wollen, sondern, dass wir das tun können, was *Gott* von uns will.

„Bindet den Esel los und bringt ihn zu mir!"

Ein schönes Gleichnis zu dem Sinn von Freiheit steckt in der Geschichte mit dem Esel in Matthäus 21,1–11: Schon lange vor seiner Geburt hatte der Esel eine Prophezeiung erhalten. Es ist so wie bei dir: Ehe du geboren wurdest, hatte Gott für dein Leben bereits einen Plan. Du bist kein Unfall und auch kein Zufall. Du bist von Gott gekommen! Er hat dazu deine Eltern gebraucht. Doch Gott hat sich Gedanken über dich gemacht, schon bevor du gezeugt wurdest! Der Esel hatte also eine Prophetie für sein Leben – aber als Jesus ihn für seine Zwecke gebrauchen wollte, war er gebunden.

Das ist oft so: Wenn Gott dich gebrauchen will, wird der Teufel sein Möglichstes tun, um dich zu binden. Er will ja auf keinen Fall, dass du dem Ruf Gottes Folge leisten. Diese Fesseln können eine Sucht sein, Minderwertigkeitsgefühle, Missbrauch, Schelten und Fluchen, Furcht oder die Überzeugung, nicht gut genug zu sein, um von Gott gebraucht zu werden. Das alles soll dich davon abhalten, wozu du eigentlich geschaffen worden bist. Jesus schickte zwei Jünger los, um den Esel zu finden und ihn loszubinden. Als Israel in Ägypten in der Sklaverei gefangen war, schickte Gott ihnen Mose. Als die Israeliten von den Philistern unterdrückt wurden, schickte Gott ihnen Simson, Samuel, Saul und David. Wenn deine Sünde dich gefangen hält, dann hat Gott bereits seinen Sohn Jesus Christus geschickt, um dich zu befreien.

Von deinen Ketten befreit wirst du deshalb, damit du deiner wahren Berufung nachkommen kannst. Jesus sagte seinen Jüngern, sie sollten den Esel losbinden und zu ihm bringen. Die Jünger hatten nicht die Anweisung, den Esel zu befreien und ihn dann laufen zu lassen, wohin er wollte! Die Befreiung hatte einen Sinn, es steckte eine Absicht dahinter. Und dieser Zweck war nicht, dass der *Esel* tun konnte, was er wollte, sondern dass *Jesus* mit dem Esel tun konnte, was *er* wollte. Als die Fessel des Esels gelöst wurde, war er noch nicht völlig fre. Ganz frei war er erst, als Jesus auf ihm saß. Wirklich frei bist du noch nicht, wenn du die Sünde los bist, sondern wenn Jesus ihren Platz einnimmt und so zum Mittelpunkt deines Lebens wird. Deine Befreiung hat einen Zweck. Wenn du meinst, du würdest befreit und könntest dann tun, was dir beliebt, dann bist du für den Teufel ein gefundenes Fressen.

Nach deiner Befreiung bist du entweder ein Werkzeug für das, was Gott auf dieser Erde tun will, oder eine leichte Beute für den Feind. Die größte Freiheit fand der Esel nicht, als er losgebunden wurde, sondern als Jesus sich auf ihn setzte. In dem Maße, in dem die Sünde dich im Griff hat, in dem Maße bist du gebunden. In dem Maße, in dem Jesus dich im Griff hat, in dem Maße bist du frei. Ja, wenn die Dämonen dich verlassen haben und deine Fesseln gesprengt sind, das ist Freiheit – aber das ist nur der Anfang. Wahre und anhaltende Freiheit erreichst du, wenn Gott den Platz einnimmt, den Satan und Sünde belegt hatten. Das bringt dich dazu, Gott gegenüber noch viel loyaler zu sein, als du es zuvor dem Teufel gegenüber warst.

Als Jesus auf dem Esel saß, brachte dieser ihn in die Stadt und die Stadt wurde bewegt. Wenn Jesus der Herr deines Lebens ist, dann wird er dich gebrauchen. Wenn aber du selbst der Herr deines Lebens bist, dann wirst du Gott für deine eigenen Zwecke benutzen. Der wahre Grund für deine Befreiung besteht darin, dass du Jesus den vollen Zugriff auf dein Leben gibst und ihn in deine Umgebung bringen sollst, in deine Schule, an deinen Arbeitsplatz. Bewege deine Welt durch den Jesus, den dich trägt. *Dazu* wurde der Esel befreit – und das Gleiche gilt für dich!

„Damit sie mir dienen"

Eine weitere schöne Illustration für die Befreiung aus der Gefangenschaft der Sünde und des Satans ist Israels Auszug aus Ägypten. Warum befreite Gott Israel aus der Sklaverei? Weil er es Abraham versprochen hatte? Weil Gott ein gerechter Gott ist und die Israeliten von den Ägyptern ungerecht behandelt wurden? Weil es Zeit war, dass Israel das den Vätern zugesagte Land in Besitz nahm? Ja, das alles stimmt: Gott schenkte den Auszug, weil er dies Abraham versprochen hatte und weil er der ungerechten Unterdrückung Israels ein Ende setzen wollte und damit Israel sein Erbe einnehmen könnte. Doch der wahre Beweggrund hinter dem Auszug wird in den folgenden Versen enthüllt:

„Der HERR, der Gott der Hebräer, ist uns erschienen. So lass uns nun gehen drei Tagereisen weit in die Wüste, *dass wir opfern dem HERRN, unserm Gott*" (2. Mose 3,18 LUT).

„Lass mein Volk ziehen, *dass es mir ein Fest halte* in der Wüste" (2. Mose 5,1 LUT).

„Der Gott der Hebräer ist uns erschienen. So lass uns nun hinziehen drei Tagereisen weit in die Wüste und *dem HERRN, unserm Gott, opfern*, dass er uns nicht schlage mit Pest oder Schwert" (2. Mose 5,3 LUT).

„Aber die Zahl der Ziegel, die sie bisher gemacht haben, sollt ihr ihnen gleichwohl auferlegen und nichts davon ablassen, denn sie gehen müßig; darum schreien sie und sprechen: *Wir wollen hinziehen und unserm Gott opfern*" (2. Mose 5,8 LUT).

„Und sprich zu ihm: Der HERR, der Gott der Hebräer, hat mich zu dir gesandt und dir sagen lassen: Lass mein Volk ziehen, *dass es mir diene in der Wüste*. Aber du hast bisher nicht hören wollen" (2. Mose 7,16 LUT).

„Da sprach der HERR zu Mose: Geh hin zum Pharao und sage zu ihm: So spricht der HERR: Lass mein Volk ziehen, *dass es mir diene!*" (2. Mose 7,26 LUT).

„Da ließ der Pharao Mose und Aaron rufen und sprach: Bittet den HERRN für mich, dass er die Frösche von mir und von meinem

Volk nehme, so will ich das Volk ziehen lassen, *dass es dem* HERRN *opfere*" (2. Mose 8,4 LUT).

„Und der HERR sprach zu Mose: Mach dich morgen früh auf und tritt vor den Pharao, wenn er hinaus ans Wasser geht, und sage zu ihm: So spricht der HERR: Lass mein Volk ziehen, *dass es mir diene*" (2. Mose 8, 16 LUT).

„Da ließ der Pharao Mose und Aaron rufen und sprach: Geht hin, *opfert eurem Gott hier im Lande*" (2. Mose 8, 21 LUT).

„Der Pharao sprach: Ich will euch ziehen lassen, *dass ihr dem* HERRN, *eurem Gott, opfert in der Wüste*. Nur zieht nicht zu weit und bittet für mich!" (2. Mose 8,24 LUT).

„Da sprach der HERR zu Mose: Geh hin zum Pharao und sage zu ihm: So spricht der HERR, der Gott der Hebräer: Lass mein Volk ziehen, *dass sie mir dienen!*" (2. Mose 9,1 LUT).

„Da sprach der HERR zu Mose: Mach dich morgen früh auf und tritt vor den Pharao und sage zu ihm: So spricht der HERR, der Gott der Hebräer: Lass mein Volk ziehen, *dass es mir diene*" (2. Mose 9,13 LUT).

„So gingen Mose und Aaron hin zum Pharao und sprachen zu ihm: So spricht der HERR, der Gott der Hebräer: Wie lange weigerst du dich, dich vor mir zu demütigen? Lass mein Volk ziehen, *dass es mir diene!*" (2. Mose 10,3 LUT).

„Da sprachen die Großen des Pharao zu ihm: Wie lange soll dieser Mann uns Verderben bringen? Lass die Leute ziehen, *dass sie dem* HERRN, *ihrem Gott, dienen*. Erkennst du denn nicht, dass Ägypten untergegangen ist?" (2. Mose 10,7 LUT).

„Da rief der Pharao nach Mose und sprach: *Zieht hin und dient dem* HERRN! Nur eure Schafe und Rinder lasst hier; eure Frauen und Kinder aber dürfen mit euch ziehen" (2. Mose 10,24 LUT).

„Und er ließ Mose und Aaron rufen in der Nacht und sprach: Macht euch auf und zieht weg aus meinem Volk, ihr und die Israeliten. *Geht hin und dient dem* Herrn, wie ihr gesagt habt" (2. Mose 12,31 lut).

Es ist recht offensichtlich, dass Gott die Israeliten aus Ägypten befreite, damit sie frei wären, ihm zu dienen. Was Mose als Grund nannte, war keine Lüge und kein Vorwand, mit dem er den Pharao hätte überzeugen wollen, das Volk gehen zu lassen. Gott zu dienen und ihm Opfer zu bringen – das war der Hauptgrund, warum Gott seine Kraft zeigte und das Volk aus des Feindes Gewalt befreite.

Das Land der Verheißung war das Ziel, aber der Grund des Auszugs aus Ägypten war, um Gott zu dienen. Gott wusste, dass das Volk Israel ihm nicht vollkommen dienen konnte, solange sie die Sklaven des Pharao waren. Solange wir auf der Gehaltsliste der Sünde stehen, sind wir für Jesus nicht frei verfügbar. Traurig, aber wahr: Das ist der Grund, warum wir nicht frei werden können. Wir wollen frei sein, weil wir es satthaben, in Schuld, Scham und Armut zu leben und andere zu verletzen, aber auch, weil wir nicht in der Hölle enden wollen – so, wie die Israeliten dachten, sie wären frei, wenn sie nur nicht mehr für den Pharao schuften müssten.

Gott wollte aber mehr, als ihnen nur den Unterdrücker vom Halse schaffen – er wollte den Raum einnehmen, den zuvor der Feind innegehabt hatte. Er wollte ihr Anführer sein, wo zuvor der Pharao ihr Ausbeuter gewesen war. Hatten sie dem bösen Pharao als Sklaven gedient, so sollten sie ihm jetzt als Söhne dienen.

Die Israeliten waren dem Pharao bessere Sklaven gewesen, als sie ihrem Gott Diener wurden. So haben viele Christen ihren Süchten und ihrem alten sündigen Leben besser gedient, als sie nun Gott dienen gemäß der Bestimmung, die er für sie hat. Gott führte Israel nicht in erster Linie dazu aus Ägypten heraus, um ihnen ein besseres Leben zu ermöglichen, sondern damit sie einen besseren Herrscher hätten: An die Stelle des Pharao war nun Gott getreten. Sie mochten Gott als ihren Befreier. Aber sich ihm zu beugen als vor ihrem Herrn, das fiel so manchem der befreiten Sklaven nicht so leicht. – Bist du für Gott ein genauso guter Diener (wenn nicht ein besserer), wie du zuvor dem Teufel ein williger und zuverlässiger Sklave gewesen bist?

Die Definition der Freiheit

Für uns ist „Freiheit", wenn wir etwas Schlechtes los sind. Ganz anders der Apostel Paulus: „wo der Geist des Herrn ist, da ist Freiheit" (2. Korinther 3,17). Wo Gottes Geist anwesend ist, dort ist Freiheit. Paulus sagte nicht, Freiheit sei, wenn die Fesseln weg, die Flüche gebrochen oder die Dämonen ausgetrieben wären. Wenn jemand nicht mehr süchtig ist, ist er dann frei? Wenn ein Dämon ausgetrieben ist, kommt dann automatisch Freiheit? Wenn nicht Gottes Geist den Platz einnimmt, den zuvor Sünde und Sucht besetzt hielten, dann ist dieser Mensch noch nicht frei.

Freiheit hat man nicht, wenn das Böse weg ist, sondern durch die Gegenwart des Geistes Gottes. Wenn du aus den Fängen Satans befreit worden bist und dich dann nur deine eigenen Wünsche erfüllen, dann bist du nicht frei, sondern weiterhin gebunden. So viele Menschen werden befreit – und dann kosten sie ihr Leben voll aus. Das ist gefährlich. Das ist verkehrt! Jesus hat dich nicht befreit, damit du nun dein eigener Gott sein kannst. Deine Sünden wurden durch das Blut Jesu abgewaschen, damit du Gott mindestens mit der Kapazität dienen kannst, wie du zuvor dem Teufel gedient hast.

Wenn sich nach der Befreiung alles nur um dich selbst dreht oder du einfach nur frei sein willst, damit du tun kannst, was dir beliebt, das ist keine wahre Freiheit. Wenn du im Gefängnis die Zelle wechselst, dann bist du immer noch im Gefängnis, auch wenn du vielleicht auf einer anderen Etage bist und ein Stückchen mehr Himmel siehst. Wenn man befreit wurde und sich dann seinem Egoismus hingibt, dann ist man weiterhin in Gefangenschaft.

Freiheit ist nicht, dass man tun könnte, was man will, sondern dass man tut, was man tun soll – dass man verfügbar für das ist, was Gott von einem will. Der Satanismus hat ein ganz einfaches Hauptprinzip, jedes Kind kann es sich merken: „Tu, was du willst." Der Satanismus betreibt nicht nur Teufelsanbetung, im Satanismus verehrt man sich selbst. Wenn wir Süchte, Dämonen und Flüche loswerden, uns danach aber nur um uns selbst drehen, dann sind wir weiterhin gefangen.

Von „Gib mir" zu „Mach mich"

Seit wir bei unserer Bekehrung von Neuem geboren wurden, sind wir Kinder Gottes. Das ist unsere Identität, das ist unsere Position in Christus. Als Söhne müssen wir ein dienstbereites, dienendes Herz haben. Jesus war in seinem irdischen Leben Gottes Sohn und doch war er gehorsam und starb am Kreuz. So beugte er sich dem Willen Gottes des Vaters. Er kam, um Gottes Plan zu dienen und zugunsten von Gottes Absichten zu sterben. Leider gehen heute viele davon aus, als Kinder Gottes hätten sie Sonderrechte und müssten nicht mehr für ihre Selbstsüchtigkeit sterben. Sie benutzen Gott, um das zu bekommen, was sie wollen, statt sich von Gott gebrauchen zu lassen, damit sein Wille vollbracht würde.

Satan versuchte Jesus zwei Mal mit dieser Idee, am Anfang in der Wüste und zum Schluss am Kreuz: „Du bist doch Gottes Sohn, du brauchst doch nicht zu dienen oder dein Leben hinzugeben, um Gottes Willen zu tun!" Jesus wies diese Aussage zurück. Heutzutage glauben aber leider viele Christen dieser Lüge: „Ich bin ein Gotteskind, ich brauche nicht zu dienen." Wenn wir lediglich die Stellung eines Sohnes einnehmen, aber kein dienendes Herz haben, dann sind wir nicht besser als der verlorene Sohn.

Der verlorene Sohn kannte seine Rechte, aber er scherte sich nicht darum, welche Verpflichtungen er im Hause hatte. Er war ein toller Sohn, aber ein miserabler Diener. Nicht, dass er seinen Vater gehasst hätte – er liebte einfach sich selbst. Der verlorene Sohn ging nicht gegen seinen Vater vor, er ging von ihm weg. Alle seine Gebete lassen sich mit „Gib mir, was mir zusteht!" zusammenfassen. Auf den ersten Blick scheint das eine gute Bitte zu sein. Aber er hatte nicht den Wunsch, seinem Vater nahe zu sein oder dessen Willen zu tun. Er benutzte seinen Vater nur, um zu bekommen, was er wollte. Er bekam, was er haben wollte. Aber das, was er dann dadurch bekam – das wollte er dann doch nicht haben.

Die Tatsache, dass er ein Sohn war, ersparte es ihm nämlich nicht, bei den Schweinen zu landen, denn er hätte das Herz eines Dieners gebraucht. Bei den Schweinen lernte er seine Lektion – als er zu seinem Vater zurückkam, bat er nicht mehr um Dinge, sondern darum, beim Vater ein Diener sein zu dürfen. Ein Sohn war er schon immer gewesen, aber jetzt erst hatte er begriffen, dass er lernen musste, ein guter Diener zu sein.

Du bist als Sohn geboren worden, aber du musst die Einstellung eines Dieners kultivieren oder du verlierst deine Freiheit und bleibst in der Selbstsucht stecken. Selbstsucht ist nur einen Schritt weit weg von dem Leben mit Schweinen. Wenn du an Jesus Christus glaubst, dann wirst du zu einem Kind Gottes. Wenn du ein Jünger, ein Nachfolger Jesu Christi wirst, dann bist du ein Diener. Die Gotteskindschaft gibt es kostenlos, aber das Leben als Jünger Jesu wird dich alles kosten – es kostet dich dein Egoismus und deinen Stolz. Wenn es Jesus sein ganzes Leben gekostet hat, dann wird es dich nicht weniger kosten.

Es gibt nur dreierlei, was du mit deinem Leben machen kannst: Du lebst in Sünde und ruinierst es, oder du lebst nur für dich und verschwendest es, oder du legst es als lebendiges Opfer für deinen Retter nieder. Freiheit bedeutet, sich von Sünde und Selbstsucht abzuwenden, damit du dein Leben als lebendiges Opfer für den niederlegen kannst, der für dich gestorben ist.

Gebet

Vater im Himmel, heute prüfe ich mein Herz und meine Motive im Lichte Deines Wortes. Ich gebe zu, dass ich frei sein möchte, um nicht im Schmerz des Gebundenseins leben zu müssen. Denn im Grunde will ich tun, was mir gefällt, ohne dass der Teufel mich daran hindert. Das tut mir leid. Bitte, vergib mir!

Ich will, was Du willst, und zwar aus denselben Gründen, die Du dafür hast. Ich weiß, dass Du mich voll und ganz haben willst, Du willst alles von mir.

Deshalb bitte ich Dich wie der verlorene Sohn: Mache mich zu Deinem Diener und sei Du mein Herr. Ich will Dich nicht mehr für meine eigenen Ziele einspannen. Mein Ziel bist Du, Du bist meine unübertreffliche Belohnung.

KAPITEL 9

FESTUNGEN NIEDERBRECHEN

Der Barrakuda ist ein Raubfisch, er frisst kleinere Fische. Forscher setzten einen Barrakuda in ein Aquarium und dazu andere, kleinere Fische – und natürlich griff der Barrakuda sie an. Nun wurde in das Aquarium eine Trennscheibe aus Glas eingesetzt. In die eine Hälfte kam der Barrakuda, in die andere die kleineren Fische. Die Scheibe war durchsichtig. Also schlug der Barrakuda, wenn er auf die kleinen Fische losging, mit dem Kopf gegen die Glasscheibe: Autsch! Immer wieder stieß er gegen die Scheibe. Aber er lernte, sich heranzutasten und sie nur noch zu berühren. Nach einigen Tagen wurde die Trennscheibe entfernt – und was tat der Barrakuda? Volle Kraft voraus? Nein, er hatte gelernt und blieb schön in seiner Hälfte (und die kleinen Fische vermutlich auch). Die Forscher kamen zu dem Ergebnis, dass die Trennscheibe zwar weg war, sie aber im Kopf des Fisches weiterhin existierte.

Wir alle stoßen in unserem Leben auf Glaswände und wenn wir uns oft genug den Kopf angeschlagen haben, gehören diese Niederlagen zu uns. Auch wenn die Hindernisse in der geistlichen Welt ausgeräumt wären, hätten wir immer noch diese Einschränkungen – die Hindernisse müssen auch aus unserem Denken, unserer Gesinnung entfernt werden.

Der Starke und seine Festung

Jesus sagte: „Oder wie kann jemand in das Haus eines Starken eindringen und ihm seinen Hausrat rauben, wenn er nicht zuvor den Starken fesselt?" (Matthäus 12,29 LUT). Der Starke – das ist ein böser Geist, der einer Person den Frieden, die Freude, Finanzen und Gesundheit rauben will. Um von ihm frei zu werden, müssen wir den Starken binden. Der Starke ist ein Dämon, seine Festung ist ein Gedankengebäude. „Denn die Waffen unsres Kampfes sind nicht fleischlich, sondern mächtig im Dienste Gottes, Festungen zu zerstören" (2. Korinther 10,4 LUT): Unsere Waffen sind stark genug, um den Starken in unserem Leben zu fesseln und Festungen einzureißen.

Wir müssen verstehen: Dämonen sind schnell eingedrungen, aber in der Regel gehen sie auch schnell wieder. Festungen hingegen werden über einen längeren Zeitraum erbaut und es braucht auch mehr Zeit, sie einzureißen. Der Teufel will nicht nur dein Leben ruinieren, er will in dir auch eine Mentalität schaffen, ein Gedankengebäude errichten,[7] damit, wenn er weg ist, du weiterhin in demselben Elend lebst, als wäre er immer noch da. Eine

---

[7] Engl. mindset, in diesem Buch wiedergegeben mit „Denkweise", „Gedankengebäude", „Mentalität", „Selbstbild". (Anm. d. Übers.)

Festung ist ein Haus, das der Teufel in deinem Denken baut. Das ist das Haus des Starken.

Dieses Gedankengebäude besteht u. a. aus ständigen Zweifeln und Gedanken von Angst und Furcht, Verdammnis, Nichtswürdigkeit, Lüge und Verdruss. Dieses Gebäude entsteht nicht von heute auf morgen. Ist es aber fertig, hat der Teufel etwas, das er sein Zuhause nennen kann. Solche Gedankenfestungen sind die Wohnstätten des Teufels. Man kann Dämonen austreiben, aber wenn du diese Festungen nicht einreißt, dann kann der Teufel dich weiterhin quälen, einfach durch das Gedankengebäude, das er in dir errichtet hat.

Eine Festung ist eine Denkweise

In einem Experiment wurde ein Millionär als Obdachloser auf die Straße gesetzt und ein bis dahin Obdachloser erhielt eine Million Dollar: Wie würden sich die beiden verhalten – und würde das Geld die Probleme des Obdachlosen lösen? Der Millionär durfte nicht auf seine alten Kontakte zurückgreifen und er durfte sich auch nicht in der Branche betätigen, in der er bewandert war. Nach kurzer Zeit hatte er aber eine neue Geschäftsidee, sein neues Geschäft blühte auf und aus dem Nichts heraus wurde er wieder zum Millionär. Der Obdachlose hingegen verschwendete den größten Teil des Geldes, das er erhalten hatte, und landete bald erneut auf der Straße. Das Ergebnis: Millionär ist man in erster Linie im Kopf – wichtiger als der Kontostand ist die Denkweise.

Eine Denkweise hat eine große Kraft. Unsere Gedanken können wir einigermaßen kontrollieren, aber unsere Denkweise kontrolliert uns. Unser Verhalten geschieht zum größten Teil automatisch, wir denken vorher nicht groß darüber nach. Unsere Denkweise ist viel stärker als unser Bewusstsein, sie ist wie ein Magnet – nur dass sie nicht Gegensätzliches anzieht, sondern Gleiches. Bist du zum Beispiel voller verdrießlicher Gedanken, dann ziehst du Misserfolg, Verlust und Ärger geradezu an. Jesus drückte dieses Prinzip so aus: „Denn wer hat, dem wird gegeben werden, damit er Überfluss hat. Von dem aber, der nicht hat, wird auch das genommen werden, was er hat" (Matthäus 25,29). Womit dein Denken gefüllt ist, das wird es anziehen, bis dein Leben randvoll ist und von der Realität überfließt, die deine stärkeren Gedanken geschaffen haben. Bei manchen Leuten sind nicht Dämonen schuld, dass ihr Leben am Boden liegt, sondern ihre Mentalität. Mentale Festungen können nur durch die Wahrheit von Gottes Wort niedergerissen werden.

Befreiung braucht auch Lehre

Über Befreiung sagte Jesus einmal: „Wenn euch nun der Sohn frei machen wird, so seid ihr wirklich frei", und: „ihr werdet die Wahrheit erkennen, und die Wahrheit wird euch frei machen!" (Johannes 8,36.32). Der erste Satz hat mit Dämonenaustreibung zu tun und dem Brechen von Familienflüchen. Wenn Jesus einen bösen Geist austreibt, dann braucht es dazu nur seine Berührung und der Geist ist vertrieben. Beim zweiten Satz könnte man sich fragen: Wenn Jesus vollkommen frei macht, wozu brauchen wir dann noch die Wahrheit, um frei zu werden? Durch seine Kraft erlöst uns Jesus von „dem Starken". Durch seine Wahrheit reißt er unsere Gedankenfestung ein – und so erlangen wir noch größere Freiheit als nur durch die Befreiung von unreinen Geistern.

Die Salbung des Heiligen Geistes treibt Dämonen aus, die Wahrheit lässt Festungen einstürzen – und, wir brauchen beides. Allerdings ist es nicht die bloße Gegenwart der Wahrheit, die uns frei macht, sondern wir müssen die Wahrheit kennen. Die Wahrheit ist wie Seife – sie wirkt nur, wenn man sie benutzt. Du kannst palettenweise Seife im Haus haben, aber du musst sie an deine Haut bringen, sonst hilft sie dir wenig. Die Wahrheit in der Bibel verändert dein Leben nicht. Erst, wenn du diese Wahrheit gut kennst und in dein Leben integrierst, beginnt sie, in deiner Gedankenwelt Freiheit zu bewirken.

Die Wahrheit ist mehr als bloße Fakten. Die Wahrheit ist das, was Gott über uns sagt. Fakten können sich ändern, die Wahrheit nicht. Die Wahrheit bleibt ewig. Jesus ist die Wahrheit. Je besser wir Jesus kennen, desto mehr Wahrheit erfahren wir über uns selbst und umso mehr genießen wir die Freiheit von Satans Gedankenfestungen.

Diese Art der Freiheit bekommen wir nicht durch eine Berührung von Jesus, sondern durch seine Lehre – wenn wir Gottes Wort in unser Herz aufnehmen, indem wir zuhören, es lesen, es uns einprägen, es mit dem Mund bekennen und ihm gehorchen, also entsprechend handeln. Dadurch beginnen die Gedankenfestungen in uns zu bröckeln und wir erlangen Freiheit, mit dem Heiligen Geist vorwärtszugehen.

Eine junge Frau kam zu uns in den Gottesdienst und übergab ihr Leben Jesus. Im Gespräch erwähnte sie einen Verkehrsunfall vier Jahre zuvor. Sie war damals schwanger gewesen und seitdem hatte sie Panik davor, ein Auto zu fahren – das hatte ihr das Leben sehr erschwert. Ich betete für sie und vertrieb den Geist der Angst. Dann fühlte ich mich geleitet, sie zu bitten: „In 2. Timotheus 1,7 steht eine Wahrheit, die für dich wichtig ist. Bitte schreibe sie tausend Mal von Hand ab. Danach setz dich ans Steuer und fahre los!"

Das hatte ich von David Cho gelernt. Er sagte einer Frau, deren Krebserkrankung unheilbar schien, sie solle tausend Mal schreiben: „Durch seine Wunden sind wir geheilt", eine Verheißung Gottes (nach Jesaja 53,5; 1. Petrus 2,24). Die Frau tat, wie Cho ihr gesagt hatte, und die Wahrheit tat ihre Wirkung: Die Frau wurde von Gott geheilt.

Die junge Frau fing nun an, diesen Vers abzuschreiben. Jeden Tag, immer wieder. Der Sinn hinter der Übung war, mit der Hilfe des Wortes Gottes ihr Denken von den Gedanken an den Unfall und von der Furcht zu reinigen, die dadurch Besitz von ihr ergriffen hatte.

Unsere Gedankenwelt ist wie ein Schiff: Wenn es einen Eisberg rammt, bekommt es Risse und Löcher. Das Wasser um uns herum dringt in uns ein und wird zu einer Gedankenfestung. Die Titanic ist nicht deshalb untergegangen, weil im Atlantik zu viel Wasser gewesen wäre, sondern weil das Wasser in sie hineingelangt war.

Dieses „Wasser" der Panik sollte aus der Frau hinausgedrängt werden. Deshalb trug ich ihr auf, diesen Bibelvers abzuschreiben. Sie war noch nicht bei eintausend angekommen, da machte Gott sie frei und sie konnte wieder Auto fahren. Die Wahrheit zu erkennen macht frei.

Ein Gott für den Pharao

Gott berief Mose, Israel aus der Sklaverei zu befreien und versprach ihm seinen Beistand. Mose kehrte nach Ägypten zurück und befahl dem Pharao, die Israeliten ziehen zu lassen. Dieser aber weigerte sich, ja, er verschlechterte sogar ihre Arbeitsbedingungen: Das Stroh mussten sie nun selbst sammeln und die festgesetzte Norm trotzdem erfüllen. Der Pharao hielt Mose für eine Witzfigur, Israel hielt ihn für einen Scharlatan – er hatte ihnen Freiheit versprochen, aber es war alles nur schlimmer geworden. Mose fühlte sich von Gott verschaukelt.

Gott versicherte Mose erneut, es würde alles gut werden, und sagte sogar: „Siehe, ich habe dich dem Pharao zum Gott gesetzt"

(2. Mose 7,1). Der Pharao tat nicht, was Mose verlangte und Israel hörte nicht auf ihn. Mose war enttäuscht – und Gottes Lösung für das alles war, ihn, Mose, für den Pharao zum Gott einzusetzen? Interessant, fürwahr! Ja, Gott zeigte ihm etwas über geistlichen Kampf: Mose war aus Ägypten befreit worden, aber er musste die Sklavenmentalität loswerden. Wenn Mose Sklaven befreien wollte, musste er aufhören, sich selbst als einen Sklaven zu sehen! Gott wollte, dass Mose sich anders sah und zwar, *bevor* die äußere Lage sich änderte.

Gottes Lösung für das Problem, in dem Mose steckte, erfolgte nicht sofort und er beschleunigte auch nicht den Prozess des Auszuges. Stattdessen zeigte er Moses tatsächliche Stellung in der geistlichen, der unsichtbaren Welt – und Mose musste seine Sicht über sich selbst dem angleichen. Die Worte „Ich habe dich dem Pharao zum Gott gesetzt" sollen uns nicht erschrecken. Der Pharao sah sich selbst als Gott und die Ägypter beteten ihn an (nebst anderen Göttern). Doch Gott machte Mose klar, dass er in geistlicher Hinsicht dem Pharao überlegen war und dass er, wenn er Israel befreien wollte, den Pharao nicht wie ein Sklave anbetteln durfte. Mose sollte ihm *Befehle* erteilen, als wäre *er* der Boss!

Offensichtlich nahm Mose diese Offenbarung an, denn von an ging es genau andersherum: Der Pharao flehte Mose an, um ein Ende der Plagen zu beten! Mose war für ihn keine Witzfigur mehr, sondern eine Respektsperson.

Wenn du willst, dass Gottes Kraft durch dich fließt, dann musst du wissen, wer du in Christus bist. Im Namen Jesu hast du die Autorität, das Recht, die Bevollmächtigung, an den Feinden Gottes Rache zu üben, an Satan, Sünde und Krankheit. Höre auf, dich als Sklaven zu betrachten, sonst lebst du weiterhin wie ein Sklave, auch wenn du längst von der Sünde frei geworden bist

(Römer 6,6–8). Die mentale Veränderung in Mose führte nicht nur zu einem anderen Verhalten des Pharao ihm gegenüber, sondern bewirkte auch, dass die zehn Plagen ergingen – und die waren ein direkter Angriff auf die Götter der Ägypter. Die ägyptischen Götter wurden durch sie zuschanden:

- Als das Wasser zu Blut wurde, war das Gottes Gericht über Hapi, den Gott des Nils.
- Als aus dem Nil Frösche kamen, war das Gottes Gericht über Heket, die ägyptische Göttin der Fruchtbarkeit, des Wassers und der Erneuerung.
- Als Mücken aus der Erde kamen, war das Gottes Gericht über Geb, den ägyptischen Gott der Erde und des Staubes.
- Als Schwärme von Fliegen das Land überfielen, war das Gottes Gericht über Chepre, der Göttin mit dem Kopf eines Insekts.
- Als unter den Nutztieren – „Pferde, Esel, Kamele, Rinder und Schafe" (2. Mose 9,3) – die schwere Viehseuche wütete, war das Gottes Gericht über der ägyptischen Göttin Hathor mit dem Rinderkopf.
- Als der Ofenruß zu Geschwüren wurde, war das Gottes Gericht über Isis, der ägyptischen Göttin der Medizin.
- Als es vom Himmel Hagel und Feuer regnete (2. Mose 9,23), war das eine Niederlage für die ägyptische Himmelsgöttin Nut.
- Als der Ostwind Heuschrecken über Ägypten brachte (und auf das Gebet Moses hin der Westwind sie ins Meer trieb), war das Gottes Gericht über Seth, den ägyptischen Gott des Sturmes und des Chaos.
- Als drei Tage lang völlige Finsternis herrschte, war das eine schwere Schande für Re, den ägyptischen Sonnengott. Nach dem Pharao war Re der höchste Gott der Ägypter – und Re versagte und gab kein Licht!

- Als schließlich alle Erstgeborenen der Ägypter starben, war das Gottes Gericht über den Pharao selbst: Er galt als Sohn des Re, im Fleisch manifestiert, und die Ägypter beteten ihn als den größten aller Götter an. Das Gericht hatte damit auch sein eigenes Haus erreicht.[13]

Du siehst: Mose musste in seiner Autorität auftreten, um die dämonischen Mächte hinter diesen Göttern zu besiegen. Die Ägypter beteten nicht einfach selbst erdachte Götzen an. Diese waren dämonische Wesen und nur die Kraft Gottes konnte sie besiegen.

Wenn du in der Autorität Gottes wandeln willst, musst du sie ergreifen, dich in sie kleiden. Vielleicht fällt dein Leben gerade auseinander und es fühlt sich gar nicht so an, als hättest du Vollmacht. Vielleicht hast du ein paar Schritte gewagt und jetzt scheint die Hölle los zu sein – dann musst du deine Gedanken erneuern und sich das zu eigen machen, was Gott über dich sagt, und weiter vorwärtsschreiten. Der Teufel muss fliehen. Er wird dich anbetteln müssen, du mögest ihn in Ruhe lassen, so wie er Jesus anbettelte, als dieser auf der Erde war (Markus 5,7-12). Dämonen reagieren nicht auf deinen Schmerz, sondern nur auf die Autorität, in der du wandelst.

Jesus hat die Finsternismächte entwaffnet – das bedeutet: Sie tun zwar, als hätten sie zu bestimmen, aber sie haben ihre Autorität verloren. Als Kind Gottes bist du der Polizist und der Teufel ist der Verbrecher. Wer flieht vor wem? Der Verbrecher vor der Polizei, nicht umgekehrt! Der Teufel muss fliehen, nicht du! Du trägst die Uniform, das Zeichen der Autorität Jesu, und deine Waffe ist die Kraft des Heiligen Geistes. Wenn du weißt, wer du bist, dann fliehen die Mächte der Finsternis und Gott wird sich an dir verherrlichen.

Sklave – Pilger – Eroberer

Nicht nur Mose musste seine Mentalität ändern, sein Selbstbild, seine Denkweise über sich selbst, bevor Gott ihn gebrauchen konnte, um Israel aus der Sklaverei zu befreien. Auch die Israeliten mussten dies tun. Es geschah auf dem Pilgerweg durch die Wüste: Bevor sie das Land der Verheißung erreichten, wollte Gott ihre Gedankenfestungen der Sklaverei niederbrechen – und dazu ließ er sie einiges durchmachen.

In Ägypten waren sie Sklaven gewesen, aber um das verheißene Land einzunehmen, mussten sie zu Eroberern werden. In Ägypten warteten sie ab, bis Gott das Meer vor ihnen teilte, im Land der Verheißung traten sie in den reißenden Jordan und der teilte sich. In Ägypten hatte der Pharao sie laufenlassen, aber im verheißenen Land trieben sie den Feind vor sich her.

Der Übergang von Ägypten ins Land der Verheißung forderte von ihnen eine mentale Veränderung vom Sklaven zum Eroberer. Viele von ihnen schafften diesen Übergang nicht, sie starben in der Wüste. Es war für Gott einfacher gewesen, sie aus Ägypten herauszuholen, als Ägypten aus ihnen herauszuholen. Auf das Wirken Jesu übertragen: Für Jesus war es einfacher gewesen, jemanden von Tausenden von Dämonen zu befreien, als die Gedankenfestungen der Pharisäer zu brechen.

Gott lässt in unserem Leben Wüstenzeiten zu, um die Mentalität von Sklaverei aus uns auszutilgen, die Mentalität von Armut, Opferdasein, Krankheit und jedes andere Selbstbild, das dem Wort Gottes widerspricht.

In Ägypten haben wir gelernt, wie Sklaven zu denken. Das Pilgern durch die Wüste bringt uns bei zu überleben, aber um in das Land der Verheißung hineinzugelangen und darin zu wohnen, müssen wir wie Eroberer denken. In Ägypten hatte Israel nicht genug zum Leben, in der Wüste reichte es gerade so und im verheißenen Land hatten sie mehr als genug. Welcher Mentalität kannst du dich derzeit zuordnen? Sklave, Pilger oder Eroberer?

Die Denkweise eines Sklaven ist eine Opfermentalität. Die Denkweise eines Wüstenpilgers ist eine Überlebens-Mentalität. Die Denkweise eines Eroberers ist die der Sohnschaft – und das ist die Mentalität des Reiches Gottes: Ein Sohn will mit Gott zusammenarbeiten und nicht nur warten, bis Gott etwas tut. Wir brauchen Gott nicht um etwas anzuflehen, was uns durch das Erlösungswerk Christi bereits gegeben ist.

Das Gleichnis in Lukas 15 von dem Vater und den beiden Söhnen zeigt: Der ältere, daheim gebliebene Sohn wartete darauf, dass der Vater ihm etwas gewährte – dabei gehörte es ihm bereits! Genauso hatte Israel erwartet, dass Gott etwas gegen die Feinde im Land der Verheißung tun würde, etwa in der Art, wie er gegen die Ägypter vorgegangen war. Menschen mit der Mentalität eines Sklaven werden immer in die Rolle des Opfers schlüpfen und von Gott erwarten, dass er alles für sie erledigt. Der ältere Sohn besaß das gesamte Erbe – der Vater hatte es ja bereits aufgeteilt –, aber er schlüpfte in die Opferrolle und lebte, als wäre er ein Sklave. Wenn in uns auch die letzte Festung Ägyptens einstürzen soll, brauchen wir eine andere Mentalität.

Vollkommener Sieg

Josua, Moses Amtsnachfolger, führte ein Volk von Eroberern in das verheißene Land – sie besiegten 31 Könige! Das halbe Buch Josua berichtet, wie sie ihre Feinde besiegten, die andere Hälfte davon, wie sie die Beute verteilten. Jedes Mal, wenn du etwas überwindest, folgt ein Segen. Allerdings blieben nach der Landnahme dort noch einige Völker übrig – das heißt: Israels Sieg war nicht vollständig.

Es kann sein, dass du nach einem Befreiungsdienst das Gefühl hast, es wäre nur ein Teilsieg erreicht. Du hast vielleicht etwas von Gott empfangen, vor allem, wenn jemand für dich gebetet hat. Aber du empfindest, dass du nicht ganz befreit bist. Was machst du dann? „Das hat nicht funktioniert, ich versuche es woanders"? Nun, vielleicht wollte dir Gott eine Starthilfe geben, damit du den Rest deines Weges mit ihm gemeinsam kämpfen kannst. Manche machen den Fehler, ständig dem nächsten „vollmächtigen Seelsorger" hinterherzulaufen. Sie sehen nicht, dass auch sie ihren Teil dazu beitragen müssen. Dass sie kämpfen sollen und sich fest auf Gottes Wort stellen. Dass sie nur den „halben Sieg" bekommen, das hat seinen Grund.

Gott erklärt, warum ein Teil der Feinde im Land verblieb: „Der Herr ließ bestimmte Völker im Land bleiben, um die Israeliten auf die Probe zu stellen, die noch nicht an den Kriegen gegen Kanaan teilgenommen hatten. Das tat er, um die Generationen von Israeliten, die keine Erfahrung im Kampf hatten, die Kriegskunst zu lehren" (Richter 3,1–2 NLB).

Gott ließ zu, dass einige der feindlichen Könige übrigblieben, um herauszufinden, ob Israel ihm weiterhin gehorchen würde – trotz der Feinde –, und um auch die nächste Generation das Kämpfen zu lehren. Ich vermute, dass Gott uns deshalb nicht immer vollständig befreit, wenn jemand für uns betet, damit wir die Gelegenheit haben, im Kampf unsere geistliche Autorität zu trainieren und auszuüben, bis wir ganz frei geworden sind.

Das erinnert mich an eine Szene aus dem Film „Die Chroniken von Narnia: Der König von Narnia": Aslan und Peter werden von Wölfen überfallen, aber Aslan verjagt sie nicht, sondern sagt zu

Peter, jetzt solle er lernen, sein Schwert zu gebrauchen. Viele von uns kneifen dann und hoffen auf einen anderen, einen Pastor oder irgendjemanden mit Vollmacht, dass der ihnen Befreiung verschafft.

Vielleicht hast du einen Teilsieg erlangt. Hier mein Rat: Sitze nicht herum, warte nicht auf bessere Zeiten! Jage Gott nach, dränge dich ins Reich Gottes hinein – und der Teilsieg wird zum völligen Sieg. Das Beste dabei: So wirst du zu einem Eroberer! Diese neu entwickelte Mentalität wird dir auf deinem weiteren Weg mit Gott gut zustattenkommen.

Herrschen im Leben

Wie Adam sind wir nach dem Bilde Gottes geschaffen. Gott hat uns gesegnet: „Seid fruchtbar und mehrt euch und füllt die Erde und macht sie euch untertan; und herrscht ..." (1. Mose 1,28). In Christus ist die Herrschaft über Satan und die Sünde unser ureigenes Recht. Zu herrschen ist unsere Natur, so wie der Vogel fliegt und der Fisch schwimmt. Wir wurden nicht geschaffen, um befreit zu werden, sondern, um zu herrschen. Befreiung ist notwendig geworden, weil wir unseren Herrschafts-Auftrag vernachlässigt haben. Gott wollte, dass der Mensch so ist wie er selbst – im Himmel herrscht Gott, dem Menschen hat er die Herrschaft über die Erde gegeben (Psalm 115,16). Wohlgemerkt: nur die Herrschaft. Das Eigentumsrecht über die Erde hat Gott sich vorbehalten (Psalm 24,1). Das Recht zu herrschen ist daran sehen, dass Gott Adam beauftragte, den Tieren Namen zu geben: Benennung steht für Inanspruchnahme.

Gott hat uns die Herrschaft über die Welt gegeben. Er hat uns damit betraut, über unsere Feinde zu herrschen. Paradiesische Zustände, „Friede auf Erden", heißt nicht, dass es keinen Teufel mehr gäbe, sondern dass er samt seinem Reich unterworfen ist und dass man ihn beherrscht. Um Herrschaft zu besitzen benötigt man einen Feind. Adam hätte nicht auf die Schlange hören dürfen, er hätte sie erschlagen müssen. Als Adam sündigte, übernahm nicht Gott die Macht auf Erden, sondern Satan. Adam übertrug sein Herrschaftsrecht an den Teufel. Deshalb konnte der Teufel mit Fug und Recht Jesus damit versuchen, dass er ihm die Weltherrschaft anbot: „Wiederum nimmt ihn der Teufel mit auf einen sehr hohen Berg und zeigt ihm alle Reiche der Welt und ihre Herrlichkeit und spricht zu ihm: Dieses alles will ich dir geben, wenn du niederfällst und mich anbetest!" (Matthäus 4,8-9). Nicht Gott hat Satan die Welt übergeben. Gott übergab die Welt dem Menschen, damit er über sie herrsche. Aber im Sündenfall ging diese Herrschaft an den Teufel über. Jesus hat das bestätigt, er nennt Satan „Fürst dieser Welt" (Johannes 12,31).

Das Chaos auf der Erde ist das direkte Ergebnis der Misswirtschaft des Menschen, das heißt: dass er nicht über die Mächte der Finsternis und Sünde herrscht. Jesus ist gekommen, um Satan diese Autorität wegzunehmen und sie uns zurückzugeben (Lukas 10,18-19). Man könnte meinen, wir hätten es so gründlich verpfuscht, dass Gott uns nicht nochmals mit der Herrschaft betrauen würde. Aber Gott traut uns mehr zu als wir ihm! Er betraut uns damit, sein Reich auszubreiten, das Reich der Finsternis zu vertreiben und den alten Drachen niederzutreten (Offenbarung 12,9; Römer 16,20).

Befreiung ist nicht Gottes Ziel, Befreiung ist nur das Mittel zum Zweck, uns auf unseren rechtmäßigen Posten, nämlich den der Herrschaft zurückzubringen. „Durch die Sünde des einen Menschen gerieten wir unter die Herrschaft des Todes, doch durch den anderen Menschen, Jesus Christus, werden alle, die Gottes Gnade und das Geschenk der Gerechtigkeit annehmen, über Sünde und Tod siegen und leben!" (Römer 5,17 NLB). Gottes Gnade und sein Geschenk der Rechtfertigung macht uns fähig zu herrschen – sie bewirken nicht nur, dass wir von Teufel und Sünde befreit sind. Unsere Fähigkeit zu regieren und zu herrschen wächst in dem Maße, wie wir die Gabe der Gerechtigkeit Christi und seine überfließende Gnade an uns erkennen.

Satan herrscht über uns wegen unserer Sünde, aber wir herrschen über ihn wegen der Gerechtigkeit und Gnade, die Gott uns verliehen hat. Gebe dich nicht mit der Befreiung von der Sünde zufrieden. Gehe den Weg, den Gott von Anfang an für dich vorgesehen hat: im Leben zu herrschen! Gnade ist uns nicht gegeben, damit wir es gerade so durch die Wüste schaffen, sondern damit wir aufblühen, gedeihen und Frucht bringen.

Gebet

Herr Jesus! Danke für Dein Geschenk der Gerechtigkeit und Deine überfließende Gnade. Sie ist so reichlich, dass ich nicht nur überlebe, sondern wachse und gedeihe.
Ich will Deine Wahrheit annehmen und im Sieg leben und herrschen. Ich erneuere meine Gesinnung anhand Deiner Wahrheit darüber, wer ich in der geistlichen Welt bin. Ich rufe Deine Wahrheit herbei, dass sie meine Denkweise, meine Mentalität von Mangel zu Fülle verändert, von heillosem Durcheinander zu Wundern und von Furcht und Angst zu Glauben.

KAPITEL 10

DIE GESINNUNG ERNEUERN

Als meine Mutter mich zur Welt brachte, war das keine leichte Geburt. Sie musste einige Schwierigkeiten durchstehen und bei mir wurde ein Teil des Sehnervs beschädigt. So musste ich als Säugling einige Zeit im Krankenhaus verbringen. Dank Gottes Barmherzigkeit und Gnade entwickelte ich mich normal. Aber Jahre später wurde entdeckt, dass eins meiner Augenlider schwächer war als das andere – wenn ich nach oben schaute, dann nur mit dem stärkeren Auge. Für mich war das kein Problem. Ich konnte alles gut sehen und es tat nicht weh.

Als Zehnjähriger wurde ich erstmals am Auge operiert – wenn ich nach oben schaute, sollte ich das mit beiden Augen tun können. Die Operation hatte aber nicht den gewünschten Erfolg und meine

Schulkameraden nannten mich „Einauge". Ich kam mir vor wie eine Missgeburt.

Als ich 13 war, zogen wir von der Ukraine in die USA. Ich schämte mich und wurde immer verschlossener, schaffte es kaum, Kontakte zu knüpfen, und Geburtstagspartys waren mir ein Gräuel. Wenn ich ein Referat halten sollte, schwänzte ich sogar den Unterricht, so sehr schämte ich mich, vor der Klasse zu stehen. Ich hatte das Gefühl, dass Gott bei mir einen Fehler gemacht hatte, und dachte, die Welt wäre besser, wenn es mich nicht gäbe. Ich war in einer gottesfürchtigen Familie aufgewachsen und hatte sehr starke Eltern, deshalb hätte ich nie darüber nachgedacht, mich umzubringen – aber vielleicht könnte Gott machen, dass ich in einem Unfall sterbe, damit ich das nicht mehr ertragen musste?

Gefühlt jeder fragte mich: „Was ist mit deinem Auge los?" Das war schrecklich. Etwas anderes schienen die Leute an mir nicht zu bemerken – und ich spürte, dass es ihnen peinlich war, mich ansehen zu müssen. „Das ist nicht recht, dass sie mich so ausgrenzen", dachte ich, und: „Gott hat einen Fehler gemacht, dass er mich so erschaffen hat."

Also betete ich um Heilung in der Hoffnung, die körperliche Veränderung würde mein Denken verändern. Ich wurde nochmals operiert und setzte große Hoffnungen darauf, aber leider blieb alles beim Alten. Nein, nicht wirklich – ich erlebte eine wichtige Veränderung, aber nicht äußerlich, sondern in mir: Mein Denken veränderte sich.

Den ganzen inneren Schmerz und die seelischen Verletzungen goss ich um ins Gebet. Jeden Tag war ich nach der Schule eine halbe Stunde oder länger in meinem Zimmer und betete, pries Gott und las in der Bibel. Ich las christliche Bücher und hörte mir Predigten auf Kassette an (Podcasts oder YouTube gab es noch nicht). Mittwochs fastete ich und „ernährte" mich nur von der Bibel, manchmal las ich an solch einem Tag bis zu 50 Kapiteln.

Langsam, aber sicher und mit der Hilfe des Heiligen Geistes wurde das Wort Gottes in mir lebendig. Schicht für Schicht wurden die Lügen abgetragen und durch die Wahrheit ersetzt. Meine Schulnoten besserten sich, die Reaktion der Leute war mir nicht mehr peinlich und ich schämte mich nicht mehr, vor anderen zu sprechen. Und siehe da – auch die Reaktion der anderen veränderte sich! Inzwischen fragt mich keiner mehr wegen meiner Augen, den meisten ist das ganz egal. Warum wohl? Weil es *mich* nicht mehr stört. Das Erneuern der Gedanken kann das ganze Leben verändern!

Mit dem Kopf zuerst

In Römer 12,2 sagt der Apostel Paulus, wir sollten uns durch die Erneuerung unserer Gesinnung, unseres Denkens verändern. Viele von uns meinen, wäre unser Leben anders, würden wir auch anders denken – aber so ist es nicht, im Gegenteil: Wenn ein Kind geboren wird, kommt es in der Regel mit dem Kopf voran aus dem Mutterleib hinein in diese Welt. Wenn du aus einer unangenehmen Lage ausbrechen möchtest, dem Karriereloch oder dem Stillstand in Ihrem Dienst, dann „mit dem Kopf voraus".

Wenn sich dein Denken ändert, dann ändert sich auch dein Leben: Wo deine Gedanken hingehen, dorthin folgt dein Leben nach. Wenn du eine Befreiung erlebst, musst du dein Denken vom Sklaven zum Sohn umschalten, vom Pilger zum Eroberer. Solltest du weiterhin die gleichen Angriffe wie zuvor erleben, dann sieh sie mit anderen Augen! Ich erkläre das meiner Gemeinde so: „Ihr seid keine Kranken, die sich bemühen, gesund zu werden; ihr seid Gesunde, die gegen eine Krankheit kämpfen." „Ihr seid keine

Zwangsgesteuerten, die gern frei wären; ihr seid Freie und kämpft gegen Zwänge." „Ihr seid keine Sünder, die heilig werden wollen; ihr seid Heilige und kämpft gegen die Sünde."

Krankheit, Sünde und Zwänge, die gehören nicht zu meiner Identität, das bin nicht ich. Ich bin jetzt in Christus – das ist meine neue Identität – und was auch immer ich bewältigen muss: Durch Christus habe ich den Sieg (1. Korinther 15,57) und deshalb werde ich es überwinden.

Zuerst war das Licht, die Sonne kam später

Gott handelt nach unserem Glauben, und unser Glaube ist untrennbar verbunden mit unserer Gedankenwelt. Der Heilige Geist wirkt in uns durch die erneuerte Gesinnung. Dieses Prinzip hat Gott schon ganz am Anfang vorgegeben, als er Himmel und Erde schuf: „Die Erde aber war wüst und leer, und es lag Finsternis auf der Tiefe; und der Geist Gottes schwebte über den Wassern" (1. Mose 1,2). Die Erde war noch wüst und leer und finster – und dein Leben, dein Christsein ist es vielleicht auch: Der Heilige Geist war da, aber es tat sich nichts. Die Erde war immer noch wüst und leer und es war immer noch finster. Das Wunder der Schöpfung tat der Heilige Geist erst, als Gott sein Wort sprach.

Ich habe es bereits gesagt: Erneuerung unserer Gesinnung geschieht nur durch die Wahrheit. Der Heilige Geist gebraucht sie, um dadurch in unserem Denken etwas zu ändern, und so wird unser Leben umgestaltet. „Und Gott sprach: Es werde Licht! Und es wurde Licht. Und Gott sah, dass das Licht gut war. Da schied Gott das Licht von der Finsternis. Und Gott nannte das Licht Tag, und die Finsternis nannte er Nacht. Und es wurde Abend, und es wurde Morgen: der erste Tag" (1. Mose 1,3–6).

DIE GESINNUNG ERNEUERN

An Tag eins erschuf Gott als Erstes das Licht. Als ich noch jünger war, las ich die Bibel nicht besonders sorgfältig. So dachte ich, am ersten Tag hätte Gott Sonne, Mond und Sterne erschaffen – er hatte ja das Licht gemacht. Dann nahm ich zu an Alter und im Glauben und las die Bibel viel sorgfältiger. Dabei wurde mir klar: Sonne, Mond und Sterne erschuf Gott erst am vierten Tag (1. Mose 1,14-19). Aber woher kam dann an Tag eins das Licht, wenn Sonne, Mond und Sterne doch erst am vierten Tag hinzukamen?

In der natürlichen Welt gibt es kein Licht ohne die Sonne. In diesen ersten Zeilen der Bibel zeigt Gott eine Sichtweise, die der Sichtweise dieser Welt diametral entgegensteht: In unserer Welt gibt es kein Licht ohne die Sonne, in Gottes Welt gibt es keine Sonne ohne das Licht. In unserer Welt ist man erst Vater, wenn man ein Kind hat. In Gottes Welt wird man zuerst zum Vater und bekommt dann Kinder – so war es bei Abraham: Gott nannte ihn einen Vater, noch bevor er den verheißenen Sohn gezeugt hatte. In unserer Welt kämpfen wir, um den Sieg zu erlangen. In Gottes Welt haben wir den Sieg bereits erlangt, deshalb kämpfen wir. In unserer Welt gilt als gerecht, wer recht getan hat. In Gottes Welt werden wir zunächst für gerecht erklärt, damit wir dann das Rechte tun können. Meistens, wenn sich unser Leben ändert, verändern sich unsere Stimmung und unser Denken, unsere Gesinnung. In Gottes Welt aber muss sich zuerst unsere Gesinnung ändern, damit sich unser Leben ändert.

Du siehst: Gott denkt anders als wir. Wenn wir mit Gott zusammenwirken wollen, müssen wir mehr so denken wie er. Wenn das Licht nicht von der Sonne kam, woher kam es dann? Die Antwort ist einfach: „Und Gott sprach" (1. Mose 1,3). Gottes Wort schuf das Licht *vor* der Sonne. Gottes Wort erschuf etwas, was es ohne Sonne, Mond und Sterne eigentlich nicht geben kann! Viele von uns bitten Gott um die „Sonne" – um Heilung, einen Sieg oder dass jemand, der uns nahesteht, sich bekehrt. Manchmal sind wir innerlich besiegt und sehen nur noch schwarz. Wir sind voller Furcht und Zweifel und überzeugt: Wenn Gott nur ein Wunder tun würde, dann würde sich unser emotionaler und mentaler Zustand im Handumdrehen ändern!

Aber wahrscheinlich ist es genau umgekehrt: Gott will das Wunder vielleicht zuerst in deinem Denken durch die Kraft seines Wortes und seines Geistes vollbringen! Der Schöpfungsbericht lehrt uns, dass es zuerst in unserer Gesinnung licht werden muss, bevor die Sonne auftreten kann – und dein Denken muss bereits mit der Realität dieses Wunders erfüllt sein, auch wenn in deiner derzeitigen Situation davon noch nichts zu sehen ist. Gottes Wort muss in deinem Geist so sehr zur Realität werden, dass es deine innere Welt verändert, so, als wäre schon eingetroffen, was du dir wünschst. Das Wort Gottes wurde dir nicht gegeben, damit du deinen Kopf mit Informationen füllst, sondern damit der Heilige Geist es gebrauchen kann, dir Offenbarung zu vermitteln. Einfach gesagt: Das Wort Gottes muss so real werden, dass es dein Denken und Fühlen verändert.

Glauben heißt nicht hoffen, sondern haben

Wenn du zulässt, dass Gottes Wort deinen Geist und deinen Seele verändert, ändert sich deine ganze Welt. Menschen leiden unter ihren Umständen, weil sie verkehrt denken. Viele fangen an, mehr zu beten. Aber in Wirklichkeit werden wir von unseren Gedankenfestungen durch die Wahrheit des Wortes Gottes frei und nicht, weil wir darum beten, frei zu werden.

Meine Frau und ich haben uns zum Ziel gesetzt, jedes Jahr ein Auto zu verschenken. Vor vier Jahren haben wir damit angefangen.

Jetzt haben wir 2018 und wir haben insgesamt schon sechs Autos verschenkt. Wir machen das nicht, weil wir so reich wären, doch wir glauben, dass Gott will, dass wir anderen zum Segen werden und dass wir als freigebig bekannt sind (nicht als reich). Das zweite Auto, das wir hergaben, war ein schöner Toyota Camry. Wir beschlossen, damit ein junges Ehepaar in unserer Gemeinde zu segnen. Sie erwarteten ihr erstes Kind und hatten kürzlich in einem Unfall ihr Auto verloren. Wir wussten, dass sie ein Auto suchten, also wollten wir uns beeilen. Am Samstag trafen wir die Entscheidung und am nächsten Tag, am Sonntag, luden wir die beiden zum Essen ein und teilten ihnen mit, wir würden ihnen unser Auto geben. Sie brachen in Tränen aus, konnten es nicht fassen. Das Auto war damals zehntausend Dollar wert, es war also ein ziemlich großes Geschenk. Wir sagten ihnen, die Autoschlüssel würden wir ihnen später überreichen, ich müsse noch ein paar Kleinigkeiten richten – die Stoßstange, Ölwechsel und dergleichen –; das Geschenk sollte in wirklich hervorragendem Zustand sein.

So verließen sie unser Haus als Eigentümer des Autos, aber sie fuhren nicht darin nach Hause. Sie hatten weder den Schlüssel noch das Fahrzeug, sie hatten nur unser Wort. Aber dieses unser Versprechen gab ihnen die Gewissheit, dass das Auto nun das ihre war. Sie machten sich nicht länger Sorgen und suchten auch kein Auto mehr. Sie wussten ja, dass sie nun einen richtig guten Wagen hatten und bald damit fahren konnten. Was hatte sie innerlich zum Autobesitzer gemacht? Mein Versprechen, mein Wort.

Genau so möchte Gott, dass wir ihn beim Wort nehmen. Er möchte in dir eine ganz neue Wirklichkeit erschaffen, eine Wirklichkeit, die auf dem beruht, was *er* sagt – und zu seiner Zeit wird er diese Wirklichkeit auch äußerlich sichtbar werden lassen.

Einen Monat später, während unseres Freitagabend-Gebets, überreichte ich ihnen die Papiere und die Schlüssel. An diesem Tag konnten sie endlich mit dem Auto fahren, aber es war schon ihres gewesen von dem Moment an, wo ich es ihnen versprochen hatte. Glaube bedeutet nicht zu hoffen, dass etwas passiert. Glaube bedeutet, etwas innerlich zu haben, bevor man es äußerlich besitzt. Das ist die Kraft einer erneuerten Gesinnung.

Glaube ist die Eigentumsurkunde

„Es ist aber der Glaube eine feste Zuversicht auf das, was man hofft, eine Überzeugung von Tatsachen, die man nicht sieht" (Hebräer 11,1). In der englischen Bibel steht statt „feste Zuversicht" das Wort „Substanz" – das griechische *hypostatis* bedeutet im Alltagsgebrauch „Eigentumsurkunde". Wenn du die Eigentumsurkunde für ein Auto erhältst (den Kraftfahrzeugbrief), wirst du zum Eigentümer, auch wenn das Auto noch nicht in deiner Garage steht. Ähnliches gilt für Immobilien. Durch die Kraft von Gottes Wort macht der Heilige Geist die Verheißung in dir wahr und du wirst zum Eigentümer des Verheißenen.

Der Zweifel sieht das, was man hat, und sonst nichts. Die Hoffnung sieht, was auf der Grundlage des Wortes Gottes grundsätzlich möglich ist. Der Glaube schließlich ist die persönliche Realität dieser Verheißung – zur Realität geworden ist sie dadurch, dass wir sie direkt von Gott in unserem Herzen gehört haben. Ein erneuertes Denken zusammen mit Glauben bricht die mentalen Barrieren in uns, die uns noch von unserer vollen Freiheit in Gott trennen.

Wenn Gott anfängt, in dir zu wirken, kommen in dir neue Gedanken, Gefühle und Einstellungen hervor. Auch wenn sich in deinem Leben nichts verändert: Höre nicht auf, Gottes Wahrheit zu glauben und daran festzuhalten. Seine Wahrheit ist so viel mächtiger als Fakten! Fakten verändern sich, die Wahrheit bleibt ewig. Wenn Gott in deinem Leben den Tag eins anbrechen ließ und Licht in dein Denken gebracht hat, dann sei versichert: Es kommt der vierte Tag und du wirst das Wunder von Sonne, Mond und Sternen sehen. Denke daran – es kann dir nur dann gutgehen, wenn es deiner Seele wohlgeht (3. Johannes 1,2). Echte Veränderung und dauerhaften Sieg lässt Gott in dir beginnen. Wenn sie überfließen, wirken sie sich auf deine Gesundheit, deine Finanzen und deine Beziehungen aus.

Gesinnung erneuern, Schritt 1: Fülle dich mit dem Wort Gottes

Wart nicht länger darauf, dass sich deine Denkweise wundersam durch ein äußeres Ereignis verändert. Die meisten dieser Wunder geschehen nicht, es sei denn, du räumst das Chaos in deinen Gedanken aus und füllst dich mit dem Wort Gottes. Solange du Ausreden glaubst wie „Ich sehe alles so schwarz, weil ich ein so schweres Leben habe", wirst du dein Denken nie erneuern können! Hast du jemals in Erwägung gezogen, dass dein Leben vielleicht deshalb so schwer ist, weil du alles so schwarz siehst und an nichts ein gutes Haar lassen kannst? Wunder werden sich rarmachen, wenn in deinen Gedanken das blanke Elend herrscht.

Hüten deine Gedankenwelt! Lass den Teufel nicht mehr nach Belieben darauf herumtrampeln, sondern mache sie zum Schüler für das Wort Gottes. Der Same, den die Vögel fraßen, war der, der auf den Weg gefallen war (Matthäus 13,4). Dein Denkvermögen ist kein Marktplatz, auf dem jeder herumspazieren darf. Erteile dem Teufel einen Platzverweis, damit das Wort Gottes in dir

Veränderung bewirken kann und die „Vögel" es nicht mehr aus deinem Herzen wegfressen.

Die Israeliten in der Wüste dachten, wenn sie nur mehr Wunder erleben würden, dann würde sich ihre Einstellung ändern. Doch die meisten blieben in der Opfermentalität stecken und starben in der Wüste, obwohl sie so viele Wunder erlebt hatten wie keine andere Generation vor und nach ihnen. Auch die Pharisäer waren überzeugt von der Lüge, wenn Jesus nur noch ein paar weitere Wunder tun würde, dann würden sie glauben, dass er Gottes Sohn sei. Jesus hatte so viel Übernatürliches vollbracht und sogar Tote auferweckt, aber all das konnte sie nicht überzeugen.

Nichts gegen Wunder, wir alle brauchen sie! Aber wenn wir nicht demütig sind und bereit, Gottes Wort zur Grundlage und zum Maßstab für unser Leben zu nehmen, werden auch Wunder unsere Gesinnung nicht verändern können. Vergiss nicht: Die Sonne, die den Schnee schmilzt, ist dieselbe, die den Boden verhärtet. Das gilt auch für Wunder: Sie helfen denen im Glauben weiter, die hungrig nach dem Wort Gottes sind. Denen aber, die sich dem Wort Gottes nicht unterwerfen wollen, hilft ein Wunder auch nicht weiter. Höre auf, deine verdrossene Einstellung mit deinen schlechten Lebensbedingungen zu erklären, und Gott wird Großes an dir tun.

Gesinnung erneuern, Schritt 2: Denke über Gottes Wahrheit nach/Bestimme, was du denkst

Höre auf zu glauben, du könntest deine Gedanken nicht kontrollieren. Das ist die zweite Lüge, von der du dich abwenden musst: „Ich habe meine Gedanken nicht im Griff, sie beherrschen mich." Das ist eine schwache Ausrede, in der Bibel findet man nichts davon. Die Bibel fordert uns auf: „Richtet eure Gedanken auf das, was ..." (Philipper 4,8 GNB); „... denke Tag und Nacht darüber nach, damit dein ganzes Tun an meinen Geboten ausgerichtet ist" (Josua 1,8 GNB); und sie verheißt dem Gelingen, der „... über sein Gesetz nachsinnt Tag und Nacht" (Psalm 1,2).

Kein Zweifel: Gott erwartet von dir, dass du deine Gedanken selbst auswählst und dir nicht ständig irgendwelche Gedanken vorsetzen lässt. Wie kann das praktisch aussehen? Natürlich wird unsere Gedankenwelt angegriffen. Unser Verstand ist ein Schlachtfeld und kein Spielplatz. Aber wenn wir unseren Geist an den Heiligen Geist anschließen, wird unser Geist stärker.

Der Verstand ist ein Diener – er dient entweder deinem Geist oder deinem Fleisch. Wenn dein Geist schwach ist, dann werden deine Gedanken tun, was dein Fleisch will, und jammern und klagen, Gottes Wort bezweifeln und auf bessere Zeiten warten. Wenn wir aber unseren Geist in der Gemeinschaft mit dem Heiligen Geist stärken, dann richten sich unsere Gedanken am Wort Gottes aus und werden von dem Heiligen Geist geleitet, der in uns lebt. Es ist allein unsere Entscheidung, ob wir über Gottes Wahrheit nachdenken oder ob wir unseren Gedanken unter der Herrschaft unserer Lebensumstände freien Lauf lassen.

Um gut zu funktionieren, muss ein Land seine Grenzen schützen, damit nicht jeder einfach so hineinkommen kann. Das dient der Landesverteidigung und der Sicherheit der Einwohner. Bestelle für dein Denkvermögen eine Einreisekontrolle und halte alle „Terroristen" draußen: die Gedanken von Zweifel, Angst und Niederlage, von Anklage gegen Gott und Menschen, das Murren und Klagen. All das schadet dir nur.

Gesinnung erneuern, Schritt 3: Information wird zu Offenbarungserkenntnis

Womit du deine Gedankenwelt nährst, das wird zu deiner Denkweise. Deine Denkweise kannst du unmöglich ändern, wenn du dein Denken nicht mit etwas anderem als bisher füllst. Wenn wir die Wahrheit über das Einreißen von Gedankenfestungen erfahren oder dass wir unsere Gesinnung erneuern sollen, machen wir uns meist mit Eifer daran, unsere Denkweise zu verändern. Aber wir bemerken schnell, dass das gar nicht so einfach ist.

Deine Denkweise kontrolliert dich. Dein Denken aber bestimmst du. Es gibt nur eine Möglichkeit, deine unwillkürlichen, „automatischen" Gedanken zu verändern: Du musst dein Bewusstsein mit der neuen Information füllen, mit der Wahrheit Gottes. Wenn dein Bewusstsein voll davon ist, läuft es über, hinein in dein Unterbewusstsein.

95 % unseres Verhaltens geschieht, ohne dass wir darüber nachdenken, automatisch. Das ist der Grund, warum wir uns immer wieder Ziele setzen, sie aber nicht erreichen. Ziele setzen geschieht im Bewusstsein, Ziele erreichen ist Sache des Unterbewusstseins. Das Unterbewusstsein belegt den größten Teil des Gehirns. Es beruht nicht auf Logik, sondern es glaubt an das, was das Bewusstsein ihm ständig beibringt.

Wir müssen unsere Gedanken mit dem Wort Gottes füttern. Der Heilige Geist verwandelt diese Information in uns zu einer Offenbarungserkenntnis und so entsteht in uns eine neue Denkweise: Jedes Mal, wenn wir dem Heiligen Geist Gelegenheit geben, die Information des Wortes Gottes in uns zu offenbaren, lässt er diese Offenbarung in uns „Fleisch werden" und so bringt das Wort Gottes in unserem Leben sichtbare Resultate hervor.

Bevor sich deine Umstände verändern, musst du also Raum schaffen, dass Gottes Geist deinem Geist Offenbarung bringt. Das heißt: Fülle deinen Verstand mit so vielen Informationen aus Gottes Wort wie nur möglich. Lies die Bibel, lerne Bibelverse und -abschnitte auswendig und denke über das nach, was du gelesen und gelernt hast. Höre dir Podcasts mit guten Predigten und Lehrvorträgen an, lies christliche Bücher und sprich mit Freunden über geistliche Themen. Fülle deine Gedanken mit der Wahrheit und der Heilige Geist wird diese in dir lebendig machen. Das wird deine Denkweise verändern und dein Leben umgestalten.

Gesinnung erneuern, Schritt 4: Sprich Gottes Wort aus

Achte auf deine Worte! Sprich aus, was du glaubst, und nicht, was du fühlst! Was immer wir so bekennen, das ist unser: Wir werden gerettet, wenn wir mit dem Mund bekennen, dass Jesus der Herr unseres Lebens ist (Römer 10,9-10). Gottes Verheißungen machen wir uns zu eigen, indem wir sie mit unserem Mund bekennen. Wenn du immer nur äußerst, wie es dir geht und was du siehst, wird dein Glaube darunter leiden. So wirst du deine schlechten Gedanken gewiss nicht los.

Gott sah sehr wohl, dass die Erde finster, wüst und leer war. Aber er verschwendete kein Wort darüber, sondern gebrauchte die Kraft seiner Worte, um das zu ändern. Gebrauche Mund nicht als Thermometer – das zeigt nur den momentanen Zustand an –, sondern lasse ihn durch das Wort Gottes zu einem Thermostat werden. Ändere die Temperatur deines Lebens, indem du das bekennst, was Gott sagt.

Der Herr befahl Josua: „Lass dieses Buch des Gesetzes nicht von deinem Mund weichen" (Josua 1,8). Josua sollte dieses Buch nicht einfach nur lesen, es nicht einmal nur erforschen, sondern diese Wahrheiten aussprechen. Das tat Jesus, als der Teufel ihn in der Wüste versuchte. Das tat der Teufel höchstwahrscheinlich genau so, wie er meistens auch uns versucht – mit Gedanken. Jesus wehrte sich dagegen nicht einfach, indem er sich an Bibelverse erinnerte und sie dachte, sondern er sprach sie hörbar aus.

Wenn uns böse Gedanken angreifen, liegt unsere Kraft darin, dass wir den Mund öffnen und Gottes Wort aussprechen – und nicht unsere Gefühle oder derzeitigen Umstände in Worte kleiden: „Der Schwache spreche: Ich bin stark!" (Joel 4,1). Rede nicht ständig darüber, wie es dir geht, sonst kann sich deine Gesinnung nicht ändern. Lerne stattdessen, Gottes Wort auszusprechen.

Gesinnung erneuern, Schritt 5: Gute Gedanken hegen, schlechte wegschicken

Widerstehe den schlechten Gedanken und fördere die guten. Gute, wahre Gedanken bleiben nicht von allein aktiv, man muss ihnen Rückenwind geben. Schlechte Gedanken verschwinden nicht einfach, man muss sie wegschicken.

Das erste Gleichnis Jesu in Matthäus 13 über den Samen, den vierfachen Boden und den Sämann zeigt, dass das Schlechte – die Dornen – ausgerissen werden muss und das Gute – der Same, das Getreidekorn – muss in den Boden kommen. Guter Same braucht guten, feuchten, nährstoffreichen Boden und Pflege, um zu keimen und Frucht zu bringen. Unkraut dagegen wächst von selbst. Mit den Gedanken ist das genauso: Wenn man nichts unternimmt, werden die schlechten nicht verschwinden und die guten bleiben auch nicht.

Um Gottes Wort zu fördern, müssen wir ihm in unserem Herzen Raum schaffen. Den schlechten Gedanken des Feindes müssen wir widerstehen, indem wir sie gefangen nehmen und zum Gehorsam gegen Christus bringen (2. Korinther 10,5).

Die Bibel vergleicht die Gedanken mit Vögeln, die sich einnisten (Jeremia 4,14; 5. Mose 15,9). Du kannst nicht verhindern, dass Vögel über deinem Kopf herumfliegen. Aber du kannst sehr wohl verhindern, dass sie auf deinem Kopf ein Nest bauen! Schlechte Gedanken werden kommen, aber sie müssen nicht bleiben – wir können ihnen mit der Wahrheit des Wortes Gottes widersprechen.

Gesinnung erneuern, Schritt 6: Kleine Erfolge wahrnehmen

Mache dir keinen Druck, sondern freue dich, dass du auf dem richtigen Weg bist! Es dauert seine Zeit, bis die Veränderung der Gesinnung sichtbar wird. Bestimmt hat es einen Grund, warum Gott sich sechs Tage Zeit nahm, um Himmel und Erde zu erschaffen und alles, was darin ist, und nicht nur einen Tag: Er wollte uns zeigen, wie man einen Veränderungsprozess durchläuft.

An jedem Tag wurde Großartiges erschaffen und Gott schloss jeden Tag damit ab, das Erreichte anzuschauen und sich daran zu freuen – er stöhnte nicht über das, was noch zu tun war! Am dritten Tag lag noch sehr viel vor ihm, aber „Gott sah, dass es gut war" (1. Mose 1,12). Er schaute nicht auf das, was noch nicht fertig war. Es gab noch eine Menge zu tun, aber Gott feierte das, was er schon erreicht hatte.

Zur Erneuerung der Gesinnung gehört, dass wir kleine Erfolge wahrnehmen und uns darüber freuen – dass wir auf das schauen, was Gott *tut*, und nicht auf das, was er nicht tut. Übrigens hat Gott kein einziges Mal das Chaos, das zu ordnen war, mit seinem wunderschönen Himmel verglichen, in dem er residiert. Das wäre die Methode des Teufels: Er versucht, deinen Prozess der Erneuerung zu hintertreiben, indem er dich dazu verlockt, deine Fortschritte mit dem Fortschritt zu vergleichen, den andere machen.

Jeder von uns befindet sich während seiner Reise in einem anderen „Schöpfungstag". Richten wir also unsere Augen auf den Schöpfer, statt uns mit anderen zu vergleichen! Vergleichen macht nur unzufrieden. Wir sollen in dem Wettlauf auf Jesus schauen und uns nicht mit den anderen Läufern vergleichen. Das Schönste im Leben ist, wenn man herausfindet, wer man ist und wer man nicht ist. Dass man sich in seiner Haut wohlfühlt und mit dem Weg zufrieden ist, auf den Gott einen geführt hat, auch wenn es so aussieht, als läge man hinter den anderen weit zurück.

In Gott bist vollkommen. Du musst dich mit niemandem zu vergleichen. Vergleichen führt zum Klagen, und wenn wir uns beschweren, kommen wir dem Brechen des zehnten Gebots, „Du sollst nicht begehren" (2. Mose 20,17), gefährlich nahe. Das Begehren schadet dem Schöpfungshandeln Gottes in dir, deine Gesinnung zu erneuern.

Ist der Rasen deines Nachbars saftiger als der deine? Dann gieße ihn eben. Sei die beste Version deiner selbst, die die Welt je gesehen hat. Vergiss nicht: Gott ist treu und was er angefangen hat, wird er vollenden (Philipper 1,6). Er ist noch nicht fertig mit dir.

Gesinnung erneuern, Schritt 7: Gottes Verheißungen – Gutes erwarten

Erwarte Wunder! Zu erwarten, dass etwas Gutes geschieht, dazu muss man sich entscheiden. Es ist ein Akt des Glaubens. Bei Leuten mit einer erneuerten Gesinnung steht „Gutes erwarten" weit oben. Lasse nicht zu, dass deine Vorstellungskraft dir ein Bild malt, in dem sich deine Umstände verschlimmern – dein Gesundheitszustand, deine Ehe, oder dass eine Geschäftsidee scheitert. Setze gegen diese schlechten Erwartungen die Verheißungen Gottes und sprich sie laut aus.

Ich kenne eine lustige Geschichte von einem jungen, frisch verheirateten Ehepaar: Die Frau hatte ständig das Gefühl, da wäre jemand im Haus, um sie auszurauben. Sie bat ihren Mann, doch nachzuschauen. Der durchsuchte das Haus und fand nie jemanden. So ging es weiter, Woche für Woche, Jahr um Jahr. Irgendwann hatte der Mann es satt – es war immer alles in Ordnung und alle Fenster und Türen waren sicher verschlossen, aber seiner Frau zuliebe ... naja. Eines Abends machte er wieder einmal auf Wunsch seiner Frau seinen Rundgang. Dieses Mal ertappte er tatsächlich einen Einbrecher! Der befahl ihm, keinen Lärm zu machen und ihm alle Wertgegenstände auszuhändigen – und der Ehemann gehorchte! Höchst zufrieden wollte der Einbrecher abziehen, da bat der Mann: „Bitte bleiben Sie noch, ich möchte Sie meiner Frau vorstellen. Sie erwartet Sie seit Jahren!"

Erwartungen sind der Brutkasten für Wunder. Manche wachen morgens mit dem Gefühl auf, an diesem Tag würde ihnen etwas Schlimmes zustoßen. Wenn du so etwas erlebst, mache dir bewusst: Das kommt vom Teufel! Lege dich nochmals hin und stehe erst wieder auf, wenn du dir sicher bist, dass Gott gut ist und dass er Gutes für dich im Sinn hat.

Wenn du aber diese schlechten Gedanken hegst und dir erlaubst zu denken, dass dir etwas zustoßen wird, dann bringt dich dieser Glaube in Schwierigkeiten. Ich will lieber auf Gott vertrauen, seine Verheißungen verkünden und auf seine Gnade und Barmherzigkeit zählen, statt Unfälle und Strafzettel zu erwarten oder dass die Hölle losbricht.

Soll das heißen, dass wir nie wieder einen schlechten Tag haben werden? Nein! Aber wir leben nicht in der *Erwartung*, einen schlechten Tag zu haben.

Gebet

Kostbarer Heiliger Geist, Du schwebst über meinem Leben. Ich sehe nur Finsternis, ich spüre nur Leere. Ich akzeptiere Dein Wort als oberste Autorität in meinem Leben. Bitte mach die Informationen aus der Bibel in meinem Herzen zur Offenbarung.
Heiliger Geist, lass das Wort Gottes in mir wahr werden, dass es sich in meinem Leben zeigt. Lass meine Realität auf die Ebene Deiner Wahrheit gelangen.

KAPITEL 11

DAS FEUER AM BRENNEN HALTEN

Ein reicher Mann suchte für seine Familie einen Kutscher. Es gab drei Kandidaten, und um ihre Fähigkeit zu prüfen, ging er mit ihnen zu einer steilen Klippe, an der sollten sie mit der leeren Kutsche entlangfahren.

Der erste Fahrer fuhr mit der Kutsche so nah an der Klippe wie nur möglich. Alle waren beeindruckt.

Der zweite Fahrer fuhr sogar noch näher am Abgrund, mitunter hing eines der Räder schon in der Luft. Das konnte keiner toppen!

Den Job bekam aber der dritte – der fuhr so weit wie möglich vom Rand entfernt. Dazu erklärte er, er wolle seine Fahrgäste sicher chauffieren und gehe deshalb jeder Gefahr möglichst aus dem Weg.

So gibt es auch zwei Arten von Christen: Die einen fahren so knapp am Abgrund entlang wie nur möglich, die anderen halten sich von der Sünde fern und bleiben nahe bei Jesus. Die Fragen unserer jungen Leute zu sexuellen Sünden lauten meistens: „Wie weit darf man gehen?", „Wo ist die Grenze?" Diese Fragen zeigen, dass es ihnen nicht wichtig ist, nah bei Gott zu bleiben. Sie wollen austesten, wie nah sie der Hölle kommen können, ohne darin zu landen!

Ich sage ihnen dann, dass sie die falschen Fragen stellen. Angenommen, ich weiß, dass Gottes Wort sagt, dass Ehebruch verkehrt ist: Das ist die Kante und ich will auf keinen Fall abstürzen! Gehe ich dann zu meiner Frau und frage sie, ob es okay wäre, wenn ich mich mit einer anderen Frau treffe? Ständig einer anderen Frau schreibe? Vielleicht mit ihr in der Öffentlichkeit Händchen halte? Ihr einen Gute-Nacht-Kuss gebe? Bei ihr vielleicht übernachte, natürlich ohne Sex? – Was meinst du, wie würde meine Frau darauf reagieren? – „Ja, klar, mach das – aber du kennst ja die Grenze, also begehe keinen Ehebruch!" – ?

Ganz im Gegenteil: Wenn ich sie das fragen würde, sie wäre aufgebracht und würde mir die Leviten lesen! Mein Ziel sollte vielmehr sein, wie ich ihr noch näherkommen könnte, statt auszuloten, wie weit ich mich an den Abgrund des Ehebruchs herantasten kann, ohne dass es in einer Scheidung endet. Gott möchte, dass es uns das Wichtigste ist, ihm nachzufolgen, statt an der Klippe des Kompromisses haarscharf vorbeizuschrammen.

Vorsicht, Straßengraben!

Niemand trifft ganz aus heiterem Himmel eine völlig falsche Entscheidung. Gewiss hat er bis dahin bereits eine ganze Reihe unweiser Entscheidungen getroffen. Unsere unweisen Handlungen können wir noch begründen, sie waren ja nicht unbedingt verkehrt. Aber wenn du nicht im Straßengraben der Sünde landen willst, dann halte Abstand von der weißen Linie am Straßenrand – will heißen, von unweisen Entscheidungen, auch wenn die meistens noch nicht sündig sind. Doch sie bringen uns der Sünde näher und plötzlich ist es zu spät.

David beging Ehebruch und, um ihn zu vertuschen, einen Mord. Der Ehebruch passierte aber nicht einfach so. David hatte eine ganze Reihe unweiser Entscheidungen getroffen. Schon vor dem Ehebruch hatte er die Grenze dessen, was recht war, überschritten.

David war gesalbt, um Israel im Krieg aus- und einzuführen. Als aber dieses Mal sein Heer auszog, blieb er zu Hause. War das verboten? Ich denke nicht. Aber es war sehr unweise, zu Hause zu bleiben, während sein Heer auf dem Schlachtfeld kämpfte. Eine unweise Entscheidung zieht weitere unweise Entscheidungen nach sich: „Und es geschah, als David zur Abendzeit von seinem Lager aufstand und auf dem Dach des königlichen Hauses umherwandelte ..." (2. Samuel 11,2). David bleibt also zu Hause, verschläft den Tag und steht erst gegen Abend auf. Als König durfte er das. Aber es ist nicht weise, den ganzen Tag zu schlafen. Es ist nicht verkehrt, aber eben auch nicht weise.

Diese unweise Entscheidung führte zur nächsten: Er ENTDeckte eine Frau beim Baden. Es war normal, abends zu baden. Deshalb war es nicht unbedingt schlimm, jemanden sich baden zu sehen. Verkehrt wurde es dann, als er sie zunächst betrachtete und dann in sein Haus einlud. David verstrickte sich in Lügen, Verführung und schließlich abgrundböses Tun und das sollte ihn teuer zu stehen kommen. Wenn du nicht wieder in deine alten Sünden fallen willst, lasse die Finger von unweisen Handlungen!

Die törichten Jungfrauen

Erinnerst du dich an das Gleichnis von den zehn Jungfrauen? Die eine Hälfte von ihnen war klug, die andere töricht (Matthäus 25,1-13). Die fünf törichten Jungfrauen hatten weder ihre Jungfräulichkeit verloren noch sonst irgendetwas Böses getan. Sie waren nur töricht – aber das brachte ihnen eine gewaltige Enttäuschung ein, denn sie verpassten den Termin, der ihr Geschick bestimmen sollte. Dass du deine „Jungfräulichkeit" bewahrst, ist noch keine Garantie dafür, dein volles Potenzial auszuschöpfen.

Gott möchte, dass wir unser Leben weise führen, das heißt: uns von allem fernhalten, was uns zur Sünde werden könnte. Der Sünde geht man am besten aus dem Weg, wenn man sich von dem fernhält, was an und für sich zwar keine Sünde ist, aber zum Sündigen führen könnte, würde man sich darauf einlassen.

Der Mann, der sein Haus auf Sand baute, tat nichts Verbotenes, aber er war töricht. Wenn du nur darauf aus bist, nichts Verbotenes zu tun, dann fällst du früher oder später auf die Nase. Der weise Mann baute sein Haus auf Fels. Wenn du willst, dass kein Sturm, keine Versuchung deiner Integrität und deiner Freiheit etwas anhaben kann, dann achte darauf, nicht nur die verkehrten Entscheidungen zu verwerfen, sondern auch die unweisen.

Flirten kommt vor dem Fall

Tag für Tag war Joseph in Potiphars Haus der Versuchung ausgesetzt. Dennoch flirtete er nicht mit Potiphars Frau oder verbrachte Zeit mit ihr. Joseph war Single und hatte dazu eine schwere Jugend gehabt. Für seine Familie war er tot, seine Brüder hatten dem Vater die „Sterbeurkunde" vorgelegt. Er war ein Sklave, seine Träume lagen auf Eis – das wäre doch eine hervorragende Ausrede gewesen, auf das Ansinnen der Frau einzugehen und mit der Sünde zu liebäugeln. Joseph hatte weder einen Pastor noch eine Gemeinde noch die Bibel, die ihn auf dem richtigen Weg gehalten hätten – und trotzdem schlug er sich besser im Kampf gegen die Sünde als die meisten von uns heutzutage. Sein Prinzip war einfach: Willst du nicht in Sünde fallen, dann flirte nicht mit ihr.

Flirte nicht, sondern flieh! Jeder, der der Sünde zum Opfer fällt, hat vorher mit ihr geflirtet. Wir rechtfertigen unser Liebäugeln damit, das sei ja noch keine Sünde. Das mag sein. Wer aber mit der Sünde spielt, der wird straucheln und fallen. Manche nehmen die Gnade Gottes als Vorwand, als Deckmantel, als Entschuldigung für ihr Spielen mit der Sünde. Gott hat uns aber seine Gnade gegeben, damit wir die Kraft haben, vor der Sünde *wegzurennen* – und nicht, um mit ihr zu spielen!

„Denn die Gnade Gottes ist erschienen, die heilbringend ist für alle Menschen. Sie nimmt uns in Zucht, damit wir die Gottlosigkeit und die weltlichen Begierden verleugnen und besonnen und gerecht und gottesfürchtig leben in der jetzigen Weltzeit" (Titus 2,11–12). Gnade ist viel mehr als nur der Startschuss für unsere Erlösung oder die Eintrittskarte in den Himmel. Gnade ist ein Lehrer – sie bringt uns bei, wie wir Gottlosigkeit und die weltlichen Begierden verachten und von uns fernhalten, um in dieser Welt anders zu leben.

„Denn ihr seid zur Freiheit berufen, Brüder; nur macht die Freiheit nicht zu einem Vorwand für das Fleisch, sondern dient einander durch die Liebe" (Galater 5,13). Wir sollten unsere Freiheit nicht als Ausrede benutzen, um mit dem zu liebäugeln, was uns wieder gefangen nimmt, eh wir uns versehen.

Die Lenden umgürtet und die Lichter brennend

Es gibt noch einen Grund, warum wir uns von unweisen Dingen fernhalten sollten: Das verhilft uns zu einer Leidenschaft, Gott nachzueilen.

„Eure Lenden sollen umgürtet sein und eure Lichter brennend" (Lukas 12,35) – das ist die Herausforderung Jesu an uns Menschen in der Endzeit. Einen Gürtel um die Lenden zu wickeln ist ein Sinnbild für feste Überzeugungen. Wenn du Dinge tust, die zur Sünde führen, dabei aber keine Sünde tun willst, dann kompromittierst du deine Überzeugung. Dein Gürtel sitzt nicht richtig und die Hosen rutschen: Deine Freiheit steht auf dem Spiel! Wenn wir unsere Überzeugungen lockern, gehen wir Kompromisse ein, was dazu führt, dass wir das verlieren, was Gott uns gegeben hat.

Umgürtete Lenden, feste Überzeugungen halten unser Gewand zusammen und geben uns außerdem die Chance, unsere Lampen brennen zu lassen. Nicht mehr vor der Sünde wegzurennen hat seinen Preis: Du wirst auch aufhören, Gott nachzurennen. Denn beides gehört zusammen: Lampen und Lenden, Reinheit und Leidenschaft. Das eine braucht das andere – Überzeugungen sorgen für unsere Freiheit und Freiheit ermöglicht uns, ungehindert Gott nachzulaufen.

Ins Feuer mit der Schlange!

Wenn wir weise wandeln, schützt uns unsere Überzeugung davor, in Sünde zu fallen. Aber dadurch sind wir nicht vor Versuchungen und Attacken gefeit.

„Als aber Paulus einen Haufen Reiser zusammenraffte und auf das Feuer legte, kam infolge der Hitze eine Otter heraus und biss ihn in die Hand. […] Er jedoch schleuderte das Tier ins Feuer, und ihm widerfuhr nichts Schlimmes" (Apostelgeschichte 28,3.5).

Paulus ging den Weg der Gerechtigkeit – er folgte Gott nach, blieb nah am Heiligen Geist und spielte nicht mit der Sünde. Dennoch geriet er in einen Sturm, erlitt Schiffbruch und wurde dann auch noch von einer Giftschlange gebissen! Durch Gottes Gnade überlebte er den Sturm und den Schiffbruch, doch in der Sache mit der Schlange geschah etwas anderes.

Es regnete, und Paulus sammelte Reisig (Stöcke), um ein Feuer zu machen. Das ist eine interessante Lektion: Lasse dich nicht von Sturm und Schiffbruch entmutigen, sondern zünde mit deiner Seele trotzdem ein Feuer für den Herrn an! Lasse nicht zu, dass dich dein Drama und Trauma Gott gegenüber kalt werden lässt und du dich zurückziehst, um der Erinnerung an die gute alte Zeit zu frönen! Gott will, dass du heute für ihn brennst, denn er ist der Mächtige und er ist der „Ich bin", nicht der „Ich war". Wenn du eine Zeit hattest, in der du Jesus mehr liebgehabt hast als jetzt, dann bist du rückfällig geworden. Es wird Zeit, dieses Feuer in deinem Leben wieder anzufachen! Nimm das, was dir angetan wurde und was du durchmachen musstest, nicht als Ausrede dafür, dass du jetzt in der Kälte stehst und frierst! Deine Feinde mögen deine Jugend geraubt haben, aber es steht in deiner Hand, ob sie auch heute deine Leidenschaft rauben können.

Im Regen Feuer zu machen, das ist wirklich nicht leicht! Sich die Lebensfreude zu erhalten ist keineswegs einfach, wenn man schwere Zeiten hat durchmachen müssen. Ein Haufen Reisig (Stöcke) sammelt sich nicht von allein! Beginne diszipliniert das Wort in der Bibel zu lesen und zu beten, faste regelmäßig und höre dir Podcasts und Predigten auf YouTube an. Verbringe weniger Zeit vor dem Fernseher und schaue Glaubenszeugnisse an. Beschränke deine Zeit in den sozialen Medien zugunsten der Gemeinschaft mit Glaubensgeschwistern in der Kleingruppe, im

Gebetskreis und im informellen Austausch. Verschwende weniger Zeit durch Streit und bezeuge dafür umso mehr deinen Glauben. Wenn du dies alles tust, wirst du darüber staunen, wie aus dem Haufen Reisig ein Feuer entsteht. Vielleicht ist es klein, aber es ist deines und es brennt wirklich.

Wenn du Feuer in deinem Leben hast, dann ist sogar nach Sturm und Schiffbruch alles ein Grund zum Danken. Aber, Moment! Das Feuer des Paulus scheuchte eine Schlange auf. Das Tier kam heraus und biss ihn nicht nur in die Hand, sondern es blieb an seiner Hand hängen, um ihn umzubringen. Unfassbar, wie oft das passiert, sobald man anfängt, seinen christlichen Glauben offen auszuleben, in Freiheit zu wandeln und für den Herrn zu brennen: Bumm! Aus dem Nichts fällst du hin oder dich trifft etwas – und die Schlange beißt sich fest und lässt nicht los.

Mit der Schlange kommen die Stimmen. Als die Schlange Paulus biss, fingen die Menschen an zu urteilen: „Er muss ein Mörder sein", sagte jemand, und ein anderer sagte: „Gott straft ihn." Jemand weiteres dachte: „Dem Sturm und dem Schiffbruch ist er entronnen, aber jetzt hat das Schicksal ihn doch gepackt."

Wenn du angegriffen wirst, und auch, wenn du sogar wieder derselben Sünde verfällst, von der du doch schon frei warst, dann höre nicht auf die Lügen des Teufels! Seine Lügen sind gefährlicher als die Sünde, in der du jetzt wieder steckst.

Paulus fing nicht an, mit den Leuten zu diskutieren, er schüttelte die Schlange kurzerhand in das Feuer ab, das er selbst geholfen hatte anzuzünden. Die Schlange kam um – und auf einmal hielten die Leute ihn für einen Gott! Die Meinung von Menschen ändert sich so schnell: Im einen Moment sagen sie, er sei gewiss ein Mörder, und im nächsten sehen sie in ihm einen Gott. Beide Behauptungen waren verkehrt. Wir müssen mehr auf Gottes Wort vertrauen als auf die Meinung von Menschen. Das heißt auch: Vom Wort Gottes müssen wir viel mehr in uns aufnehmen als von jeder anderen Stimme in unserem Kopf.

Wenn du angegriffen wirst, dann lerne, Schuldgefühle, Scham und Lügen umgehend abzuschütteln! Der Teufel will dein Feuer löschen. Aber halte dagegen und wirf diese Versuchungen und Prüfungen ins Feuer, damit sie dort umkommen! Brenne weiter und höre nicht auf, das zu tun, was du vorher getan hast – denn genau das bezweckt der Teufel: Dich von deinem Weg abzubringen.

Warum sterben Leute an geistlichen Schlangenbissen? Weil ihr Feuer nicht groß genug ist, um diese Giftschlange hineinzuwerfen! Deine Probleme kannst du nicht in *mein* Feuer werfen, du brauchst dein eigenes Feuer! Du kannst die Schlange auch nicht in das Feuer deines Pastors werfen, du brauchst dein eigenes Feuer. Mache dein Herz zu einer Feuerstelle! Höre auf, dein Herz als Müllschlucker zu missbrauchen. Du bist ein Tempel des Heiligen Geistes, kein Grab für die Knochen eines Toten. Du bist dazu berufen, für deine Zeitgenossen eine Stimme zu sein und nicht ihr Echo.

Nachdem die Schlange tot war, brach auf der Insel eine Erweckung aus. Der Teufel hatte Paulus umbringen wollen, um diese Erweckung zu verhindern. Doch stattdessen tötete Paulus die Schlange und eine Erweckung brach aus. Mit jedem Teufel, den du schlägst, erreichst du eine neue Stufe in deinem Leben. Das, womit der Teufel dir schaden will, das kehrt Gott um und lässt es dir zum Besten dienen.

Gebet

Herr Jesus, ich möchte mehr wollen von Dir. Ich weiß: Mein Wunsch, Dir nachzufolgen, ist schwach.

Heiliger Geist, bitte erschaffe in mir den Wunsch, Jesus nachzufolgen.

Herr, bitte umgib mich mit Menschen, die mir helfen, dieses Rennen zu laufen.

Vater, schenke mir Deine Gnade, damit ich mich von der Sünde abkehren kann und von allem, was mich zur Sünde verführt.

KAPITEL 12

NUR DURCH WACHSTUM

Meine Kindheit habe ich in der Ukraine verbracht. Wir hatten eine Kuh, Schweine, Hühner und einen ansehnlichen Gemüsegarten – wir waren weithin Selbstversorger. Feldarbeit war mir vertraut, ich konnte melken und half beim Füttern und Misten.

Die Tierwelt interessierte mich sehr, besonders die Sache mit den Küken faszinierte mich: Die Henne legte ihre Eier an einem ruhigen Plätzchen in ein weiches Nest und setzte sich für einige Zeit darauf – später lernte ich: es war insgesamt 21 Tage lang. Während sie so auf den Eiern saß, wuchsen darin kleine Küken heran.

Wenn die Glucke zum Fressen das Nest verließ, schaute ich nach, ob die Küken nicht bald schlüpften. Das konnte man an den dunklen Stellen an der Schale erkennen: Es wurde ziemlich eng da drinnen! Es wunderte mich, dass die Henne die Eier nicht aufbrach, damit ihre Kleinen herauskommen konnten. Sie blieb einfach darauf sitzen und hielt sie warm. Irgendwann wurde es den Küken in der Schale wirklich zu eng und sie schlüpften.

Jesus hat sich mit solch einer Henne verglichen, er rief Jerusalem zu: „Wie oft habe ich deine Kinder sammeln wollen, wie eine Henne ihre Küken unter die Flügel sammelt, aber ihr habt nicht gewollt!" (Matthäus 23,37). Manchmal gibt Jesus uns größere Freiheit und verändert unser Leben in dem Maße, wie wir in ihm wachsen. Er will uns ausbrüten und uns mit seiner Liebe umgeben, bis wir soweit sind, dass wir schlüpfen. Nicht alle Befreiung kommt durch ein einziges Gebet. So manche Freiheit erleben wir nur, wenn wir in Gott wachsen. Ich sage es unserer Gemeinde immer wieder: Manche erleben Befreiung, wenn jemand für sie betet und die Dämonen austreibt, andere werden frei durch ihr Gebetsleben. Manches kommt nur durch Wachstum zustande.

Freiheit durch Wachstum

„Furcht ist nicht in der Liebe, sondern die vollkommene Liebe treibt die Furcht aus" (1. Johannes 4,18). Das Wort „vollkommen" kann mit „erwachsen" oder „ausgereift" übersetzt werden: Von manchem werden wir frei, wenn wir in Gottes Liebe reifen. Solange die Liebe in uns noch unreif ist, können Furcht *und* Liebe in uns sein. Wenn du im Herrn wächst, wird Schlechtes aus dir hinausgedrängt – gerade so, wie das Küken im Ei heranwächst. Wenn es dann groß genug ist, pickt es die Schale auf und lässt sie hinter sich. Egal, welche Schale der Furcht dich umgibt: Sie wird aufbrechen, wenn du in der Liebe Gottes wächst und in seinem Wort bleibst.

Mitunter können wir es kaum erwarten, dass Gott unsere Schale der Einschränkung bricht. Aber er will, dass wir trotz unserer Bedrängnisse in ihm wachsen und reifen – und so beginnen unsere Ketten zu brechen, wir wachsen aus ihnen heraus. Leider geben viele zu früh auf. Sie kommen und wollen Befreiungsgebet oder Seelsorge. Aber weil sie keine Veränderung erkennen, geben sie auf und kehren Gott den Rücken zu. Sei bitte wie das kleine Küken – bleibe im Warmen unter der Glucke und rolle nicht zum Nest hinaus. Du wirst sehen, dass das, was dich heute noch einengt, bald Risse bekommen und zerbrechen wird.

„Ich will sie aber nicht in einem Jahr vor dir vertreiben, damit das Land nicht zur Einöde wird und die wilden Tiere sich nicht vermehren zu deinem Schaden. Nach und nach will ich sie vor dir vertreiben, in dem Maß, wie du an Zahl zunimmst, sodass du das Land in Besitz nehmen kannst" (2. Mose 23,29–30). Israel nahm das ihm zugesagte Land nicht auf einmal in Besitz. Nur nach und nach trieb Gott die Feinde vor ihm aus, bis Israel zahlreich und reif genug geworden war, um das ganze Land zu füllen und zu beherrschen. Gott möchte, dass du dich entwickelst und in ihm wächst, denn davon hängt es ab, ob du dein volles Potenzial ausschöpfen und in Freiheit leben kannst.

Die Fesseln sprengen

Die Schrift vergleicht den Gerechten mit einer Palme (Psalm 92,13–16). Palmen sind ein Symbol für Schönheit. Sie sind immer grün und brennen nicht im Feuer. So wie der Gerechte werden auch wir nicht im Feuersee verbrennen. Wir erhalten unsere Freude, da wir tief in Gott verwurzelt sind.

Palmen sind in den Tropen zu Hause. Trockenheit macht ihnen nichts aus, da sie sehr tief wurzeln. Du und ich, wir sind auch so – nicht unsere Umgebung bestimmt, ob wir wachsen und gedeihen (oder nicht), sondern unsere Gottesbeziehung.

Da die Stärke einer Palme im Inneren des Stammes liegt und nicht in der Rinde, hält sie auch im Sturm stand. Gläubige Menschen leben „von innen nach außen" und nicht umgekehrt: Unsere Stärke liegt in Gott und nicht darin, wie andere uns behandeln oder wie es uns gerade geht.

Im Sturm biegt sich eine Palme, sie bricht nicht. Stürme gehören zum Leben. Sie treffen die Weisen und die Törichten gleichermaßen. Wenn wir unsere Knie demütig beugen und uns auf Gott verlassen, brauchen wir uns vor Stürmen nicht zu fürchten. Wenn du dich im Sturm wie eine Palme biegst, dann wirst du nicht zerbrechen. Der Sturm geht vorüber und du richtest dich wieder auf.

So gibt es viele Parallelen zwischen einer Palme und einem Gerechten. Besonders unterstreichen möchte ich, was passiert, wenn eine Palme eingeschnürt wird. Wenn man einen Baum pflanzt, muss man ihn anbinden, damit die Wurzeln im Boden Fuß fassen können und nicht bei jedem Wind abreißen. Wenn der Stamm dicker wird und man versäumt, den Strick zu entfernen, wächst der Stamm um den Strick herum und der Strick „wächst ein". Nicht so bei einer Palme: Wenn sie dicker wird, wächst das Seil nicht in den Stamm hinein, sondern es reißt. Eine Palme wächst mit großer Kraft!

Du bist wie eine Palme. Vielleicht hat der Teufel dir Fesseln angelegt, als du schwach warst. Vielleicht hast du versucht zu beten und zu fasten und alles Mögliche getan, um diese Fesseln zu zerreißen, aber du bist weiterhin eingeschränkt. Der Feind wird keine Mühe scheuen, dich davon zu überzeugen, dass du immer so sein würdest und dass das Problem daran liegt, dass du eben so bist, wie du bist und wenn du es nicht ändern kannst, musst du damit eben Frieden schließen.

Ich erinnere mich an die erste Begegnung mit Homosexualität, als ich als Jugendpastor einen Mann beraten habe. Dieser junge Mann machte keinen Hehl daraus, dass er einen Partner hatte. Er kam zu unserem Jugendgottesdienst. An jenem Abend predigte ich über die Frau mit dem Blutfluss und was Jesus zu ihr gesagt hatte: „Sei getrost, meine Tochter! Dein Glaube hat dich gerettet; geh hin in Frieden!" (Lukas 8,48). Der Grundgedanke dabei war: Worin immer unser Problem liegt – es bestimmt nicht, wer wir sind, es ist nicht unsere Identität. Aber solange wir *glauben*, wir wären nun mal so, werden wir das Problem niemals los.

Nach dem Gottesdienst kam er auf mich zu und bat mich um ein Gespräch. Wir setzten uns und es stellte sich heraus, dass er die Homosexualität schon lange als seine Identität akzeptiert hatte. Da er aber in einer christlichen Gemeinde aufgewachsen war, wusste er genau, dass Gott ihn nicht so geschaffen hatte. Ich fragte ihn, warum er dann seine Identität darin sehe. Seine Antwort: „Ich habe so lange versucht, es loszuwerden. Ich habe gebetet, gefastet und meine Sünde bekannt, aber ich fühlte mich weiterhin zum gleichen Geschlecht hingezogen und irgendwann habe ich aufgegeben." An diesem Abend wurde ihm klar, dass er einer Lüge geglaubt hatte. Das konnte passieren, weil er vom ständigen Kämpfen erschöpft war.

Wenn du diese „Stricke" in dich integrierst, sie in dich „hineinwachsen" lässt, wenn also dein Problem bestimmen darf, wer du bist, dann wirst du diese Fesseln nicht zerreißen, sie nicht sprengen können. Dein derzeitiges Problem bestimmt nicht, wer du bist, es ist *nicht* deine Identität. Du bist *in Christus – das* ist deine Identität, *das* bist du jetzt! Deine Identität liegt in Christus, nicht in deinem momentanen Zustand. Entwinde dich dieser Lüge des Teufels, wirf sie hinaus! Diese Lüge ist sein letzter Versuch. Er will, dass diese Fesseln in dich hineinwachsen, damit du so bleibst, wie du bist. Glaube seinen Lügen nicht!

Du bist wie eine Palme – also lasse die Stricke nicht in dich hineinwachsen. Dann werden sie langsam, aber sicher reißen. Es mag seine Zeit dauern, aber es wird dich stärker machen. Die neue Kraft, die Gott in dir hervorkommen lässt, wird dir neue Siege bescheren. Dein momentaner Kampf gegen den Löwen und den Bären ist eine Vorbereitung auf einen großen Sieg gegen deinen Goliath.

Die Salbung des Heiligen Geistes wird das Joch zerbrechen (Jesaja 10,27 SLT). Ketten sollten nicht zu einem Teil von dir werden. Sie springen, wenn du dich nur weigerst, sie zu deiner Identität zu machen, sie zu integrieren. Manche Befreiung entsteht durch Wachstum: Du wirst stärker und so zerbrechen die Bindungen – die Fessel der Furcht und der unbestimmten Angst und noch so manches.

Von Jesus lernen heißt zur Ruhe kommen

„Kommt alle her zu mir, die ihr müde seid und schwere Lasten tragt, ich will euch Ruhe schenken. Nehmt mein Joch auf euch. Ich will euch lehren, denn ich bin demütig und freundlich, und eure Seele wird bei mir zur Ruhe kommen" (Matthäus 11,28–29 NLB). Jesus bietet allen, die zu ihm kommen, Ruhe an – Ruhe vor dem Joch des Versuchs, unsere Errettung zu verdienen. Welch ein unfassbarer Segen! Ruhe wird uns geschenkt, wenn wir zu Jesus kommen. Doch dann befiehlt er uns, sein Joch auf uns zu nehmen und von ihm zu lernen und so werde unsere Seele zur Ruhe kommen. Es gibt eine Ruhe, die Jesus uns schenkt, wenn wir zu ihm kommen. Aber es gibt noch eine andere Ruhe und die finden wir, wenn wir in Jesus wachsen.

Wenn du im Befreiungsdienst nicht völlig frei von Depressionen, Angstzuständen und Schwere geworden bist, dann möchte Gott, dass du in ihm wächst und so die Ruhe findest, die du brauchst. In diesem Wachstumsprozess findest du alles Weitere, wessen du bedürfest. Man bekommt nicht alles auf einmal. Wenn wir Jesus unser Leben geben oder wenn jemand für unsere Befreiung betet, empfangen wir nicht alles, was Gott für uns vorbereitet hat. Bitte, verstehe mich nicht falsch – das alles steht uns rechtmäßig von unserer Erlösung an zu. Manches davon wird uns aber erst ausgehändigt, wenn wir in Christus wachsen. Es gibt Freiheit, die Jesus uns gibt, und es gibt Freiheit, die wir finden müssen.

Ein Beispiel: Hätten deine Eltern dir ein Auto besorgt, als du zehn Jahre alt warst, dann hättest du es trotzdem noch nicht selber fahren dürfen, du hätten erst den Führerschein machen müssen. So manches von dem, was uns rechtmäßig zusteht, erhalten wir erst, wenn wir gewachsen sind und die nötige Reife dazu haben. Ich glaube, dass Gott den Segen, den er für uns hat, aufteilt, damit wir in ihm bleiben und wachsen. Er will nicht, dass wir nur ein Mal zu ihm kommen, uns nehmen, was wir brauchen, und wieder weggehen.

Wie wächst man in Jesus? Er sagt: „Nehmt mein Joch auf euch." Das spricht von einem Bund: Du bist mit Jesus, dem König gleichermaßen „gejocht". Du bist in einer Beziehung mit ihm. Diese Beziehung ist ein Bündnis– so wie eine Ehe. Als ich meine Frau heiratete, nahm sie meinen Nachnamen an. Alles, was mir gehörte, gehörte jetzt auch ihr; und alles, was ihr gehörte, gehörte jetzt auch mir. Genau so ist es in unserer Beziehung zu Jesus: Wenn wir ihm unser Leben anvertrauen und gerettet werden, dann werden wir mit ihm zusammen unter ein Joch gespannt. Unsere Kämpfe sind seine Kämpfe, sein Friede ist unser Friede. Er nimmt, was wir haben, und gibt uns das, was ihm gehört.

Um in Jesus zu wachsen, sagt er, müssen wir von ihm lernen. Dieses Lernen hat große Kraft. Wachsen heißt lernen, lernen heißt wachsen. Lernen – aus Büchern, in der Schule, von Lehrern und Pastoren? Jesus lädt uns ein: „Lernt von *mir*." Von ihm lernen, ihn kennenlernen: *Das* bringt uns Freiheit. Das passt zu Johannes 8,32: „und ihr werdet die Wahrheit erkennen, und die Wahrheit wird euch frei machen!"

Ein paar Kapitel später offenbart Jesus, dass er selbst die Wahrheit ist (Johannes 14,6). Also: Wenn wir ihn kennen, dann finden wir Ruhe. In ihm finden wir Frieden. In ihm ist Freiheit – all das finden wir *in ihm*. Wir dürfen nicht zulassen, dass sich Enttäuschung in uns breitmacht, nur weil wir nicht direkt alles erhalten, sobald wir zu Jesus kommen. Wachse in ihm und du wirst staunen, was du dabei findest.

Als sie hingingen, wurden sie geheilt

Jesus kam in ein Dorf und zehn Aussätzige baten ihn, sie zu heilen. Er sagte nicht: „Seid geheilt!", er betete nicht für sie, er legte ihnen nicht die Hand auf. Er befahl ihnen nur, zu den Priestern zu gehen und sich ihnen zu zeigen – und „während sie gingen, verschwand ihr Aussatz" (Lukas 17,14 NLB). Gott heilte sie nicht in dem Moment, in dem jemand für sie betete, sondern als sie ihm gehorchten. So kann unser Gehorsam für Leib und Seele Heilung bewirken: Jesus heilt, wenn wir beten und wenn wir ihm gehorchen.

Das ist so ähnlich, wie wenn wir zum Arzt gehen: Manchmal repariert er den Zahn sofort und wir gehen vollkommen gesund nach Hause. Meistens aber verschreibt er uns ein Medikament oder Physiotherapie – und wenn wir die Anweisungen befolgen, geht es uns hoffentlich bald wieder besser. Jesus ist unser Arzt (2. Mose 15,26), er heilt durch sein Wort und indem er uns anrührt.

Wenn du Jesus um Heilung bittest und es tut sich nichts, dann musst du vielleicht das Medikament seines Wortes einnehmen: „Er sandte sein Wort und machte sie gesund und ließ sie aus ihren Gräbern entkommen" (Psalm 107,20). Der Herr heilt und befreit auch durch sein Wort.

„Mein Sohn, achte auf das, was ich dir sage. Höre meinen Worten gut zu. Vergiss sie nicht, sondern bewahre sie tief in deinem Herzen, denn sie schenken jedem, der ihren Sinn versteht, Leben und Gesundheit" (Sprüche 4,20–22 NLB). Das Wort „Gesundheit" in diesem Vers steht für Gesundheit, Heilung, Behandlung und Medizin. Gottes Wort ist wie Medizin: „Die Worte, die ich zu euch rede, sind Geist und sind Leben" (Johannes 6,63).

Vielleicht wirst du befreit und geheilt, wenn Jesus dich anrührt. Aber manchmal gibt er dir sein Wort, damit du darin wandelst – und dann wirst du sehen: Sein Wort verändert deine Situation.

Jesus, unser großer Arzt, braucht keine Apotheke. Er hat seine eigene Medizin geschaffen, eine Therapie ohne unerwünschte Nebenwirkungen, ohne Ablaufdatum und ohne Abschlussrechnung. Gottes Wort ist wie Medizin, es ist ein Heilmittel.

Ein Medikament fragt nicht, ob der, der es schluckt, es verdient hat, gesund zu werden - es wirkt. So ist auch das Wort Gottes: Wer es einnimmt, dem schenkt es Leben.

Gottes Wort wirkt wie Arznei – aber nur, wenn du es tatsächlich einnimmst. Ein Medikament wirkt nicht, wenn es im Fläschchen bleibt, und Gottes Wort wirkt nicht, wenn es nur in der Bibel steht. Die Bibel muss in dich hineingelangen. Du musst das Wort Gottes einnehmen.

Ein Medikament braucht Zeit, um seine Wirkung zu entfalten – Gottes Wort auch. Wappne dich mit Geduld auf deinem Weg des Gehorsams.

Je mehr du von Jesus lernst, umso mehr Frieden findest du. Wenn du in Jesus wandelst, wirst du geheilt. Im Herrn zu wachsen, das hat Kraft.

Der Wasserstand steigt beim Weitergehen

„Während nun der Mann mit einer Messschnur in seiner Hand nach Osten hinausging, maß er 1000 Ellen und führte mich durch das Wasser; und das Wasser ging mir bis an die Knöchel" (Hesekiel 47,3). Der Herr hatte den Propheten Hesekiel zum Tempel gebracht und von dort floss Wasser in Richtung Osten, Richtung Totes Meer. Nachdem er 1000 Ellen in diesem Wasser gegangen war – etwa 500 Meter –, stieg das Wasser bis an seine Knöchel. Das ist noch ziemlich flach. Man kann ein bisschen planschen und spritzen, zum Schwimmen reicht es aber nicht. Der Prophet ging weiter und das Wasser stieg stark an, nach 500 Metern stand er bis zu den Knien im Wasser. 500 Meter weiter reichte ihm das Wasser bis zur Hüfte. Nochmals 500 Meter weiter konnte er nicht mehr gehen, er musste schwimmen. Der Strom wurde tiefer und gewiss auch breiter, je weiter er vorwärtsging.

Hier sehen wir den Schlüssel, wie Gottes Segen in unserem Leben größer wird: wenn wir in dem Strom bleiben und weitergehen in Richtung Totes Meer! Diese Offenbarung hat mir sehr geholfen zu verstehen, wie Gott seine Salbung in meinem Leben verstärkt. Vor einiger Zeit fuhr ich in meiner Fastenzeit für ein paar Tage weg, um Gott näherzukommen und sein Angesicht zu suchen. Und er zeigte mir durch sein Wort, dass Salbung wie dieser Strom ist: Anfangs ist sie knöcheltief und nach und nach steigt sie an. Auf dem Weg den Strom hinunter brauchen wir Glauben und Treue. Dabei wird uns unser Verlangen, den Heiligen Geist besser kennenzulernen, in ein neues Stadium bringen. Es ist ein Prozess:

Du wandelst mit dem Heiligen Geist und der Strom von Gottes Salbung wird voller. Lerne, eine Beziehung zum Heiligen Geist zu entwickeln, und bleibe nicht stehen, auch wenn das Wasser nicht steigen will – gehe weiter, es wird nicht dabei bleiben. Gott bringt dich zu einer neuen Ebene.

Das Wasser stieg aber nicht einfach nur deshalb an, weil Hesekiel darin war. Auch die Richtung des Stromes spielte eine Rolle: Der Fluss führte zum Toten Meer, dem tiefsten trockenen Punkt der Erdoberfläche. Das Tote Meer steht für Menschen, die gerade am Tiefpunkt sind – in Sünde. Wenn du in Gott wächst, kommst du dem Heiligen Geist näher und gleichzeitig kommst du näher an die Menschen heran, die nicht zur Gemeinde Jesu gehören. Ihnen sollen wir das Evangelium verkünden und wenn wir das tun, wird Gott seinen Strom in unserem Leben vertiefen und verbreitern und schließlich wird dieser Strom anderen Heilung und Leben bringen.

Ja, in Zeiten des Wachstums mehren sich in deinem Leben Gottes Segen, Heilung, Freiheit – und seine Salbung!

Gebet

Herr Jesus! Ich war erschöpft und müde. So kam ich zu Dir und Du hast mir Ruhe gegeben.
Heute bitte ich Dich um Dein Joch und Deine Last. Lehre mich bitte, mehr wie Du zu werden. Lehre mich Sanftmut und Demut. Lass mich Ruhe, Heilung und Freiheit finden; und während ich zu Deinen Füßen sitze und von Dir lerne, werde Du in mir größer.

KAPITEL 13

SAUL UND SAULUS: DER UNTERSCHIED

Ich komme aus einer sehr großen Verwandtschaft. Meine Großmutter mütterlicherseits – während ich das schreibe, ist sie noch am Leben, mein Großvater ist schon lange zum Herrn gegangen – meine Oma also hat 16 Kinder, 73 Enkel und 33 Urenkel. Ich habe sehr schöne Kindheitserinnerungen. Ich bin in einer strenggläubigen und starken ukrainischen Pfingstlerfamilie aufgewachsen und das war ein Segen, aber es hatte auch seine Schattenseiten. Ich hatte jedenfalls das Gefühl, dass ein Vers ganz besonders wichtig genommen wurde, nämlich der, dass man in der Kindererziehung die Rute nicht schonen solle (Sprüche 13,24).

Mein Cousin und ich spielten bei unserer Oma. Sein Vater, ein strenger Typ, befahl uns, dazubleiben und nicht herumzustreunen.

Wir waren ungefähr sieben Jahre alt und natürlich fand mein Cousin es spannender, auf Abenteuer auszugehen, statt der strikten Anweisung seines Vaters zu gehorchen – und ich wollte einfach mit ihm zusammen sein. Allerdings gab ich ihm zu bedenken, sein Vater würde, gelinde gesagt, nicht begeistert sein, wenn er uns ertappte.

Wir entwischten also und liefen ins Feld und fanden neue Stellen, die wir noch nicht kannten – und vergaßen ganz die Zeit. Wir fehlten beim Mittagessen und alle suchten uns. Nicht gut! Als wir zurückkamen, versuchten wir, uns unauffällig zu den anderen zu gesellen, als wäre nichts gewesen, aber natürlich kamen wir damit nicht durch. Mein Onkel nahm uns in sein Haus und dort bekam sein Sohn eine gehörige Abreibung ukrainisch-pfingstlicher Art, ein paar sehr heißblütige Schläge mit dem Gürtel auf den nackten Hintern. Ich sah zu, hielt mir die Hände auf den Popo und wusste: Gleich komme ich dran! Schließlich hatten wir beide gehört, was sein Vater sagte, und wir beide hatten nicht gehorcht.

Nachdem mein Kamerad seine Tracht Prügel erhalten hatte und die Schrift erfüllt war, schaute sein Vater mich zornglühend an und sagte: „Raus mit dir!" Ich dachte nur: „Wie, das war's? Kein Gürtel für mich?". Ich rannte aus dem Haus, so schnell ich konnte, und dankte Gott, dass der Gürtel an mir vorübergegangen war. Mein Cousin tat mir so leid! – Weißt du, warum mein Onkel mich nicht bestrafte? Weil ich nicht sein Sohn bin. Voller Zorn befahl er mir, sein Haus zu verlassen, aber bestraft hat er mich nicht.

Väter disziplinieren ihre Kinder. Väter züchtigen ihre Kinder, weil sich diese noch nicht selber in Zucht nehmen können.[8] Hätten wir das Rechte getan und uns von den Nachbargrundstücken und den Feldern ferngehalten, dann hätte mein Cousin keine Prügel bekommen. Wir Christen haben die Wahl: Entweder wir nehmen uns selbst in Zucht oder unser liebender Vater wird das für uns tun (Hebräer 12,3-11; 1. Korinther 11,32).

„Wie jeder andere Mensch"?

Gott straft uns nicht für unsere Sünden – das hat er bereits am Kreuz erledigt: Gott hat Jesus für alle unsere Sünden bestraft. Aber als unser liebender Vater erzieht er uns; und wenn wir es an der Disziplin mangeln lassen, übernimmt er das für uns, damit in uns die Frucht der Heiligkeit wächst.

Züchtigung, Disziplinierung ist nicht dasselbe wie Strafe:

- Strafe ist ewig, Züchtigung ist zeitlich.
- Strafe ist für Sünder, Züchtigung für die Heiligen.
- Strafe geschieht aus Wut, Züchtigung aus Liebe.
- Strafe kommt später, Züchtigung findet sofort statt.
- Strafe vertreibt einen Menschen aus Gottes Gegenwart, Züchtigung bringt ihn Gott näher.

So war es bei meinem Cousin: Sein Vater disziplinierte (züchtigte) ihn aus Liebe und behielt ihn im Haus. Ich hingegen entging den Schlägen, wurde aber aus dem Haus geworfen. Menschen, die

---

8 Engl. *discipline*, in diesem Buch wiedergegeben mit (Verb) „disziplinieren", „in Zucht nehmen" „züchtigen", „zur Ordnung rufen" oder (Substantiv) „Disziplin", „Gehorsam" „Züchtigung", „Zucht". Im Neuen Testament kommt dieses Wort in 1. Korinther 9,27; Epheser 6,4; Hebräer 12,5-11; Offenbarung 3,17 vor. Es ist die Übersetzung des griechischen Wortes *paideia*. Die Schlachter-Bibel erklärt dazu: „od. Unterweisung/Erziehung [...]. Der Begriff umfasst alle Elemente der Kindererziehung: Lehre und Unterweisung, Anleitung und Übung, Disziplin und Züchtigung." (Anm. d. Übers.)

in dieser Welt Gottes Gebote brechen, werden in der Ewigkeit von ihm getrennt sein – auch wenn es hier auf der Erde so aussieht, als wären ihre Sünden kein Problem. Aber wenn wir, die Kinder Gottes, unserem himmlischen Vater nicht gehorchen wollen, dann diszipliniert (züchtigt) er uns hier und jetzt, damit wir einen anderen Charakter entwickeln und gehorsam werden.

Simson dachte, es wäre kein Problem, wenn man ihm das Haar schneiden würde, er wäre dann eben „wie jeder andere Mensch" (Richter 16,7.11.17). Simson war verführt. Er dachte, mit seinem Ungehorsam würde es ihm nicht schlechter ergehen als allen anderen Leuten.

Menschen, die Gott nicht dienen, leben trotzdem. Sie heiraten, ziehen Kinder groß und oft scheinen sie das Leben rundum zu genießen. Natürlich gefiel es Simson, so stark zu sein und seiner Berufung nachzukommen. Er hätte aber nie gedacht, dass seine Disziplinlosigkeit schlimmere Folgen haben könnte als nur die, dass er dann ein ganz normales, gewöhnliches Leben führen würde wie alle um ihn herum.

Doch es kam anders: Simson lebte undiszipliniert – als Israelit hätte er keine Philisterin zur Frau nehmen dürfen und als Nasiräer durfte er keinen Wein trinken, keine Toten anrühren und sein Haar nicht schneiden. Durch das Verhältnis zu Delila und als sein Haar geschnitten war, wurde er aber nicht einfach „wie jeder andere Mensch"! Er bekam „Prügel", schwere Prügel sogar. Die Frau, die er liebgewonnen hatte, verriet ihn um Geld, man stach ihm die Augen aus, er wurde eingesperrt und den Rest seines Lebens lief er buchstäblich im Kreis (Richter 16,21). Das ist kein normales Leben, sogar die Gottlosen haben es besser. Nun könnte man denken: „Wenn das so ist, dann lohnt es sich nicht, Christ zu sein, wenn Gott einen bei jedem Fehltritt so hart herannimmt."

Wenn du dich als Kind Gottes weigerst, diszipliniert zu leben, dann wird dein Vater dich disziplinieren. Im Hinblick auf die Ewigkeit ist es allemal besser, hier und da ein paar Schläge einzustecken und dem Vater nahezubleiben, statt auf ewig in die äußerste Finsternis verstoßen zu werden. Es gibt nur eine Möglichkeit, der Züchtigung zu entgehen: Du nimmst dich selbst in Zucht, du entscheidest dich für Disziplin. Der Weg des Gehorsams ist um einiges einfacher, er ist lohnender und der Heilige Geist gibt uns Rückenwind. Ja, der Weg der Disziplin ist schmal, aber er führt zum Leben – zu einem erfüllten, überfließenden und siegreichen Leben. Solch ein Leben erträumen wir uns doch, nicht wahr? Solch ein Leben hält Gott für uns bereit! Im Willen Gottes zu leben kostet einen Preis, aber der ist klein, verglichen mit dem Preis, den du für ein Leben in Sünde und Kompromiss zahlen wirst.

Gottesbegegnung und Gehorsam

Nach einer Begegnung mit Gott, wenn er in unser Leben eingegriffen hat, müssen wir mehr als zuvor im Gehorsam leben, das heißt, uns seiner Zucht unterordnen. Wie wichtig das ist, sehen wir an zwei Personen in der Bibel, an den beiden Sauls. Der eine ist König, der andere ein Pharisäer. Der eine geht nach Rama, um David umzubringen, der andere nach Damaskus, um Christen zu Tode zu bringen. Beide sehen sich dabei im Recht – und beide haben eine ungewöhnliche Gottesbegegnung: König Saul zieht sich aus bis auf die Unterwäsche und prophezeit Tag und Nacht, Saulus von Tarsus ist drei Tage lang blind.

Aber die Folgen dieser beiden Gottesbegegnungen könnten unterschiedlicher kaum sein: König Saul wird ein Abtrünniger, Saulus von Tarsus ein Apostel.[14] Beide haben sehr Außergewöhnliches erlebt. Der eine lebt weiter wie bisher, der andere macht eine

180-Grad-Wendung – er gibt sein früheres Leben auf und lebt nun dem alten Leben genau entgegengesetzt. Saul wird zum 85-fachen Priestermörder und begeht Selbstmord, Saulus bleibt seinem Vorsatz treu, um jeden Preis Gott zu gehorchen, und stirbt als Märtyrer.

Wie gewaltig deine Befreiung auch gewesen sein mag: Jetzt musst du dein Leben ganz Gott weihen, sonst wird sich auf lange Sicht gar nichts ändern. Ich liebe besondere Begegnungen mit Gott, erfrischende Konferenzen, eindrückliche Freizeiten. Sie sollen unser Feuer aber nachhaltig anfachen oder, wenn wir noch nicht brennen, in uns ein Feuer anzünden, das nie erlischt. Gott will kein Strohfeuer. Dein geistliches Leben ist ein Weg, es besteht nicht nur aus spirituellen Höhepunkten. Wenn es an der Disziplin fehlt, an Treue und Gehorsam, gehen wir danach schnell wieder auf den alten Wegen.

Vor einigen Tagen fuhren meine Frau und ich auf unserer Yamaha 49cc an einem Bauernhof vorbei. Die Schweine waren im Freien und suhlten sich im Dreck. Von diesem Hof hatte ich als Jugendpastor einmal ein Schwein ausgeliehen, um meine Predigt zu illustrieren: Man kann ein Schwein waschen und bürsten. Sobald das Schwein aber wieder zu Hause ist, auf dem Hof, rennt es in den Matsch. Leider tun viele von uns nach einer Gottesbegegnung das Gleiche.

Wir sind gereinigt worden, wir sind sauber – und dann rennen wir zurück und wiederholen genau das, was Gott so zuwider ist! Wie kommen wir aus diesem Teufelskreis heraus? Schlage das Schwein ans Kreuz und wirf es zu einem Schaf, indem du kapitulierst und deinen Willen Gott unterwirfst. Unterwirf dein Fleisch der Disziplin, Gott zu gehorchen. Disziplin ist wichtig. Anders können wir das Fleisch nicht besiegen.

Satan, die Welt und das Fleisch

Ich werde nicht müde zu betonen: Wir sind befreit worden – aber nicht, um zu tun, was wir wollen, sondern, um das tun zu können, was wir sollen. Ein Zug kann sich von den Schienen befreien und tun, was er will. Wenn er aber nicht auf dem Gleis fährt, kommt er nirgendwo hin! Die beiden Schienen unserer Freiheit heißen „Disziplin" und „Jüngerschaft"[9].

Befreiungsdienst wirft den Teufel hinaus. Damit er aber draußen bleibt, müssen wir Disziplin üben. Befreiung ist Gottes Werk *an* uns, Disziplin ist Gottes Werk *in* uns.

Warum ist Disziplin so wichtig? Weil wir drei Feinde haben. Wir begegnen ihnen laufend, manchmal sogar allen zugleich: die Welt (unser äußerer Feind), der Teufel (unser unsichtbarer Feind) und das Fleisch (unser innerer Feind).

Den Teufel bezwingt man, wenn man mit Gottes Wort in der Kraft des Heiligen Geistes kämpft.

Die Welt bezwingt man, indem man flieht – so wie Joseph vor der Frau seines Herrn. Wir fliehen vor Menschen und Orten, die uns zu unserem früheren Lebensstil zurücklocken wollen.

Der schlimmste Feind ist das Fleisch, das können wir nicht austreiben. Sogar wenn wir uns selbst verleugnen und unser Fleisch kreuzigen – am nächsten Tag steht es von den Toten auf! Um unser Fleisch leichter zu bezwingen, können wir fasten und Gottes Angesicht suchen. Damit nähren und stärken wir unseren Geist.

---

9 Engl. *discipleship*, in diesem Buch wiedergegeben mit „Anleitung in der Nachfolge", „Jüngerschaft", „Leben als Jünger Jesu"; *disciple* – (Verb) „in der Nachfolge anleiten" oder (Substantiv) „Jünger", „Nachfolger". – Das griechische Wort für „Jünger" – *mathetes* kann auch mit „Lernschüler, Lehrling"(Anm. d. Übers.) übersetzt werden.

Die Rute der Zucht

Wenn Gott uns von einem Zwang, einer Bindung befreit hat, brauchen wir Disziplin – Zucht und Ordnung. Manche Menschen brauchen auch Disziplin, um überhaupt befreit zu werden. Was die Befreiung von Sünde angeht: Dafür empfahl Jesus keinen Befreiungsdienst, sondern knallharte Selbstzucht: „Wenn dich also dein rechtes Auge zur Sünde verführt, dann reiß es heraus und wirf es weg! Besser, du verlierst eins deiner Glieder, als dass du unversehrt in die Hölle geworfen wirst" (Matthäus 5,29 HFA). Jesus, der König der geistlichen Welt, kennt die Macht des Teufels, der auf dieser Welt die Strippen zieht, und rät uns für manche Sünden zur Selbstbehandlung durch ein Leben voller Disziplin. Ja. das ist nicht immer angenehm. Wenn die Hand abgehackt ist, tut das brutal weh. Oft sorgt aber gerade diese Art von Schmerz für einen wichtigen Sieg

Wenn du dich nicht selbst in Zucht nimmst, wird das Leben das für dich tun. Aber ich kann Ihnen sagen: Lieber disziplinieren du dich selbst, als dass das Leben es tut. Unter Disziplinieren verstehe ich, dass ich ständig mein Fleisch kreuzige. Die Erlösung wurde mir durch den Kreuzestod Jesu Christi geschenkt, aber meine Heiligung geschieht, indem ich an diesem Kreuz sterbe. Das Fleisch kreuzigen heißt, die eigenen Begierden und Sünden (die „Werke des Fleisches", Galater 5,19) zu töten und den Geist zu nähren.

Was du nährst, wird wachsen. Was Sie hungern lässt, wird eingehen. „Ich sage aber: Wandelt im Geist, und ihr werdet die Begierde des Fleisches nicht erfüllen" (Galater 5,16 ELB). Das Fleisch hat Begierden – Begierden sind wie Insektenstiche: Je mehr man daran kratzt, umso stärker jucken sie. Das Fleisch wird nie zufrieden sein, es hat niemals genug. Die einzige Lösung für unser Fleisch ist, es zu kreuzigen. Im Geist zu wandeln hilft uns dabei.

Im Prinzip sagt Paulus: Wenn wir Gott näherkommen, dann verschwindet unser Fleisch zwar nicht, aber wir bekommen die Kraft, seine Forderungen zu ignorieren. Wenn du dein Fleisch kreuzigst, steht es am nächsten Tag wieder auf (oder in der nächsten Woche). Mit Gott zu wandeln bewahrt uns davor, die Begierden unseres Fleisches zu erfüllen. Deshalb ist es so wichtig, nahe bei Gott zu bleiben. Die Begierden des Fleisches werden nicht verschwinden, aber du wirst dich ihnen widersetzen können. Es wird weiterhin jucken, aber du hast die Kraft, nicht zu kratzen, und irgendwann lässt der Juckreiz nach.

Vor Kurzem wurde mir etwas über einen sehr bekannten Vers klar. Ich kenne ihn seit meiner Kindheit, meine Eltern haben ihn oft zitiert: „Torheit steckt dem Knaben im Herzen; aber die Rute der Zucht treibt sie ihm aus" (Sprüche 22,15 LUT). Manchmal hängt unser Herz an etwas Verkehrtem und das kann uns von Gott abziehen. Es gibt aber eine Kraft, die stark genug ist, uns davon zu befreien: die „Rute der Zucht". Das Bild der Rute zeigt, dass Gezüchtigt werden, auch Selbstzucht, kein Zuckerlecken ist. Es mag im Moment wehtun, aber im Rückblick werden wir dafür dankbar sein.

Als ich Kind war, disziplinierten meine Eltern mich mit der Rute. Jetzt, als Erwachsene, müssen wir lernen, uns die nötige Disziplinierung selbst angedeihen zu lassen.

Jüngerschaft zeigt unsere Bestimmung

Um frei zu bleiben und in unserem Leben das zu erreichen, was Gott für uns vorbereitet und wozu er uns bestimmt hat, brauchen wir Anleitung in der Nachfolge – „Jüngerschaft". Die Jünger Jesu lösten den angebundenen Esel und brachten ihn zu ihm. Dieselben Jünger, die den Esel losbanden, führten ihn so lange, bis Jesus sich daraufsetzte. Um unsere Bestimmung nicht zu verfehlen, ist es entscheidend wichtig, dass wir uns mit den richtigen Leuten umgeben und von ihnen lernen. Jüngerschaft ist nicht billig, sie kostet etwas: Du musst dich demütigen, deinen Leitern Rechenschaft ablegen, deine Eltern ehren, auf deinen Pastor hören und dich einer Kleingruppe anschließen. Von Eltern oder älteren, reiferen Christen und Mentoren umgeben zu sein, ist, wie einen Regenschirm über sich zu haben: Es ist ein Schutz vor Bösem.

Wir alle lernen – entweder aus Einsicht oder aus Fehlern. Aus Fehlern lernen wir, wenn wir uns verletzt haben. Aber Einsicht (also das Hören auf erfahrene Leute) bewahrt uns davor, dass wir uns verletzen. Manche sehen das anders: „Ich brauche keinen außer Jesus!" Na ja – bevor Jesus sich auf den Esel setzte, hatten die Jünger den Esel ihm zugeführt.

Das sehen wir auch im Leben Jesu: Bevor er zu seinem Dienst gesalbt und berufen wurde, lebte er bei seinen Eltern und „war ihnen untertan" (Lukas 2,51 ELB) – und in seinem geistlichen Dienst tat er nie, was er selbst wollte, sondern nur das, was sein himmlischer Vater ihm zeigte und von ihm wollte. Jesu Leben bestand also darin, erst seinen Eltern zu gehorchen und danach seinem Vater im Himmel, dem war er „gehorsam bis zum Tod" (Philipper 2,8). Kein Wunder, dass Jesus solche Autorität hatte, wenn er sprach: Er selbst lebte unter Autorität.

Du kannst keine Autorität ausüben, wenn du nicht selbst unter Autorität stehst. Jüngerschaft beginnt damit, dass wir unsere Eltern ehren. Ehren ist nicht dasselbe wie Gehorsam. Gehorsam ist eine Tat, Ehren eine Haltung. Das einzige der zehn Gebote, das eine Belohnung verheißt, ist „Du sollst deinen Vater und deine Mutter ehren" (2. Mose 20,12). Mir sind viele Fehler erspart geblieben, weil ich auf meine Eltern und auf meinen Pastor gehört habe.

SAUL UND SAULUS: DER UNTERSCHIED

Gott hat die Eltern eingesetzt, damit sie uns prägen und lenken hin zu dem, was Gott für uns bestimmt hat. Joseph kam nach Ägypten und hatte dort ungeahnten Erfolg. Es begann aber damit, dass er einfache Aufträge seines Vaters ausführte: „Geh doch und sieh, ob es gut steht um deine Brüder und ob es gut steht um die Herde, und bring mir Bescheid!" (1. Mose 37,14). Saul kam zum Königtum, während er seinem Vater diente (er suchte die entlaufenen Eselinnen), und nicht, weil er danach strebte, König zu werden. David besiegte Goliath. Er war aber nur deshalb aufs Schlachtfeld gekommen, weil sein Vater ihn dorthin geschickt hatte, um seinen Brüdern und anderen Leuten Proviant zu bringen. – Alle diese Männer waren nicht auf der Suche nach ihrer Bestimmung. Ihre Bestimmung fand sie, während sie das taten, was ihre Eltern ihnen aufgetragen hatten. Sie gehorchten ihren Eltern. Sie haben nicht nur gebetet und gefastet, damit Gott sie gebrauchen möge. Die Eltern nicht zu ehren bringt uns unter einen Fluch. Leben wir dagegen ein Leben, in welchem wir unsere Eltern ehren, bringt dies uns großen Segen.

In Jüngerschaft zu leben formt unseren Charakter, leitet uns zu unserer Bestimmung und wir werden angehalten, über unser Tun und Lassen Rechenschaft abzulegen. Josua brauchte Mose. David brauchte Samuel. Elisa brauchte Elia. Die Jünger brauchten Jesus. Timotheus brauchte Paulus. Wir alle brauchen Pastoren, Eltern und Mentoren, die uns unterstützen, anleiten, unseren Charakter formen und uns vor Stolz und Dummheiten bewahren.

Lerne, deine Mentoren zu ehren und auf deine Berater zu hören – andernfalls wirst du aus deinen Fehlern lernen müssen.

Gebet

Herr Jesus! Ich habe unter der Sünde gelitten, nun lebe ich in Deiner Liebe. Das hat mich verändert. Ich will nur noch das Gute! Ich will nicht mehr leben wie alle anderen, ich will Dir nachfolgen!
Bitte, führe mich mit den richtigen Leuten zusammen, die mir weiterhelfen. Gib mir Mentoren, aber vor allem gib mir bitte die richtige Einstellung zu denen, die Du bereits in mein Leben gestellt hast.

KAPITEL 14

PRIVILEGIERT, UM ZU BEFREIEN

Schawarsch Karapetjan war 15. Eine Gruppe Jugendlicher verprügelte und fesselte ihn, band ihm einen Stein um den Hals, warf ihn in einen See und machte sich davon. Irgendwie schaffte Schawarsch es, seine Hände freizubekommen, den Stein am Hals loszuwerden und wieder aufzutauchen. Daraufhin beschloss er, seine Schwimmkünste zu verbessern, er trainierte und mit 17 wurde er armenischer Meister im Flossenschwimmen. Das war der Anfang – er errang die höchste Sportauszeichnung der Sowjetunion und wurde mit einem Weltrekord Europameister. Er hatte unglaublichen Erfolg: 17 Mal war er Weltmeister, 13 Mal Europameister und 7 Mal Meister der UdSSR, alles im Flossenschwimmen.[15]

Abgesehen von seinen Leistungen im Schwimmen ist Karapetjan aber ein starkes Vorbild an selbstloser Hilfsbereitschaft: Eines Tages, Schawarsch war unterwegs zum Training, verlor der Busfahrer auf einem gefährlichen Abhang die Kontrolle über das Fahrzeug und der Bus wäre beinahe eine Klippe hinuntergestürzt. Der etwa 21-jährige Schawarsch sprang in den Fahrersitz, brachte den Bus wieder auf die Spur und rettete damit dreißig Menschenleben, darunter sein eigenes.

Zwei Jahre später, am 16. September 1976, liefen er und sein Bruder einen 20-km-Lauf. Dabei sahen sie, wie ein Trolleybus mit 92 Passagieren von der Straße abkam und in den eiskalten Jerewan-See stürzte. Der Bus lag in zehn Metern Tiefe, 25 Meter vom Ufer entfernt. Schawarsch Karapetjan rannte sofort hin, sprang ins eiskalte Wasser und schwamm los. Mit den Beinen trat er die Heckscheibe ein und holte in einer halben Stunde etwa dreißig Leute an die Oberfläche. Sein Bruder kümmerte sich derweil um die Verletzten, 20 von ihnen überlebten.

Nach dem dreißigsten Tauchgang wurde Schawarsch bewusstlos und blieb es 45 Tage lang. Seine Heldentat hätte ihn fast das Leben gekostet – die vielen Schnittverletzungen in dem kalten und durch Abwasser belasteten See zogen eine Sepsis nach sich und Lungenkomplikationen setzten seiner Schwimmerkarriere ein Ende. Jahre später wurde Schawarsch mit der Medaille „Für die Rettung Ertrinkender" und dem Ehrenzeichen der Sowjetunion ausgezeichnet. Erst sechs Jahre nach dem Vorfall brachte die „Komsomolskaja Prawda" den Artikel „Die Unterwasserschlacht eines Champions". Daraufhin erhielt er sechzigtausend Zuschriften.[16]

In einem Interview wurde er gefragt, was in dieser Situation das Erschreckendste gewesen sei. Seine Antwort:

„Mir war klar, dass ich nicht alle retten konnte. Deshalb fürchtete ich mich sehr, einen Fehler zu machen. Es war so dunkel da unten, ich konnte fast nichts sehen. Bei einem der Tauchgänge packte ich versehentlich einen Sitz statt eines Menschen ... Ich hätte stattdessen ein Menschenleben retten können! Dieser Sitz verfolgt mich in meinen Albträumen bis heute."[17]

Ich bin sehr beeindruckt von diesem Helden unserer Zeit – er setzte sein Leben dafür ein, andere Menschen zu retten, auf Kosten seiner Gesundheit und er bedauert nur eines: dass er nicht noch mehr Menschen retten konnte. Helden gibt es in allen Schattierungen, aber eines haben sie alle gemeinsam: Sie sind bereit, ihr Leben für andere aufs Spiel zu setzen. Schauspieler, Künstler und Sportler lassen mich kalt – für mich sind die wahren Helden die, die Gottes Wesen widerspiegeln. Sie leben dafür, wofür Jesus gestorben ist: Seelen. Wenn du es dir zum Ziel machst, Menschen zu retten, dann wird Gott dich zu einem Helden machen. Aus deinem Tiefpunkt macht er ein Zeugnis, deine Notlage wird zur Hoffnungsbotschaft.

Befreit zum gesegneten Gebrauch

Nochmals zurück zu dem Esel, den die Jünger losbinden sollten: „Geht in das Dorf, das vor euch liegt, und sogleich werdet ihr eine Eselin angebunden finden und ein Füllen bei ihr; die bindet los und führt sie zu mir! Und wenn euch jemand etwas sagt, so sprecht: Der Herr braucht sie!, dann wird er sie sogleich senden" (Matthäus 21,2-3). Die Eselsbefreiung war kein Selbstzweck. Jesus brauchte das Tier als Transportmittel nach Jerusalem, sozusagen eine Mitfahrgelegenheit: Der Esel war sein Taxi. Auch heute möchte Jesus „in Jerusalem einziehen". Er will Zutritt zur Kirchenwelt, zur Wirtschaft, in die Politik, die Medien, zu Unterhaltung und

Kunst, zum Bildungswesen und zur Familie haben – und zwar durch uns. Durch uns will er seine Herrlichkeit und die Frohe Botschaft dort hintragen.

Du bist von den Ketten der Sünde, der Sucht und Sklaverei befreit worden, um brauchbar zu werden für deine Bestimmung, für die Gott dich geschaffen hat. Nun, da du erlöst und befreit bist, mache es dir zum Lebenszweck, für Gott zu leben und seinen Willen zu tun! Reduziere deine Lebensziele nicht darauf, nur zu heiraten, eine Familie zu gründen, ein Haus zu bauen, auf Reisen zu gehen, das Haus abzuzahlen und bei alledem eine nette Rente anzusparen. Nichts gegen all das, aber als Christ wurdest du durch den Kreuzestod Jesu Christi errettet, du haben eine Heimat im Himmel und du weißt: die Hölle ist heiß und die Ewigkeit währt lang. Da ist es schäbig und verkehrt, für weniger zu leben als für das, wofür Jesus sich geopfert hat!

Vielleicht denkst du jetzt, du müsstest deine Arbeit kündigen und als Missionar in ein fernes Land gehen, um Gottes Willen zu tun. Manche sind tatsächlich genau dazu berufen. Alle anderen hat Jesus aber befreit, damit sie ihn in ihrer gewohnten Umgebung bekannt machen. Missionar ist man aufgrund der Mentalität und nicht aufgrund des Wohnorts. Missionarisch leben heißt, Gottes Herrschaft, Gottes Reich dort hineinzutragen, wo man selbst etwas zu sagen hat. Wir sollen in die Welt gehen und ihr Jesus bringen, dann schafft der Heilige Geist Gelegenheiten für Wunder und gibt Möglichkeiten, unsere Mitmenschen zu Jesus zu führen.

Als Jesus sich auf den Esel setzte, wurde dieser zu seinem Transportmittel in die Stadt. Wenn der Heilige Geist auf uns kommt, setzt er sich auf uns und gibt uns Kraft, Zeugen Jesu zu sein. Der Heilige Geist ist *in mir* zum Segen für mich, aber *auf mir* ist er zum Segen für die Mitmenschen.

Die Geistestaufe ist nicht nur dazu gedacht, dass wir in Zungen reden können und mehr beten. Der Heilige Geist kommt auf uns, damit wir zu einem Esel werden, auf dem Jesus in unser „Jerusalem" einziehen kann. Leider haben wir Pfingstler die Taufe des Heiligen Geistes auf das Zungenreden reduziert, aber sie ist viel mehr: Du empfängst die Kraft, Zeuge Jesu zu sein – das ist der wahre Grund dafür! Ich kenne Leute, die fleißig in Zungen reden, aber sie bringen nie jemanden zum Gottesdienst mit. Sie sprechen nicht mit Außenstehenden über ihren Glauben, Mission interessiert sie nicht und es kümmert sie auch nicht, dass sich in ihrer Gemeinde seit Jahren keiner bekehrt hat. Das ist auch gar kein Wunder, wo das Einzige, was sie empfangen haben, das Zungenreden ist und nicht Kraft!

Der Zweck dahinter, dass wir befreit und vom Geist Gottes erfüllt worden sind, ist der, dass wir Zeugen Jesu Christi werden. Der Heilige Geist gibt uns nicht Kraft, Anwälte zu sein und herumzudiskutieren, sondern Zeugen, die berichten, was sie gesehen und gehört haben! Gott beruft uns nicht dazu, Debatten zu gewinnen, sondern Seelen. Das ist das ultimative Ziel der Befreiung.

Geboren für eine Zeit wie diese

„Denn wenn du jetzt schweigst, so wird von einer anderen Seite her Befreiung und Rettung für die Juden kommen, du aber und das Haus deines Vaters werden untergehen. Und wer weiß, ob du nicht gerade wegen einer Zeit wie dieser zum Königtum gekommen bist?" (Esther 4,14.) Das sagte Mordechai zu Königin Esther. Esther ist eine der Heldinnen in der Bibel – sie nutzte ihre Privilegien dazu, Gottes Willen zu tun. Sie hatte nicht den besten Start ins Leben: Geboren wurde sie im Exil und ihre Eltern hatten ihr den Namen „Hadassa" gegeben, aber sie waren gestorben. Ihr

Onkel Mordechai adoptierte sie und nun hatte sie einen anderen Namen: Esther.

Vasti, die Frau von König Ahasveros (Xerxes), hatte ihren Mann blamiert und das kostete sie die Krone. Königin gesucht! So ließ der König die schönsten Frauen an den Hof bringen und eine davon war Esther. Sie fand Gunst und der König erwählte sie zu seiner Ehefrau. Welch ein Segen! Manche würden sagen: Sie hatte Glück – vom Aschenputtel zur Braut des Prinzen, vom Tellerwäscher zum Millionär. Aber Gott hatte mehr mit Esther vor. Ihre neue Position hatte einen Zweck. Dieser wurde offenbar, als ihr Volk in große Gefahr geriet. Esther hatte im Palast ein gutes Leben. Mordechai lebte in beiden Welten, im Palast und außerhalb davon. Er sah die Not und den Tod, der seinem Volk ins Haus stand. Esther bekam von alledem nichts mit, denn auf Anweisung Mordechais hatte sie niemandem mitgeteilt, dass sie Jüdin war. Mordechai musste ihr nun klarmachen, dass sie nicht nur in den Palast gelangt war, um ein gutes Leben zu haben.

Unser „Mordechai" ist der Heilige Geist. Er sieht klar, welche Zukunft diese Welt hat und was denen bevorsteht, die Jesus nicht annehmen. Er weiß, dass sie ewige emotionale Qual, körperliches Weh und geistliche Trennung von Gott erleiden müssen; und es sind so viele, die auf eine Ewigkeit ohne Christus zugehen!

Der Heilige Geist will uns aufstören und uns die Augen öffnen. Wie Mordechai Esther aufklärte, so klärt der Heilige Geist uns darüber auf, dass unsere Rolle in diesem Leben einem höheren Zweck dient: Gott hat dich gerettet, damit du nun andere retten kannst. Gott hat dich erhoben, damit du nun andere hochheben kannst. Das heißt ganz und gar nicht, dass du besser wärst als die anderen und dass du aus diesem Grund Erbarmen und Gunst gefunden hättest – hätte Gott sich deiner nicht erbarmt, wärst du kein bisschen besser dran als die vielen, die fern von Gott und Erlösung auf dem Weg zur Hölle sind. Du fragst dich vielleicht, warum Gott nichts dagegen tut? Er hat schon alles getan! Die Frage ist: Warum tust *Du* nichts? Haben wir denn *irgendetwas* unternommen? Haben *wir* alles getan?

Der Geist Gottes ist an unserer Seite und er will uns willig machen, Menschen zu retten. Das soll zu unserer höchsten Priorität werden. Aber das kostet etwas. Sind wir bereit, den Preis dafür zu zahlen? Viele Christen haben kein Problem damit, andere zu retten, solange es ihnen gerade passt und solange es ihnen nichts abverlangt. Das ist das Problem! Immer, wenn es um Rettung geht, musst du bereit sein, einen Preis dafür zu zahlen. Lasse deinen Komfort und deine Selbstsucht hinter dir und fordere deine Ängste heraus! Gebe der Angst kein Gehör, wenn sie dir weismachen will, dass du anderen das Evangelium nicht verkünden kannst. Esther stand sehr unter Druck. Sie befürchtete den Tod durch Hinrichtung, wenn sie den König um das Leben ihres Volkes anflehen würde. Aber Esther verlor ihre Krone nicht, als sie sie um ihres Volkes willen riskierte. Die meisten von uns werden nichts verlieren, wenn sie andere zu retten suchen – und sollten wir unserer Bestimmung wegen auch eine Zeitlang auf Komfort verzichten müssen: Im Vergleich zu dem Gewinn für die Ewigkeit ist dieser Preis gering.

Es ist traurig mitanzusehen, wie wohlhabende, einflussreiche Gläubige in hoher Position ihr Licht nicht leuchten lassen aufgrund von „politischer Korrektheit", weil sie sich nicht unbeliebt machen wollen. Sie schrauben ihre Berufung zur Errettung der Seelen herunter auf den Wunsch, ein leuchtendes Vorbild zu sein oder nette Geschichten zu erzählen – „Inspiration" nennt man das. Es ist ja recht angesehen, eine „Inspiration" zu sein. Daran ist erst mal nichts Verkehrtes, aber wer weiß, dass die Hölle heiß und die Ewigkeit lang ist, der sollte ein anderes Ziel haben. Ich will mir lieber nicht ausmalen, was passiert wäre, wenn Esther gesagt hätte: „Mordechai, also das mit der Rettung der Juden ist mir doch zu riskant, ich könnte meine Position verlieren. Ich will Königin bleiben und für die kleinen Mädchen hier in Persien ein Vorbild sein, sie sollen große Träume haben."

Du verfehlst das Ziel, wenn du dafür lebst, andere zu inspirieren, obwohl du weißt, dass sie dabei sind, verloren zu gehen. Wir sind nicht dazu berufen, einer sterbenden Generation Inspiration zu verschaffen, sondern ihr Rettung zu bringen. Wenn ein Mensch auf einen Abgrund zuläuft, dann braucht er keine Inspiration, sondern jemanden, der ihn von der Klippe weglenkt. Wer in einem brennenden Haus festsitzt, braucht kein leuchtendes Vorbild, sondern jemanden, der ihn herausholt. Ein Ertrinkender braucht keine „Ermutigung" und keine Durchhalteparolen, sondern einen Retter. Jesus kam nicht, um uns zu inspirieren, sondern, um die Verlorenen zu retten.

Befreit, um zu befreien

Bevor Mose geboren wurde, steht in der Bivel geschrieben: „Und die Kinder Israels seufzten über ihre Knechtschaft und schrien. Und ihr Geschrei über ihre Knechtschaft kam vor Gott. Und Gott erhörte ihr Wehklagen, und Gott gedachte an seinen Bund mit Abraham, Isaak und Jakob" (2. Mose 2,23-24). Moses Geburt war Gottes Antwort auf die Klage der Gefangenen. Gott beschützte ihn vor dem Erträn ktwerden (2. Mose 1,22-2,6). Dem Tod entging Mose nicht deshalb, weil er eben Glück hatte oder weil er besser gewesen wäre als die anderen, sondern weil das Gottes Plan war. Vielleicht ist dir vieles erspart geblieben, mit dem Gleichaltrige sich herumschlagen mussten – aber nicht deshalb, weil du vielleicht in eine bessere Familie hineingeboren wurdest oder weil du alles besser gemacht hast, sondern weil Gottes Hand auf dir war. Gott hat dich bewahrt, aber nicht, damit du gut da stehst, sondern damit du ein Werkzeug in Gottes Hand wirst zur Rettung vieler.

Wie Esther lebte auch Mose im Königspalast. Im Palast läuft man Gefahr, träge oder stolz zu werden – falls man dieses Privileg seiner eigenen Leistung zuschreibt. Wenn du denkst: „Das habe ich mir erarbeitet, ich habe es mir sauer verdient", dann hast du den Sinn deiner Existenz verfehlt.

Irgendwann beschloss Mose, nach seinen Volksgenossen zu schauen, den Arbeitssklaven des Königs, und er sah ihr Leiden. Wenn man das Leiden anderer mitansehen muss, bekommt man eine andere Sicht auf das Leben. Dann kann man das Palastdasein nicht mehr so genießen wie zuvor. Wenn du die Armut in Entwicklungsländern siehst, eine Unterkunft für Obdachlose aufsuchst, Besuchsdienst im Gefängnis machst oder Sterbenden beistehst, dann verändert sich deine Sicht auf das Leben. Wenn du eine Leidenschaft für Verlorene haben willst, gehe dorthin, wo Menschen leiden. Sei kein Pharisäer, der die Straßenseite wechselt, wenn er einen Schwerverletzten sieht, weil er sich so viel Leid nicht antun will!

Mose konnte es nicht ertragen. Er wurde zornig und nahm es selbst in die Hand, für Gerechtigkeit zu sorgen. Mose war es nicht egal, dass seine Brüder leiden mussten – und das gefiel Gott. Ja, Mose hatte seine Fehler, aber gleichgültig und hartherzig war er gewiss nicht. Sein Zornesausbruch jedoch kostete einen Ägypter das Leben und ihn selbst ganze vierzig Jahre in der Wüste.

Dann kam Gott. Mose stand vor Gottes Angesicht und Gott gab seinem Leben einen neuen Sinn. Bevor er diesen Sinn seines Lebens erkannte, hatte er einen Menschen umgebracht. Als er aber Gott erlebt hatte, ging er los, um Menschen zu retten. Gottes Gegenwart wird dich immer zu dem Sinn deines Lebens führen – und der ist, anderen eine Hilfe zu sein. Kennst du das gute Leben im Palast? Hast du das Leid dieser gebrochenen Welt kennengelernt – und hat sich deine Sicht dadurch geändert? Dann bleibe vor Gott und mache dir Gottes Bestimmung für dein Leben zu eigen.

Gott sandte Mose genau dorthin, wo er schon gewesen war, und zu Menschen, die so waren wie er einst. Gott will dich zu deiner Generation schicken, um ihr Rettung, Heilung und Befreiung anzubieten. Da, wo du jetzt stehst, bist du dank der Güte Gottes und seinem Plan für dein Leben – Gott hat dich privilegiert, weil er etwas mit dir vorhat. Nimm das als seinen Willen für dich persönlich an, denn Gott will, dass keiner verloren geht, sondern dass jeder Jesus als seinen Erlöser erkennt.

Berufen, um auf das Weinen zu antworten

„Und nun siehe, das Geschrei der Kinder Israels ist vor mich gekommen, und ich habe auch ihre Bedrängnis gesehen, wie die Ägypter sie bedrücken. So geh nun hin! Denn ich will dich zu dem Pharao senden, damit du mein Volk, die Kinder Israels, aus Ägypten führst!" (2. Mose 3,9–10). Gott bereitete Mose durch all das, was er erlebt hatte auf seine Berufung vor. Er wusste, wie man im Königshaus aufzutreten hat, denn er war im Palast aufgewachsen. Er konnte ein Volk durch die Wüste führen, denn er hatte jahrzehntelang in der Wüste gelebt. Er konnte Menschen anleiten, Gott zu begegnen, denn er lebte vor Gottes Angesicht. Alles, was du durchmachst, ist eine Vorbereitung auf deine Berufung.

Gott berief Mose, die Antwort auf den Hilfeschrei des bedrängten Volkes in Ägypten zu sein. Gott hätte ihn nicht berufen, wenn die Israeliten nicht geschrien hätten. Ich bete zum Herrn, dass du das in deinem Geist verstehst. Der einzige Grund, warum Gott dich beruft, ist, weil er auf den Schrei deiner Generation reagieren will – und das kann er nur, wenn du seinem Ruf folgst. Gott wollte Mose klarmachen, dass er ihn nicht zu diesem großen Werk berief, um ihn, Mose, berühmt zu machen, sondern weil Gott das Ächzen und Stöhnen, das Geschrei seines leidenden Volkes erhören wollte.

Vor einigen Jahren wurde mir das sehr bewusst. Wir waren in die Nähe des Gemeindezentrums umgezogen, nur ein paar Querstraßen entfernt. Ich stellte mich bei den Nachbarn vor und einen von ihnen wollte ich demnächst zur Gemeinde einladen, sobald die meisten Kartons ausgepackt wären. Nun ja, ich schob es vor mir her und wartete auf eine gelegene Zeit ... Dann begegneten wir uns nicht mehr. Eines Tages ging ich mit meiner Frau Inliner fahren und sie sagte, sie habe ein bedrückendes Gefühl beim Gedanken an diesen Nachbarn. Ich antwortete, ich hätte ihn seit Monaten nicht mehr gesehen. – Einige Tage später standen FBI-Fahrzeuge in der Einfahrt und die Ermittler stellten das Haus auf den Kopf. Was war da los? Ich entschied mich dafür, online auf social media das Profil meines Nachbarn zu suchen und googelte seinen Namen – und siehe da, der Mann war bereits seit zwei Monaten tot! Ich bekam ein schlechtes Gewissen: Ich hatte es aufgeschoben, mit ihm über meinen Glauben zu sprechen, und jetzt war es zu spät.

Einige Monate später wurde das Haus zum Verkauf gestellt. Ich war gerade in der Einfahrt und wusch mein Auto, da kam die Maklerin auf mich zu und fragte, ob ich das Haus anschauen wolle. Ich verneinte und erklärte, derzeit hätte ich kein Interesse, ein weiteres Haus zu kaufen. „O nein, nicht zum Kaufen, einfach nur anschauen." Na gut, dachte ich, damit ich meine Ruhe habe.

So gingen wir durch das Haus. Im Wohnzimmer fehlte ein Stück Teppich, genau in der Mitte, zweieinhalb Meter lang und gut einen Meter breit. Teppichboden im ganzen Haus, außer mitten im Wohnzimmer? Das fand ich reichlich seltsam und äußerte meine Verwunderung. Darauf antwortete sie: „Sie wissen nicht, wie er gestorben ist?" Ich sagte: „Nein, das weiß ich nicht. Wie denn?" Die Antwort traf mich wie ein Blitz und ich begriff, warum Gott ihn mir sofort ans Herz gelegt hatte: „Er hat sich das Leben genommen – genau hier." Ich konnte kaum meine Tränen zurückhalten. Ich dankte ihr, lief nach Hause und schloss mich in mein Zimmer ein. Ich weinte, bat um Vergebung und versprach, nie wieder Gottes Aufforderung zu ignorieren.

Dort, in meinem Zimmer, erinnerte der Herr mich an diesen Bibelvers, in dem er Mose berufen hatte, Israel zu helfen: Gott wollte das Geschrei seines Volkes erhören. Oh – da hatte er mich also aufgefordert, dem Nachbarn zu helfen! Gott hatte versucht, den Schrei seines weinenden Herzens zu erhören, und ich hatte nicht reagiert.

Ich begriff: Gott beruft mich als Antwort auf den Hilfeschrei eines Menschen; und diese Berufung, diese Aufforderung darf ich nicht mehr ignorieren. Ich muss eifrig sein, ihr nachzukommen! Menschen werden gerettet und befreit, weil du und ich der Berufung Folge leisten. Einzelpersonen, Familien, ja, sogar Städte werden verändert, wenn wir tun, wozu Gott uns ruft.

Jona lief vor Gottes Ruf weg. Die Bibel sagt, dass er „von dem Angesicht des HERRN weg" floh (Jona 1,3). Wenn du vor Gottes Aufforderung und vor dem wegläufst, was er mit deinem Leben vorhat, dann läufst du auch vor ihm weg. Daran gibt es nichts zu rütteln! Und hier ist die Kehrseite der Medaille: Als Jona schließlich gehorchte, da erhörte Gott den Notschrei der ganzen Stadt – sie kehrten von ihrer Gewalttat um – und erbarmte sich ihrer.

Gehorche dem Ruf Gottes und lasse Gott den Notschrei deiner Mitmenschen erhören. Du bist aus Ägypten befreit worden, um nun andere aus Ägypten zu befreien. Lasse dich nicht auf Ausreden ein, du wären zu jung, zu alt, zu unerfahren, könntest dich nicht gut ausdrücken, hättest kein Geld oder würdest niemanden kennen – lasse dein Herz anzünden und brenne für die Verlorenen, dann sorgt der Heilige Geist für den Rest.

Gebet

Herr Jesus! Du willst Deine Nachfolger zu Menschenfischern machen. Mach aus mir einen Menschen, dem das Ausmaß der Ewigkeit bewusst ist. Bitte, salbe mich und hilf mir, dieser Generation den Weg zu weisen. Hilf mir, meine Lebenszeit nicht zu verplempern, sondern sie nach Deinem Willen zu nutzen.

Bitte, gib mir Erbarmen mit den Verlorenen und Sterbenden. Gebrauche mich, um Menschen vor dem ewigen Tod zu retten. Heiliger Geist, bitte gib mir heute Möglichkeiten, anderen das Evangelium mitzuteilen.

ANHANG 1

WIE WIRD MAN GERETTET?

„Glaube an den Herrn Jesus Christus, so wirst du gerettet werden, du und dein Haus!" (Apostelgeschichte 16,31).

Bevor du Jesus als deinen Retter annimmst, solltest du wissen, wovor du überhaupt gerettet wirst. Ein Regenschirm erspart dir, nass zu werden. Ein Helm schützt dich vor Kopfverletzungen. Jesus kann dich von der Strafe für deine Sünde retten und aus ihrer Macht befreien.

Jeder von uns hat gegen Gott gesündigt (Römer 3,23). Auch wenn wir uns sehr anstrengen, gut zu sein: Dem Standard Gottes können wir niemals gerecht werden. Wir sündigen jeden Tag, denn wir leisten seinen Geboten in der Bibel nicht Folge – zum Beispiel sollen wir Gott über alles lieben, unsere Eltern ehren und immer die Wahrheit sagen.

Gott ist heilig (das heißt vollkommen und absolut sündlos). Die ungläubigen Sünder wird er bestrafen, indem er sie an einen Ort des ewigen Todes verbannt, in die Hölle (Römer 6,23). Doch Gottes große Liebe brachte ihn dazu, seinen eigenen Sohn zu senden. Ihn ließ er für die Sünde am Kreuz sterben, um die, die an ihn glauben, vor dieser Strafe zu retten. Danach ist Jesus von den Toten auferstanden. Das zeigt, dass er Tod und Sünde besiegt hat.

„Denn wenn du mit deinem Mund Jesus als den Herrn bekennst und in deinem Herzen glaubst, dass Gott ihn aus den Toten auferweckt hat, so wirst du gerettet. Denn mit dem Herzen glaubt man, um gerecht zu werden, und mit dem Mund bekennt man, um gerettet zu werden" (Römer 10,9–10).

Wenn du Jesus in dein Leben aufnimmst und seine Erlösung haben möchtest, dann bete bitte dieses Gebet:

Herr Jesus! Ich komme zu Dir und gebe Dir mein Herz und mein Leben. Du sollst der Herr über mein Leben sein, nicht ich.

Bitte, vergib mir meine Sünden und mache mich rein. Ich bitte Dich darum, weil ich glaube, dass Du für alle meine Fehler und Sünden bezahlt hast.

Ich empfange nun Deine Gerechtigkeit in mein Herz und ich proklamiere: Ich bin gerettet!

Ich bin nun Dein Kind.

Willkommen in der Familie Gottes
und
in deinem neuen Leben in Christus!

ANHANG 2

ZUR VERTIEFUNG

Einleitung – Löwenbezwinger

Schlüsselstelle: 1. Samuel 17,34–37
Kerngedanken:

- Bevor du öffentlich Goliath besiegen kannst, musst du dich deinem persönlichen Löwen stellen.
- Befreiung ist ein Prozess – man erkennt seinen Feind, stellt ihn und leistet ihm Widerstand.

Fragen:

1. Was hat dich dazu bewegt, dieses Buch in die Hand zu nehmen?
2. Gibt es Bereiche in deinem Leben, die dich motiviert haben, ein Buch über das Freiwerden auszusuchen?

3. Auf einer Skala von 1 bis 10 – 1 steht für „komplett gefangen" und 10 für „völlig frei" –: Wie würdest du deinen derzeitigen Stand in Sachen Freiheit einschätzen? Warum hast du dich für diese Zahl entschieden?
4. In welchen Bereichen deines Lebens musst du dich aktuell Löwen und Bären stellen?
5. Hast du jemals Dämonen reagieren sehen, wenn du für andere gebetet hast?
6. Wahrheit oder Lüge? „Wer von Gott gebraucht werden will, muss zuerst selbst vom Teufel besessen gewesen sein, damit er dämonisch belastete Menschen besser verstehen kann."

Kapitel 1 – Der Esel ist nicht schuld

Schlüsselstelle: Epheser 6,10–20
Kerngedanken:
- Hinter jeder Sünde steckt der Teufel.
- Ein Kampf in der sichtbaren Welt soll böse Menschen beseitigen, der geistliche Kampf beseitigt das Böse im Menschen.
- Gott hat dich gesalbt, um Schlachten gegen den Teufel zu gewinnen, nicht Debatten mit Menschen.

Fragen:
1. Was meinst du, warum hat Jesus seinen Befreiungsdienst öffentlich ausgeübt?

2. Gibt es Bereiche in deinem Leben, in denen du dich nicht mit der Wurzel deines Problems befasst, sondern nur mit der Auswirkung?
3. Kennst du jemanden, der (die) früher sehr böse war und jetzt, nachdem Gott ihn befreit hat, ein Mensch voller Liebe ist? Erzähle!
4. Was meinst du, warum gab es im Alten Testament keine Dämonenaustreibungen (zumindest wird von keiner berichtet)?
5. Wahrheit oder Lüge? „Jesus sah den Befreiungsdienst als etwas an, das im Verborgenen geschehen sollte."

Kapitel 2 – Sechs Arten von Dämonen

Schlüsselstelle: Markus 5,1–20
Kerngedanken:

- Dämonen sind unreine Geister und leben gern an unreinen Orten.
- Böse Geister suchen Menschen, Tiere und Gegenden in Beschlag zu nehmen.
- Alle bösen Geister haben das gleiche Ziel: Sie wollen umgarnen, belästigen, quälen, versklaven, schänden, verführen und den Körper angreifen.
- Böse Geister haben Bezeichnungen wie Geist der Furcht, Python-Geist, Geist der Unzucht, Geist des Stolzes, Geist der Sklaverei und Geist der Schwäche.

- Insekten stechen, um Blut zu saugen. Schlangen beißen und jagen damit ihr Gift ein. Eine Python aber tötet ihr Opfer, indem sie es erdrückt.

Fragen:

1. Welche böse Macht beherrscht deine Gegend? Betest du dagegen an?
2. Warum lässt Jesus die Dämonen sprechen, wo doch ihr Herr der Vater der Lüge ist? Was meinst du?
3. Was bewirkt der Geist der Angst? Der Geist der Unzucht? Der Geist der Sucht? Der Python-Geist? Der Geist der Schwäche? Der Geist des Stolzes?
4. Was unterscheidet die Python von allen anderen Schlangen? Was bedeutet das für den geistlichen Kampf?
5. Zu den sechserlei Geistern, von denen die Bibel spricht: Welche dieser Geister siehst du in deinem Leben und in deiner Familie wirken?
6. Wahrheit oder Lüge? „Wir können Dämonen alles fragen, was wir gerne wüssten."

Kapitel 3 – Offene Türen

Schlüsselstelle: Epheser 4,27–30
Kerngedanken:

- Der Teufel ist ein Dieb: Er kommt bei Nacht und heimlich.

- Der Teufel ist wie ein Hund an der Kette: Er kann Christen anbellen, aber solange sie nicht sein „Revier" betreten, ist er machtlos und kann sie nicht beißen.
- Wenn wir uns auf Okkultismus einlassen, öffnen wir Dämonen die Tür.
- Verfluchte, verzauberte Gegenstände bringen Fluch in dein Leben.
- Ablehnung erzeugt Rebellion.

Fragen:
1. Inwiefern hat unser Feind das Profil eines Diebes?
2. Hast du jemals Okkultismus betrieben? Warum?
3. Ist dir beim Lesen vielleicht etwas eingefallen, was du besitzt und das du wegwirfst, oder etwas, das du als Sünde bekennen solltest?
4. Wie kann man durch Traumata Dämonen bekommen?
5. Wahrheit oder Lüge? „Wer missbraucht wurde, hat auf jeden Fall Dämonen in sich!"

Kapitel 4 – Grabtücher

Schlüsselstelle: 5. Mose 28
Kerngedanken:

- Was gesegnet ist, gedeiht. Was verflucht ist, verkümmert und geht ein.
- Zeichen eines Fluches sind: früher Tod, wenn Familien zerbrechen, ständige Unfälle, wenn das Missgeschick

der Eltern sich bei den Kindern wiederholt, chronische Krankheiten, Ängste und Phobien, Armut als Dauerzustand.
- Es gibt drei Arten von Flüchen: Familienflüche, Verfluchungen und erworbene Flüche.

Fragen:
1. Welche körperlichen und charakterlichen Eigenheiten hast du von deinen Eltern geerbt?
2. Mit welchen Problemen hast du zu kämpfen, die schon seit Menschengedenken in der Familie sind?
3. Haben Autoritätspersonen wiederholt oder vehement Schlechtes über dich ausgesprochen?
4. Was hast du über dich selbst wiederholt oder vehement ausgesprochen, das nicht mit dem Wort Gottes übereinstimmt?
5. Welche sieben Türen für Flüche kennst du?
6. Welche der sieben Sünden, die einen Fluch nach sich ziehen, solltest du noch vor Gott bekennen?
7. Wahrheit oder Lüge? „Wenn jemand stiehlt, öffnet er damit Dämonen die Tür."

Kapitel 5 – Das Brot der Kinder

Schlüsselstelle: Matthäus 15,21–28
Kerngedanken:

ANHANG 2 ZUR VERTIEFUNG

- Wir sind gerettet (erlöst) worden, wir werden ständig gerettet, wir werden erlöst.
- Erlösung und Rettung ist für Geist, Seele und Leib.
- Was Brot für die Kinder ist, das ist Befreiung für Gläubige. Freiheit ist Nahrungsmittel.
- Der Sieg ist nicht unser Ziel, der Sieg ist unsere Ausgangsbasis.

Fragen:

1. Erlösung und Errettung – das ist kein einmaliges Geschehen, es ist ein Prozess. Welche drei Phasen hat dieser Prozess?
2. Wenn der Heilige Geist in einem Christen wohnt, wo und wie können Dämonen ihn dann quälen?
3. Was bedeutet das griechische Wort *sozo*?
4. Welche zehn Segnungen hat Jesus durch seinen Tod auf Golgatha für uns erworben?
5. Mit welchen fünf Tieren wird der Teufel in der Bibel verglichen? Was sagt uns das über sein Vorgehen und seine Strategie?
6. Wahrheit oder Lüge? „Der Teufel ist besiegt, er kann uns nichts mehr anhaben."

Kapitel 6 – Umkehr, Herrschaftswechsel, Widerstand

Schlüsselstelle: Johannes 8, 31–36

Kerngedanken:

- Gebunden zu sein ist tückisch: Viele halten sich für frei, sind aber gebunden.
- Sünden bekennen öffnet der Befreiung die Tür. Umkehr von Sünde schließt die Tür für Dämonen.
- Wenn du in Autorität wandeln willst, musst du unter der Autorität und der Herrschaft Jesu Christi stehen.
- Wer frei werden will, muss den Feind erkennen, von Sünde umkehren, den Feind zurückweisen, ihm widerstehen, Gott an seine Stelle setzen und völlig anders denken lernen.

Fragen:

1. Bist du einmal jemandem begegnet, der an eine Sucht oder von einem Dämon gebunden war, sich aber für einen freien Menschen hielt? Wie kann das sein?
2. „Umkehren", „Buße tun" – was heißt das? Nenne ein Beispiel aus deinem Leben.
3. Hast du zurzeit einen Punkt, in dem du Jesus zwar „mehr Raum" gibst, aber den Schlüssel deines Lebenshauses behhältst du selbst in der Hand?
4. Was machst du, wenn du befreit worden bist und dann der Teufel mit seinem ganzen Heer von Zweifel, Angst und Versuchung zurückkommt?
5. Wahrheit oder Lüge? „Wenn man die Sünden seiner Vorväter bekennt und die in der Hölle sind, dann gibt Gott ihnen nochmals eine Chance."

ANHANG 2 ZUR VERTIEFUNG

Kapitel 7 – Satans Köder

Schlüsselstelle: Matthäus 18,21–35
Kerngedanken:

- Ohne Vergebung keine Befreiung!
- Anstoß nehmen und Unrecht nachtragen ist Satans Köder.
- Nicht versorgte Wunden können eitern. Wunden zeigen, dass du verletzt wurdest. Narben zeigen, dass du geheilt bist.
- Du musst sowohl anderen, als auch dir selbst vergeben und Gott aus der Anklage entlassen.

Fragen:

1. Was bedeutet das griechische Wort *skandalon*? Was besagt es zu dem Plan des Teufels, uns zu verderben?
2. Was ist der Unterschied zwischen Wunden und Narben?
3. Worin unterscheiden sich Verrat und Bitterkeit?
4. Warum ist es so schädlich, wenn man nicht vergeben will?
5. Wem zu vergeben fällt uns am schwersten?
6. „Gott vergeben" – was ist damit gemeint?
7. Wahrheit oder Lüge? „Wir müssen auch uns selbst vergeben, sonst sagen wir Gott damit, dass wir uns für heiliger halten als ihn."

Kapitel 8 – Befreiung – wozu?

Schlüsselstelle: 2. Korinther 3,17
Kerngedanken:

- Freiheit heißt nicht, tun zu können, was man will. Freiheit heißt, dass man das tut, was man soll.
- Gott befreit uns, damit wir ihm dienen, und nicht zu unserer Selbstoptimierung.

Fragen:

1. Mal ganz ehrlich: Was war der wahre Grund, aus dem du Freiheit gesucht hast?
2. Aus welchem Grund, zu welchem Zweck befahl Gott dem Pharao, Israel freizulassen?
3. Im Gleichnis vom verlorenen Sohn sehen wir zwei Haltungen: „Gib mir!" und „Mach mich!". Worin liegt der Unterschied? Zu welcher Einstellung tendierst du?
4. Wahrheit oder Lüge? „Wenn jemand nicht mehr süchtig ist, dann ist er wirklich frei."

Kapitel 9 – Festungen niederbrechen

Schlüsselvers: 2. Korinther 10,4–5
Kerngedanken:

- Der „Starke" ist ein Dämon, eine Festung ist ein Gedankengebäude. Der Starke kommt sehr schnell, aber er ist auch schnell wieder weg. Gedankengebäude hingegen werden über längere Zeit hinweg errichtet und es braucht auch einige Zeit, sie einzureißen.

- Du kannst deine Gedanken kontrollieren, aber dein Gedanken*gebäude* kontrolliert dich.
- Die Wahrheit ist wie Seife: Sie nützt einem nur, wenn man sie gebraucht.
- Unser Denkvermögen ist wie ein Schiff – wenn es den Eisberg des Lebens rammt, bekommt es Risse, das umgebende Wasser dringt hinein ... So entsteht eine Gedankenfestung.
- Christen können drei Denkweisen haben: die eines Sklaven, die eines Wüstenpilgers oder die eines Eroberers.

Fragen:

1. Wo liegt der Unterschied zwischen einer dämonischen Belastung und einer Gedankenfestung?
2. In Johannes 8 bietet Jesus zwei Wege an, Freiheit zu erlangen. Welche?
3. Als es für Mose nicht so gut aussah – der Pharao stellte sich quer, die Israeliten waren aufgebracht und Mose war frustriert –, welche Lösung bot Gott ihm an?
4. Welche dieser drei Denkweisen ist zurzeit deine Hauptdenkweise?
5. Was solltest du tun, wenn du nur einen Teilsieg erringst?
6. Wahrheit oder Lüge? „Gott erschuf die Menschen, um sie zu befreien."

Kapitel 10 – Erneuerung der Gedanken

Schlüsselstelle: Römer 12,2

Kerngedanken:

- Der Mensch folgt, wohin die Gedanken ihn führen.
- Gott möchte zuerst in deinem Denken ein Wunder tun, bevor er das Chaos in deinem Leben in Ordnung bringt.
- Glaube ist nicht, zu hoffen, sondern, zu haben. Glaube ist deine Eigentumsurkunde für dein Wunder.

Fragen:

1. Was erschuf Gott an Tag eins? Woher kam das Licht, wenn es doch noch keine Sonne gab?
2. Was ist Glaube?
3. Nenne die sieben praktischen Schritte, um die eigene Denkweise zu erneuern. Welche Schritte davon hast du bereits getan? Welche Schritte bereiten dir gerade Mühe?
4. Wahrheit oder Lüge? „Mit der Erneuerung der Gesinnung ist es wie mit der Erlösung: Sie ist einzig und allein Gottes Werk."

Kapitel 11 – Das Feuer am Brennen halten

Schlüsselstelle: Lukas 12,35

Kerngedanken:

- Bevor wir etwas *Böses* tun, haben wir in der Regel vieles getan, das *unweise* war. Wir lassen uns das durchgehen, weil unweises Tun meistens nicht böse ist.
- Mit der Sünde zu spielen führt dazu, dass wir in Sünde fallen.
- Gnade ist keine Entschuldigung dafür, mit der Sünde zu *flirten*. Sie gibt die Kraft, Sünde zu überwinden.
- Wir sind in einem Dreifachrennen: Wir laufen zu Gott, wir fliehen vor der Sünde, wir laufen mit Gleichgesinnten.

Fragen:

1. Wie kannst du ganz praktisch dem Graben beim Fahren fernbleiben? Wie lässt sich dieses Prinzip auf das Leben allgemein übertragen?
2. Warum ist es wichtig, das Feuer für Gott in uns am Brennen zu halten?
3. Welche drei Dinge müssen wir tun, um das Feuer am Brennen zu halten?
4. Wahrheit oder Lüge? „Unsere Schlange werfen wir in das Feuer unseres Pastors."

Kapitel 12 – Nur durch Wachstum

Schlüsselstelle: Matthäus 11,28–29
Kerngedanken:

- Man findet Freiheit, wenn man zu Jesus kommt. Aber es gibt auch eine Freiheit, die man dann findet, wenn man in Jesus wächst.
- Lasse nicht zu, dass dein Problem zu deiner Identität wird!
- Je weiter du gehst, desto voller wird der Strom.

Fragen:

1. In welcher Hinsicht ist eine Palme ein Symbol für das Leben eines Christen?
2. Auf welche zwei Arten kann man von Angst frei werden?
3. Inwiefern ist Gottes Wort wie Medizin?
4. Was müssen wir tun, damit der Strom Gottes in unserem Leben breiter und tiefer wird?
5. Wahrheit oder Lüge? „Wenn jemand für dich gebetet hat, du aber noch nicht frei bist, dann musst du eben jemanden finden, der mehr Vollmacht hat."

Kapitel 13 – Saul und Saulus: Der Unterschied

Schlüsselstelle: Matthäus 5,29
Kerngedanken:

- Strafe ist für Sünder, Züchtigung ist für Heilige.
- Jedes Erlebnis mit Gott sollte zu weiterer Umkehr und Hingabe führen.

- Wir überwinden die Welt, indem wir vor der Sünde fliehen, unser Fleisch kreuzigen, unseren Geist nähren und dem Teufel mit Gottes Wort widerstehen.

Fragen:
1. Welche fünf Unterschiede gibt es zwischen Strafe und Züchtigung?
2. Sowohl Saul als auch Saulus hatten eine starke Gottesbegegnung. Warum hat ihr Leben so unterschiedlich geendet?
3. Hast du auch schon eine starke Gottesbegegnung gehabt? Hat sie etwas verändert?
4. Was sind unsere vier Feinde und wie können wir sie besiegen?
5. Wo fehlt es dir zurzeit an Disziplin, sodass du deiner Berufung nicht nachkommst?
6. Wer leitet dich zurzeit in der Nachfolge mit dem Ziel an, dass du deiner Berufung gerecht wirst?
7. Wahrheit oder Lüge? „Einen Dämon kann man nicht in Zucht nehmen und das Fleisch kann man nicht austreiben."

Kapitel 14 – Privilegiert, um zu befreien

Schlüsselstelle: Esther 4,14
Kerngedanken:
- Du wurdest erlöst, um brauchbar zu sein.

- Gebrauche deine Privilegien um zu Retten und nicht nur, um hehre Ideen zu versprühen!
- Deine Berufung ist Gottes Antwort auf den Schrei der Bedrängten.
- **Fragen:**

1. Wenn du an den Esel denkst, auf dem Jesus nach Jerusalem einritt: Was meinst du, was ist der wahre Grund, warum wir befreit worden sind?
2. Was ist deine Berufung? Lebst du darauf zu?
3. Wahrheit oder Lüge? „Jeder Christ ist dazu berufen, anderen ein leuchtendes Vorbild zu sein."

ANHANG 3

ÜBER DEN AUTOR

Vladimir Savchuk leitet die HungryGen-Bewegung und ist Pastor einer multikulturellen Kirchengemeinde mit der klaren Vision, Seelen zu retten, Menschen zu heilen, sie zu befreien und junge Leiter zu trainieren. Er leitet die jährliche „Raised to Deliver"-Konferenz, zu der aus aller Welt Tausende anreisen. Außerdem leitet er eine Jüngerschaftsschule für Jugendliche und eine für junge Erwachsene. Pastor Vlad ist ein gefragter Sprecher auf Konferenzen und Bibelfreizeiten.

Vlad wurde in der Ukraine geboren und ist in einem christlichen Elternhaus aufgewachsen. Als er 13 war, wanderte seine Familie in die USA aus, mit 16 wurde er Jugendleiter und inzwischen ist er leitender Pastor der HungryGen-Gemeinde in Pasco (Washington).

Er ist verheiratet mit Lana. Gemeinsam leiten sie die Gemeinde und er genießt es, mit ihr zusammen zu sein.

ANHANG 4

SCHREIBE UNS

Facebook.com/vladhungrygen

Twitter.com/vladhungrygen

Instagram.com/vladhungrygen

YouTube.com/vladimirsavchuk

Wenn sich in deinem Leben etwas durch dieses Buch verändert hat und du Gott die Ehre geben willst, dann schreibe bitte eine E-Mail an vlad@hungrygen.com.

Du möchtest das Buch bekannt machen? Bitte verwende folgende Hashtags: #pastorvlad #hungrygen #breakfreebook

ANMERKUNGEN

1 Bright, B. (2018, February 18). The World's Peace – Feb. 19. https://www.christianity.com/devotionals/insights-from-billbright/the-world-s-peace-feb-19.html (letztmalig aufgerufen am 29.09.2018).

2 https://hungrygen.com/Encounter Christ; oder auf YouTube: Hungry Generation Testimonies.

3 „Pride goeth before destruction, and an haughty spirit before a fall" (Sprüche 16,18 KJV).

4 Occult. (n.d.), http://www.dictionary.com/browse/occult?s=t. (letztmalig aufgerufen am 10.06.2018).

5 Halloran, K. (2012, June 4). Jonathan Edwards' Powerful Example of Leaving a Godly Legacy. https://unlockingthebible.org/2012/06/jonathan-edwards-leaving-a-godly-legacy/ (letztmalig aufgerufen am 08.06.2018).

6 The Mysteries of Chappaquiddick. (1969, August 1). http://content.time.com/time/magazine/article/0,9171,901159-1,00.html (letztmalig aufgerufen am 08.06.2018).

7 Timeline: The Kennedy Curse. (2012, May 17). https://www.telegraph.co.uk/news/worldnews/northamerica/usa/9271425/Timeline-the-Kennedy-Curse.html (letztmalig aufgerufen am 08.06.2018). – Anm. d. Übers.: Laut Wikipedia – https://de.wikipedia.org/wiki/Kennedy_(Familie), letztmalig aufgerufen am

23.10.2023 – gab es 2019 und 2020 weitere Vorfälle (Überdosis Drogen, Freizeitunfall).

8   Proverbs 26 – Proper Treatment of Fools. (n.d.). https://www.biblestudytools.com/commentaries/matthew-henry-complete/proverbs/26.html (letztmalig aufgerufen am 10.06.2018).

9   Eckman, J. (2016, October 22). The Curse of Anti-Semitism. https://graceuniversity.edu/iip/2016/10/the-curse-of-anti-semitism/ (letztmalig aufgerufen am 08.06.2018).

10 Suchard, J., & LoVecchio, F. (1999, June 17). Envenomations by Rattlesnakes Thought to Be Dead. https://www.nejm.org/doi/full/10.1056/NEJM199906173402420 (letztmalig aufgerufen am 03.11.2023).

11 Klaus Bartels, „Stichwort ‚Skandal'", NZZ, 21.10.2004. https://www.nzz.ch/article9EPA7-ld.320860 (letztmalig aufgerufen am 08.11.2023).

12 Frida Umuhoza, Chosen to Die, Destined to Live. (n.d.). https://candlesholocaustmuseum.org/file_download/inline/20073489-b76a-4f74-a7ff-630efb9b1b1a (letztmalig aufgerufen am 08.11.2023).

13 Ten Egyptian Plagues For Ten Egyptian Gods and Goddesses. (n.d.). http://www.stat.rice.edu/~dobelman/Dinotech/10_Eqyptian_gods_10_Plagues.pdf (letztmalig aufgerufen am 14.06.2018).

14 „King Saul becomes an apostate; Saul of Tarsus becomes an apostle."

15 True Story of a Real life Superhero: Shavarsh Karapetyan. (2014, February 8). https://www.peopleofar.com/2014/02/08/true-story-of-a-real-life-superhero-shavarsh-karapetyan (letztmalig aufgerufen am 16.06.2018).

16 https://de.wikipedia.org/wiki/Scharwasch_Karapetjan (letztmalig aufgerufen am 16.11.2023).

17 Shavarsh Karapetyan – A Real Life Hero. (2014, February 4). https://kindnessblog.com/2014/02/04/shavarsh-karapetyan-a-real-life-hero (letztmalig aufgerufen am 16.06.2018).

www.ingramcontent.com/pod-product-compliance
Lightning Source LLC
LaVergne TN
LVHW011911080426
835508LV00007BA/340